Village Variations

Modern Projects and Projections

Stefan Devoldere, Maarten Liefooghe and Sereh Mandias

Who does not know of Potemkin's villages, the ones that Catherine's cunning favorite built in the Ukraine? They were villages of canvas and pasteboard, villages intended to transform a visual desert into a flowering landscape for the eyes of Her Imperial Majesty.[1]

This is how Adolf Loos opens his essay *Die Potemkin'sche Stadt*, in which he rails against the hypocrisy of the New Vienna of the nineteenth century, with its bourgeois residential buildings on the Ring pretending to be noble palaces. The tricked-out Potemkin villages of Loos's critical metaphor are the complete reversal of the vernacular building of the real villages and of the countryside idealised by Loos. In the essay *Architektur*, for instance, he holds up to both fellow architects and the general public the houses, farms and chapels on the shores of the mountain lake as a commendable act of building out of necessity, with local building materials and within a tradition, without pretense and without a grand plan, and – in contrast to the villa that disrupts the harmonious picture – without architects.[2]

Loos's glorification of vernacular peasant building, like the tattoos of 'the Papuan' that he juxtaposes in the same essay as a cultural practice with the cultureless decorative eagerness of modern 'uprooted' city dwellers, constitutes a striking example of the obsession with the 'primitive' in Western thought at the end of the nineteenth century: along with prehistoric man, the 'savage', the child, or the madman, rural man was not only studied scientifically, he was also regarded in broader cultural discourses and practices as the antithesis of the modern, urban man.[3] These 'primitivisms' not only opened worlds of form that were eagerly tapped by the modern avant-gardes, they were also mobilised for resistance to technological revolutions. And that is no small legacy.

Farmer and Urbanite

To what extent are architecture and urbanism as cultural and technical disciplines – and by extension the history we write of them – still marked today by this kind of binary imagination that sees the modern city as a habitat for architecture, and the country with its villages as an organic, anti-modern counterpart? Hasn't the hierarchy between city and countryside long since been flattened out and overly interconnected? And is it true that the rural village is eminently 'anti-modern', the zero degree of progress? What about the historical and contemporary images, ideals and projects for the 'village' as part of a variety of modern developments?

These questions arise as villages and rural areas have recently attracted increasing attention from policymakers, residents and designers. The paradigm of the global network of competing cities dominated the horizon of the architecture debate for some 20 years. Today, however, we see in the Low Countries a renewed concern for the 'identity of villages', for the preservation and even the 'restoration' of the appearance of village and landscape as both are threatened by shapeless sprawl, 'compact' apartment buildings and other *Fremdkörper*. Two recent publications illustrate that paradigm shift: the *Toolbox dorpse architectuur* (Village Architecture Toolbox) in Flanders and the essay *Niet meer maar beter: Dorps bouwen met Kwaliteit* (Not more but better, village building with quality), penned with support from the Creative Industries Fund in the Netherlands.[4] The latter identifies 'best practices' for the development of 'Vital Cities and Villages', one of the four major transition tasks from the National Environmental Vision (NOVI). Andrea Prins writes: 'The theme of future-proof development usually involves the city. . . . But this development is also a

1 dolf Loos, 'Potemkin City' (originally *Ver crum*, July 1898), translated by Jane Newman and John H. Smith, in: Adolf Loos, *oken into the Void: Collected Essays 397-1900* (Cambridge, MA: MIT Press, 1982), 5.

2 Adolf Loos, 'Architektur' (originally *Der Sturm* 42, 15 December 1910), in: Adolf Loos, *Warum Architektur keine Kunst ist: Fundamentales über scheinbar Funktionales* (s.l.: metroverlag, 2009), 58-59.

3 Philippe Dagen, *Primitivismes: Une invention moderne* (Paris: Gallimard, 2019).

4 Ward Verbakel and Edith Wouters, *Toolbox dorpse architectuur* (Mechelen: Public Space, 2021); Andrea Prins, *Niet meer maar beter: Dorps bouwen met kwaliteit* (Creative Industries Fund NL, 2022). cms.stimuleringsfonds.nl/storage/media/Niet-meer-maar-beter-dorps-bouwen-met-kwaliteit.pdf.

Dorpsvariaties

Moderne Projecten en Projecties

Stefan Devoldere, Maarten Liefooghe en Sereh Mandias

Wie kent ze niet, de dorpen die Potemkin, de sluwe gunsteling van Catharina de Grote, in de Oekraïne liet bouwen? Dorpen van doek en karton, bedoeld om de woestenij voor de ogen van Hare Keizerlijke Majesteit in een bloeiend landschap om te toveren?[1]

Zo opent Adolf Loos zijn essay *De Potemkinstad*, waarin hij van leer trekt tegen de huichelarij van het Nieuwe Wenen van de negentiende eeuw, met zijn burgerlijke woongebouwen aan de Ring die zich voordoen als adellijke paleizen. De getrukeerde Potemkindorpen van Loos' kritische metafoor zijn de volledige omkering van het door Loos geïdealiseerde vernaculaire bouwen van de èchte dorpen en van het buitengebied. Zo houdt hij in het essay *Architectuur* zowel collega-architecten als het grote publiek de huizen, boerderijen en kapellen aan de oevers van het bergmeer voor als een prijzenswaardig bouwen-uit-noodzaak, met lokale bouwmaterialen en binnen een traditie, zonder schijn en zonder groots plan, en – in tegenstelling tot de villa die het harmonieuze plaatje verstoort – zonder architecten.[2]

Loos' verheerlijking van het vernaculaire bouwen der boeren vormt, net zoals de tatoeages bij 'de Papoea' die hij in hetzelfde essay als culturele praktijk tegenover de cultuurloze decoratiezucht van de moderne 'ontwortelde' stadsbewoners plaatst, een treffend voorbeeld van de obsessie met het 'primitieve' binnen het westerse denken op het einde van de negentiende eeuw: samen met de prehistorische mens, de 'wilde', het kind, of de gek, werd de landelijke mens niet alleen wetenschappelijk bestudeerd, hij/zij gold ook in bredere culturele discoursen en praktijken als de tegenpool van de moderne, stedelijke mens.[3] Deze 'primitivismen' openden niet alleen vormwerelden die door de moderne avant-gardes gretig werden aangeboord, ze werden ook gemobiliseerd voor het verzet tegen technologische revoluties. En dat is geen kleine erfenis.

Boer en stedeling

In hoeverre zijn architectuur en stedenbouw als culturele en technische disciplines – en bij uitbreiding de geschiedenis die we ervan schrijven – vandaag nog getekend door dit soort binaire verbeelding die de moderne stad als habitat ziet voor architectuur, en het land met zijn dorpen als een organische, anti-moderne tegenpool? Is de hiërarchie tussen stad en platteland niet al lang uitgevlakt en vernetwerkt? En klopt het wel dat het landelijke dorp bij uitstek 'anti-modern' is, de nulgraad van de vooruitgang? Hoe zit het met de historische en hedendaagse beelden, idealen en projecten voor het 'dorp' als onderdeel van allerlei moderne ontwikkelingen?

Deze vragen dringen zich op nu dorp en buitengebied de laatste tijd steeds meer aandacht trekken van beleidsmakers, bewoners en ontwerpers. Het paradigma van het globale netwerk van concurrerende steden domineerde zo'n 20 jaar de horizon van het architectuurdebat. Vandaag zien we in de Lage Landen echter een hernieuwde bekommernis om de 'identiteit van dorpen', om het behoud en zelfs het 'herstel' van het aanzicht van dorp en landschap, nu beide bedreigd worden door vormeloze uitbreidingswijken, 'compacte' flatgebouwen en andere *Fremdkörper*. Twee recente publicaties illustreren die paradigmaverschuiving: de *Toolbox dorpse architectuur* in Vlaanderen en het essay *Niet meer maar beter: Dorps bouwen met Kwaliteit*, neergepend met steun van het Stimuleringsfonds Creatieve Industrie in Nederland.[4] Dat laatste wijst *best practices* aan voor de ontwikkeling van 'Vitale steden en dorpen', één van de vier grote transitieopgaven uit de Nationale Omgevingsvisie (NOVI).[5] Andrea

1
Adolf Loos, 'De Potemkinstad' (oorspr. *Ver Sacrum*, juli 1898), in: *Adolf Loos. Architectuur en al het andere*, samengesteld door Pieter Jan Gijsberts en Inneke van der Burg, en vertaald door Inneke van der Burg (Rotterdam: nai010, 2016), 63.

2
Adolf Loos, 'Architectuur' (oorspr. *Der Sturm* 42, 15 december 1910), in: *Adolf Loos, Architectuur en al het andere*, ibid., 141.

3
Philippe Dagen, *Primitivismes. Une invention moderne* (Parijs: Gallimard, 2019).

4
Ward Verbakel en Edith Wouters, *Toolbox dorpse architectuur* (Mechelen: Public Space, 2021); Andrea Prins, *Niet meer maar beter: Dorps bouwen met kwaliteit* (Stimuleringsfonds Creatieve Industrie, 2022), cms.stimuleringsfonds.nl/storage/media/Niet-meer-maar-beter-dorps-bouwen-met-kwaliteit.pdf.

5
Prins, *Niet meer maar beter*, op. cit. (noot 4), 1.

challenge for the village.'[5] She had conversations with architect Karlijn de Jong and Michel Jager (from housing cooperation Coöperatie Woonservice) about two projects in Drenthe that build on typological traditions and reinterpret existing structures, such as the communal green in some medieval villages. In *esdorp* Exloo (an *esdorp* is a village with a communal green), a central collective living street emerged; in the less typical nineteenth-century street village of Schoonoord, a cluster of senior housing was spread out like barns on a green cloth. Small scale, community, continuity and diversity are the keywords that constantly recur in the conversations. They may well be an indication for what exactly this village redevelopment could mean.

Meanwhile, provinces such as Utrecht or West Flanders have ongoing framework programmes and studies for village development. Since his appointment, the current Flemish government architect Erik Wieërs has put *dorpelijkheid* (villageness) on the national agenda – with a neologism that mirrors *stedelijkheid* (urbanity) in Dutch. In his ambition note, he called for approaching the densification of villages as a qualitative issue. Soon an exhibition followed, highlighting the theme from an artistic angle, with analyses by artists Michiel De Cleene, Nahid Shaikh, Mark Luyten and Thomas Verstraeten, a summer school on 'villageness' and a series of pilot projects with local authorities.[6] At the exhibition's *finissage*, architect and critic Paul Vermeulen asked about 'the Grand Projet for villages' with some scepticism and obvious pleasure in the oxymoron. Earlier that evening, with a reference to Michael Haneke's film *Das Weisse Band* – 'there are weddings, harvest festivals, but also sinister secrets and bloody revenge' – he had also evoked the darkness that makes the village so ambiguous. 'Village life attracts but equally repels. One wants to go there, one wants to get away from it,' we read in the visitor's guide.[7]

Village and Imagination

The fascination with the village in decline is, of course, nothing new. One of its most striking testimonies is the television film *Ge kent de weg en de taal* (You know the way and the language) by Jef Cornelis and Geert Bekaert, made in 1976 for the BRTN. In it, a topology of the village is laid out, which resonates in Nahid Shaikh's film *Allures* (2022) in which inhabitants of Oudenhove – half a century later – talk about their village. The difference between the two films, Vermeulen pointed out, is that Cornelis and Bekaert's film talks about the loss of the village that we nonetheless still get to see unscathed, while in Shaikh's film that loss is literally recorded, but the village is talked about from experience. 'The densification of our village centres is not simply a mathematical exercise,' argues government architect Wieërs. 'In new developments in village centres, we see the unfortunate incorporation of often generic urban typologies. . . . Nevertheless, the densification of village centres can also be seen as an opportunity to give Flemish villages an identity again.'[8] He situates this strengthening of the character of the village on two levels, that of the image and that of social practice – with the (residential) typology in between: 'Densification is not only about form and architectural language, but also about village usage and manners and the relationship to the public domain.'

The identity crisis of the Flemish village – and, if we follow the recent village discourse, thus that of Flemish urbanisation in general – is related to an ever increasing integration into the urbanised territory. Unlike neighbouring France, for example, the village is not emptying out, it is becoming alienated from itself. Flanders needs to be densified, de-paved and de-parcelled at breakneck speed, but what alternative model do we put next to the compact city? The village belltower does pull the endlessly scattered settlement pattern together again, doesn't it? Digging a little deeper, however, quickly exposes the dangers of such a discourse. For although it is tempting to fall

5
'ins, *Niet meer maar beter*,
). cit. (note 4), 1.

6
'ik Wieërs, *Kansen scheppen voor ontmoeting: mbitienota Vlaams Bouwmeester 2020-2025* Brussels: Team Vlaams Bouwmeester, 2021), 3. The 'Dorpelijkheid' exhibition ran from 5 January 2022 to 26 April 2022 at the Atelier ouwmeester in Brussels. The call for designers 1d for cases for the 'Dorpelijk Wonen' research 'oject was published on 12 February 2024.

7
Johan Braekman, 'Over dorpelijkheid', in the visitor's guide *Dorpelijkheid: Michiel De Cleene Mark Luyten / Thomas Verstraeten, Nahid Shaikh* (Brussels: Team Vlaams Bouwmeester, 2022), 2.

8
Wieërs, *Kansen scheppen voor ontmoeting*, op. Cit. (note 6), 23.

Prins schrijft: 'Bij het thema toekomstbestendige ontwikkeling gaat het meestal om de stad. (...) Maar doorontwikkeling is ook een dorpse opgave.' Met architect Karlijn de Jong en Michel Jager (Coöperatie Woonservice) voerde ze gesprekken over twee Drentse projecten die voortborduren op typologische tradities en bestaande structuren herinterpreteren, zoals de gemeenschappelijke akker in sommige middeleeuwse dorpen. In esdorp Exloo verscheen een binnendorps collectief woonerf, in het minder 'streekeigen' negentiende-eeuwse straatdorp Schoonoord een cluster seniorenwoningen als boerenschuren uitgestrooid op een groen laken. Kleinschaligheid, gemeenschap, continuïteit en diversiteit zijn de trefwoorden die in de gesprekken voortdurend terugkeren. Ze zijn dus wellicht een aanzet voor wat die dorpse doorontwikkeling nu precies kan betekenen.

Intussen hebben provincies zoals Utrecht of West-Vlaanderen lopende kaderprogramma's en studies voor dorpse gebiedsontwikkeling. Maar ook huidig Vlaams bouwmeester Erik Wieërs zette sinds zijn aanstelling – met een neologisme dat zich aan 'stedelijkheid' spiegelt – 'dorpelijkheid' mee op de nationale agenda. In zijn ambitienota riep hij op de verdichting van dorpen als een kwalitatief vraagstuk te benaderen. Er volgden een tentoonstelling die het thema vanuit artistieke hoek belichtte, met analyses door kunstenaars Michiel De Cleene, Nahid Shaikh, Mark Luyten en Thomas Verstraeten, een *Summer School* rond dorpelijkheid en een reeks pilootprojecten met lokale overheden.[6] Bij de finissage van de tentoonstelling vroeg architect en criticus Paul Vermeulen naar 'het *Grand Projet* voor de dorpen', met enige scepsis en duidelijk plezier in het oxymoron. Eerder die avond had hij met een verwijzing naar Michael Haneke's film *Das Weisse Band* – 'er zijn bruiloften, oogstfeesten, maar ook sinistere geheimen en bloedige wraak' – ook al de donkerte opgeroepen die het dorp zo ambigu maakt. 'Het dorpsleven trekt aan, maar stoot evenzeer af. Men wil er naar toe, men wil er van weg,' lezen we in de bezoekersgids.[7]

Dorp en verbeelding

De fascinatie voor het teloorgaande dorp is natuurlijk niet nieuw. Een van de meest markante getuigenissen ervan is de televisiefilm *Ge kent de weg en de taal* van Jef Cornelis en Geert Bekaert, in 1976 gemaakt voor de BRTN. Daarin wordt een topologie van het dorp op tafel gelegd die resoneert in de film *Allures* (2022) van Nahid Shaikh waarin inwoners van Oudenhove – een halve eeuw later – over hun dorp spreken. Het verschil tussen beide films, zo merkte Vermeulen nog op, is dat in Cornelis' en Bekaert's film gesproken wordt over het verlies van het dorp dat we niettemin nog gaaf te zien krijgen, terwijl de film van Shaikh dat verlies letterlijk registreert, maar er wel nog doorleefd over gesproken wordt. 'De verdichting van onze dorpskernen is niet zomaar een wiskundige oefening,' stelt bouwmeester Wieërs. 'In nieuwe ontwikkelingen in dorpskernen zien we de ongelukkige inpassing van vaak generieke stedelijke typologieën. (...) Het verdichten van de dorpskernen kan nochtans ook gezien worden als een kans om de Vlaamse dorpen weer een identiteit te geven.'[8] Die versterking van het karakter van het dorp situeert hij op twee niveaus, die van het beeld en van de sociale praktijk – met de (woon)typologie daar tussenin: 'De verdichtingsopgave gaat dan niet enkel over vorm en architectuurtaal, maar ook over dorpse gebruiks- en omgangsvormen en de relatie tot het publieke domein.'

De identiteitscrisis van het Vlaamse dorp – en indien we het recente dorpendiscours volgen, dus ook die van de Vlaamse verstedelijking – hangt samen met een steeds nauwere verweving met het verstedelijkt territorium. In tegenstelling tot bijvoorbeeld buurland Frankrijk, loopt het dorp niet leeg, het vervreemdt van zichzelf. Vlaanderen moet met een rotvaart worden verdicht, onthardt en ontkaveld, maar welk alternatief model leggen we naast de compacte stad? De kerktoren van het dorp trekt het eindeloos verspreide nederzettingspatroon wel weer samen, of niet soms? Wat dieper graven, legt echter al snel de gevaren van zo'n discours bloot. Want hoewel het verleidelijk is om als antidotum voor een problematische

6
Erik Wieërs, *Kansen scheppen voor ontmoeting: Ambitienota Vlaams Bouwmeester 2020-2025* (Brussel: Team Vlaams Bouwmeester, 2021), 23. De tentoonstelling 'Dorpelijkheid' liep van 15 januari 2022 tot en met 26 april 2022 in het Atelier Bouwmeester in Brussel. De oproep voor ontwerpers en voor casussen voor het onderzoekstraject 'Dorpelijk Wonen' werd op 12 februari 2024 gepubliceerd.

7
Johan Braekman, 'Over dorpelijkheid', in de bezoekersgids *Dorpelijkheid: Michiel De Cleene, Mark Luyten / Thomas Verstraeten, Nahid Shaikh* (Brussel: Team Vlaams Bouwmeester, 2022), 2.

8
Wieërs, *Kansen scheppen voor ontmoeting*, op. cit. (noot 6), 23.

back on a romanticised image of the village as an antidote to problematic urbanisation, the modernisation of production, living or cultural experience of course went wild in the city as well as in the country, and thus also in the village. How did scientific, technological, social innovations take hold in a context of village and country? What actors and agendas gathered around the village of the twentieth century, and what images accompanied their ideals? So what are we talking about when we put forward the village as a contemporary model?

This issue collects eight modern village stories that can inform reflections on current dealings with villages. They offer a historical perspective and fan out from European territory to the United States and Tanzania. They are stories of 'progress' and territorial development, of 'improvement' of living and working conditions, of attempts at conservation and restoration, by identifying local or regional characteristics of village architecture and giving them a modern reinterpretation. Together they form a fragmentary architectural history of villages as places, products and projects of technological, administrative and social modernity. And this is not only a history of design and construction, but also of media that can carry and disseminate projects – idealised or otherwise – and of institutions for whom these projects can be a means to very different ends.

Inventory and Progress

The village appears not only as a silhouette on the horizon, as in honour and deception of Catherine the Great, it has been produced and reproduced in a variety of manifestations since the late nineteenth century: from the animated exhibition piece *Village Suisse* of 1896, which Nikos Magouliotis discusses in this issue, to the scientific inventories full of detailed drawings, maps and photocollages from the French *Enquête sur l'architecture rurale* half a century later, as described in Gregory Cartelli's contribution. Both are a specific attempt to capture local distinctiveness through the village. The Swiss exhibition village acts as a symbolic representation of a united nation, and at the same time must do justice to the pluralism of Swiss culture with its diversity of languages, religious beliefs and regional architectural traditions. A paradox that leads to a patchwork full of contradictions and simplifications, a diplomatic construction that primarily reflects the contrived search for a national Swiss identity rather than the reality of the villages in its cantons.

The goal of the 1940s French *Enquête sur l'architecture rurale* was to define regional village typologies in the context of post-war reconstruction using ethnographic taxonomies and architectural drawings, and to thereby give village design a scientific basis. But instead of yielding a coherent typological model, the only possible empirical conclusion appeared to be that rural building styles in different regions, as cultural and technical practices, can never be fully traced to geographical determinisms of material and climate. Attempts to strengthen the rural and the village against modern processes of change and generalisation just led to a destabilisation of the idea of the village as a carrier of regional or national identity.

Other studies of villages sought to capture not the image, or the formal-material vocabulary of architecture, but the social structures of coexistence. The patterns distilled in this way then served as the basis for a new village architecture, modernised or otherwise. Maryia Rusak describes in her article how in the late 1960s researchers from the Norwegian Building Research Unit researched social activities and living patterns in Tanzanian villages in order to design cheap and easy-to-build prototypes for a village development programme of the local socialist regime.Due to a lack of proper organisation and money, however, the spatial component of the programme was realised only to a limited extent.

In southern Italy in the 1950s, the agricultural workers of Matera lived together with their animals in miserable conditions in prehistoric cave dwellings. In his contribution, Guiseppe Cosentino tells how architect Ludovico Quaroni designed a brand new village for the inhabitants of these Sassi caves. La Martella was an attempt to translate a tradition and a community into a modern architectural image, as a standard-bearer for rural development, but ultimately turned out to be the pathfinder for a bourgeois subdivision *fermette*, with the cars parked in the stables. Ironically, once built, this model village almost immediately fell prey to another consequence of advancing modernisation: the agricultural world was in decline, and the children of La Martella would soon emigrate to work in factories in northern Italy or abroad. Thus,

verstedelijking terug te grijpen naar een geromantiseerd beeld van het dorp, ging de modernisering van productie, wonen of cultuurbeleving natuurlijk zowel loos in de stad als op het land, en dus ook in het dorp. Hoe kregen wetenschappelijke, technische, maatschappelijke vernieuwingen hun beslag in een context van dorp en land? Welke actoren en agenda's verzamelden zich rondom het dorp van de twintigste eeuw, en van welke beelden gingen hun idealen vergezeld? Waar spreken we dus over, als we het dorp als actueel model naar voren schuiven?

Dit nummer verzamelt acht moderne dorpsverhalen die de reflectie over de actuele omgang met dorpen kunnen voeden. Ze bieden een historisch perspectief en waaieren uit vanuit het Europese territorium tot in de VS en Tanzania. Het zijn verhalen van 'vooruitgang' en territoriale ontwikkeling, van 'verbetering' van woon- en werkomstandigheden, van pogingen tot behoud en herstel, door lokale of regionale karakteristieken van de dorpsarchitectuur te identificeren en er een moderne herinterpretatie aan te geven. Tezamen vormen ze een fragmentaire architectuurgeschiedenis van het dorp als plaats, product en project van technologische, administratieve en sociale moderniteit. En dat is niet alleen een geschiedenis van ontwerpen en bouwen, maar ook van media die – al dan niet geïdealiseerde – projecten kunnen dragen en verspreiden, en van instellingen voor wie deze projecten een middel kunnen zijn tot zeer uiteenlopende doelen.

Inventarisatie en vooruitgang

Het dorp verschijnt niet alleen als silhouet aan de horizon, zoals ter ere en bedrog van Catharina de Grote, het werd sinds het einde van de negentiende eeuw in uiteenlopende verschijningsvormen geproduceerd en gereproduceerd: van het geanimeerde tentoonstellingsdorp *Village Suisse* uit 1896, dat Nikos Magouliotis verder in dit nummer bespreekt, tot de wetenschappelijke inventarissen vol detailtekeningen, kaarten en fotocollages uit de Franse *Enquête sur l'architecture rurale* een halve eeuw later, zoals beschreven in de bijdrage van Gregory Cartelli. Beide zijn een specifieke poging om via het dorp een lokale eigenheid te vatten. Het Zwitserse tentoonstellingsdorp fungeerde als symbolische representatie van een verenigde natie, en moest tezelfdertijd recht doen aan de pluriformiteit van de Zwitserse cultuur met haar verscheidenheid aan talen, religieuze overtuigingen en regionale architecturale tradities. Een paradox die leidde tot een lappendeken van tegenstellingen en simplificeringen, een diplomatieke constructie die vooral de gekunstelde zoektocht naar een nationale Zwitserse identiteit weergeeft, eerder dan de realiteit van de dorpen in zijn kantons.

Het doel van de Franse *Enquête sur l'architecture rurale* uit de jaren 1940 was om in het kader van de naoorlogse wederopbouw regionale dorpstypologieën te definiëren aan de hand van etnografische taxonomieën en architectuurtekeningen, en het ontwerp van het dorp daarmee een wetenschappelijke basis te geven. Maar in plaats van een coherent typologisch model op te leveren, bleek de enig mogelijke empirische conclusie dat de landelijke bouwwijzen in de verschillende regio's als culturele en technische praktijken nooit volledig op geografische determinismen van materiaal en klimaat zijn terug te voeren. Pogingen die platteland en dorp tegen moderne veranderings- en vervlakkingsprocessen wilden wapenen, leidden juist tot een destabilisatie van het idee van het dorp als drager van regionale of nationale identiteit.

Andere studies van dorpen trachtten niet het beeld, of het formeel-materieel vocabularium van de architectuur te vatten, maar de sociale structuren van het samenleven. De patronen die op deze manier gedestilleerd werden, dienden vervolgens als basis voor een nieuwe dorpsarchitectuur, al dan niet in gemoderniseerde vorm. Maryia Rusak beschrijft in haar artikel hoe in de late jaren 1960 onderzoekers van de Noorse Building Research Unit onderzoek deden naar sociale activiteiten en leefpatronen in Tanzaniaanse dorpen, om zo goedkoop en makkelijk te bouwen prototypen te ontwerpen voor een dorpsontwikkelingsprogramma van het lokale socialistische regime. Een gebrek aan goede organisatie en geld, zorgden er echter voor dat de ruimtelijke component van het programma maar beperkt gerealiseerd werd.

In het zuiden van Italië leefden in de jaren 1950 de landarbeiders van Matera samen met hun dieren onder erbarmelijke omstandigheden in prehistorische grotwoningen. Guiseppe Cosentino vertelt in zijn bijdrage hoe architect Ludovico Quaroni een gloednieuw dorp ontwierp voor de inwoners van deze Sassi-grotten.
La Martella was een poging om een traditie en een gemeenschap te vertalen naar een modern architecturaal beeld, als vaandeldrager voor de ontwikkeling van het platteland, maar bleek uiteindelijk de wegbereider voor de burgerlijke

attempts to capture the village's social structures in a modern upgrade proved as tricky as trying to consolidate a handed-down local building tradition into an ideal village image.

Ideology and Policy

That the Potemkin story remains highly relevant even today is demonstrated by Helena Andersson in her article. She describes the administrative mobilisation around two exemplary villages in the Swedish North, which are struggling to fulfil their lofty ambitions on the ground. One village, Duved, is marketed as a European spearhead of sustainable and innovative economic revival, the other, Robertsfors, as an example of reinvented local craftsmanship. The villages are the object of an often opportunistic 'projectism', rather than a coherent long-term policy vision that is also committed to the community and the broad territory in which they lie. Ambitions around participation, democracy and community development are a thin veneer on a neoliberal policy of public-private partnerships.

While political agendas in the High North are largely obscured behind depoliticising expert language, several articles in this issue highlight how villages also explicitly functioned as an ideological battle front and material infrastructure for a political-economic transformation of the territory. In the propaganda films of socialist Albania, villages are the outposts of rural agricultural reclamation and social modernisation. In his contribution, however, Agim Kërçuku shows that the cinematic portrayal of this collectivist emancipation, carried by committed female protagonists, was in sharp contrast to a historical reality of exile and repression of dissidents.

The Norwegian research in Tanzania was also part of a distinctly political agenda. It was used by President Julius Nyerere and his TANU party for a village development programme that sought to make the country self-sufficient and restructure it socially around centrally planned rural communities. Rusak argues that although the building programme did not really take off in Tanzania, the experience with traditional Tanzanian villages and with the Tanzanian self-reliance ideology did have a critical impact on the Norwegian planning debate in the 1970s, when techno-scientific post-war planning was questioned, in part by emerging ecological thinking.

Resistance and Response

While many of the historical cases discussed revolve around the tension between idealised village images and an unruly reality, two contemporary examples may point to an actual changing practice in the village. This begins with being heard; with listening to the village residents and to the language of the village itself. Janna Bystrykh's contribution on Nicodemus, Kansas, puts the people of this American village at the centre and allows two residents to speak. Nicodemus is the historical product of various political conditions, founded in 1877 by African Americans who had left Kentucky and saw the possibility of forming their own community. It is a project of self-reliance and resistance, of the original residents and their descendants. The story of Nicodemus has a layered history in which ownership of land is a central theme – from homesteading policies for the Westward conquest of the Great Plains, to discriminatory policies that deprived Black farmers of economic levers and drove them out of the agricultural economy, to current initiatives that can support the self-preservation and recovery of the Nicodemus community. That community today is recovering through both a reactivation of agricultural practices, and through the valorisation and experience of the Black rural heritage that Nicodemus represents.

The village of today is also being tinkered with in Flanders. Ward Verbakel is one of the authors of the previously mentioned *Toolbox dorpse architectuur*. In his contribution to this issue, he calls this Toolbox a preliminary synthesis of two decades of design research, consultancy and consultation with administrations and civil society. He advances the term village chatter – the convivial babble of the village, or is it rather the backbiting? – as a metaphor for both the informal building patterns of villages, and for an urban planning practice of deliberation. That practice is supported by the words and figures with which the Toolbox seeks to capture the village's reality, its idealised reading, as well as its threatening transformations. The notion of village chatter explores a possible, adaptive language for village architecture, emerging from a sensitivity to the context in several Flemish villages, where private initiatives and individual architectural projects are the carriers of envisaged transformations.

Whereas the contrived unity-in-difference of the *Village Suisse* was a discursive and

verkavelingsfermette, met de auto's in de stal geparkeerd. Het is ironisch dat dit modeldorp, eenmaal gebouwd, vrijwel meteen ten prooi viel aan een andere consequentie van de voortschrijdende modernisering: de agrarische wereld was in verval, en de kinderen van La Martella zouden al snel emigreren om te gaan werken in de fabrieken in Noord-Italië of het buitenland. Zo blijken de pogingen om de sociale structuur van het dorp te vatten in een moderne opwaardering, al even heikel als de poging om een overgeleverde lokale bouwtraditie te consolideren in een ideaal dorpsbeeld.

Ideologie en beleid

Dat de Potemkin-historie ook vandaag uiterst relevant blijft, toont Helena Andersson aan in haar artikel. Ze beschrijft de bestuurlijke mobilisatie rond twee voorbeelddorpen in het Zweedse Noorden, die hun hooggestemde ambities maar moeilijk kunnen inlossen op het terrein. Het ene dorp, Duved, wordt in de markt gezet als Europees speerpunt van duurzame en innovatieve economische heropleving; het andere, Robertsfors, als een voorbeeld van een heruitgevonden lokale ambachtelijkheid. De dorpen zijn het voorwerp van een vaak opportunistisch 'projectisme', eerder dan een coherente beleidsvisie op lange termijn, die ook inzet op de gemeenschap en het bredere territorium waarin ze liggen. Ambities rond participatie, democratie en gemeenschapsontwikkeling zijn daarbij een dun laagje vernis op een neoliberaal beleid van publiek-private samenwerking.

Terwijl de politieke agenda's in het Hoge Noorden grotendeels versluierd worden achter depolitiserende expertentaal, belichten meerdere artikelen in dit nummer hoe dorpen ook expliciet fungeerden als ideologisch strijdfront en materiële infrastructuur voor een politiek-economische transformatie van het territorium. In de propagandafilms van het socialistische Albanië zijn dorpen de voorposten van de agrarische ontginning en sociale modernisering van het platteland. In zijn bijdrage laat Agim Kërçuku echter zien dat de cinematische beeldvorming van deze collectivistische emancipatie, gedragen door geëngageerde vrouwelijke protagonisten, in scherp contrast stond met een historische realiteit van verbanning en repressie van dissidenten.

Ook het Noorse onderzoek in Tanzania was onderdeel van een uitgesproken politieke agenda. Het werd door president Julius Nyerere en zijn TANU-partij ingezet voor een dorpsontwikkelingsprogramma dat het land zelfvoorzienend moest maken en het maatschappelijk wilde herstructureren rond centraal geplande plattelandsgemeenschappen. Rusak betoogt dat, hoewel het bouwprogramma in Tanzania niet echt van de grond kwam, de ervaring met traditionele Tanzaniaanse dorpen en met de Tanzaniaanse zelfredzaamheidsideologie wel een kritische invloed had op het Noorse planningsdebat in de jaren 1970, toen de techno-wetenschappelijke naoorlogse planning ter discussie werd gesteld, onder meer vanuit het opkomend ecologisch gedachtegoed.

Weerstand en gehoor

Terwijl veel van de besproken historische casussen draaien om de spanning tussen geïdealiseerde dorpsbeelden en een weerbarstige realiteit, wijzen twee hedendaagse voorbeelden mogelijk op een daadwerkelijk veranderende praktijk in het dorp. Die begint bij het gehoor geven; bij het luisteren naar de bewoners van het dorp en naar de taal van het dorp zelf. Janna Bystrykh's bijdrage over Nicodemus, Kansas, stelt de mensen in dit Amerikaanse dorp centraal en laat twee bewoners aan het woord. Nicodemus is het historisch product van verschillende politieke condities, gesticht in 1877 door African Americans die uit Kentucky waren vertrokken en de mogelijkheid zagen een eigen gemeenschap te vormen. Het is een project van zelfredzaamheid en weerstand, van de orspronkelijke bewoners en hun nakomelingen. Het verhaal van Nicodemus kent een gelaagde historiek waarin het eigendom van land een centraal thema is – van de *homesteading* politiek voor de westwaartse verovering van de *Great Plains*, over het discriminatoir beleid dat zwarte boeren economische hefbomen ontnam en uit de landbouweconomie dreef, tot actuele initiatieven die het zelfbehoud en herstel van de Nicodemus-gemeenschap kunnen ondersteunen. Die gemeenschap weet zich vandaag te herstellen door zowel een heractivering van de landbouw, als door de valorisatie en beleving van het zwart-rurale erfgoed dat Nicodemus vertegenwoordigt.

Ook in Vlaanderen wordt er gesleuteld aan het dorp van vandaag. Ward Verbakel is een van de auteurs van de eerdergenoemde *Toolbox dorpse architectuur*. In zijn bijdrage aan dit nummer noemt hij deze Toolbox een voorlopige synthese van twee decennia ontwerpend onderzoek, advisering en overleg met administraties en middenveld. Hij schuift de term *village chatter* – het gemoedelijke geklets van

design-manageable problem, and the *Enquête sur l'architecture rurale* called into question the 'natural anchoring' in regional identity, the civil society organisations, local administrations and planners with whom Verbakel works seek a looser, non-essentialising basis of departure: old and new patterns may still be detected and (re)produced, but above all the detached aggregate of the (mangled) Flemish villages seems to determine the productive approach to village design. The difference between the practices described by Bystrykh and Verbakel, however, is considerable, not least because of their relationship to the disciplines of architecture and urbanism: the village chatter looks at the built environment – broadly speaking – with the established morpho-typological lens and links that view to the agile administrative system of design governance, while the care for and recovery of Nicodemus fall rather outside the contours of the mainstream architectural profession.

Such variations, in the midst, at or beyond the boundaries of the discipline, characterise the village stories this issue brings together. Architecture slides somewhat unsteadily, like a historically mobile technical-cultural practice, throughout the various contributions. Sometimes it connects all too surely, sometimes rather searchingly, with the historical developments and political contradictions that enthral the village, the countryside and modern society; it follows or tries to resist, it accommodates and imagines – basically no different than in the city. As rural ressentiment towards urban (governmental) elites flares up in the Netherlands, Belgium and numerous other places, linking itself to both environmental politics and culture wars, naiveté about the village is out of the question. Critical reinterpretations of 'Project Village' – as an architectural, cultural, social and political project – are key.

het dorp, of is het eerder de achterklap? – naar voren als metafoor voor zowel de informele bebouwingspatronen van dorpen, als voor een stedenbouwkundige overlegpraktijk. Die praktijk wordt ondersteund door de woorden en figuren waarmee de Toolbox de realiteit, de idealiserende lezing ervan, maar ook de bedreigende transformaties tracht te vatten. Het begrip *village chatter* verkent een mogelijke, adaptieve taal voor dorpsarchitectuur, voortkomend uit een gevoeligheid voor de context in verschillende Vlaamse dorpen, waar private initiatieven en individuele architectuurprojecten de dragers zijn van beoogde transformaties.

Waar de gekunstelde eenheid-in-verscheidenheid van de *Village Suisse* een discursief en ontwerpmatig te beheersen probleem was, en de *Enquête sur l'architecture rurale* de 'natuurlijke verankering' in streekeigenheid op losse schroeven zette, zoeken de middenveldorganisaties, lokale besturen en planners waarmee Verbakel werkt een lossere, niet-essentialiserende vertrekbasis: oude en nieuwe patronen worden weliswaar nog steeds ontdekt en ge(re)produceerd, maar vooral het losse verband van de (gehavende) Vlaamse dorpen lijkt bepalend voor de productieve omgang met het dorpsontwerp. Het verschil tussen de praktijken die Bystrykh en Verbakel beschrijven is evenwel erg groot, niet in het minst door hun verhouding tot de disciplines van architectuur en stedenbouw: de *village chatter* kijkt – breed genomen – met de gevestigde morfo-typologische bril naar de gebouwde omgeving en koppelt die blik aan het wendbare administratief bestel van *design governance*, terwijl de zorg voor en het herstel van Nicodemus veeleer buiten de contouren van de gangbare architectuurprofessie vallen.

Dergelijke variaties, middenin, buiten of op de grenzen van de discipline, kenmerken de dorpsverhalen die dit nummer samenbrengt. Architectuur schuift wat onstabiel, als een historisch beweeglijke technisch-culturele praktijk door de verschillende bijdragen heen. Soms verbindt ze zich al te zeker, soms eerder zoekend met de historische ontwikkelingen en politieke tegenstellingen die het dorp, het platteland en de moderne maatschappij in de ban houden. Ze volgt of tracht weerstand te bieden, ze accomodeert en verbeeldt – in de grond niet anders dan in de stad. Nu het ruraal ressentiment ten opzichte van stedelijke (bestuurs) elites in Nederland, België en op tal van andere plaatsen opflakkert en zich zowel met milieupolitiek als cultuuroorlogen verbindt, is naïviteit over het dorp uit den boze. Kritische herinterpretaties van 'Project Dorp' – als bouwkundig, cultureel, maatschappelijk en politiek project – dringen zich op.

It Takes a Village to Make a Nation

The 'Village Suisse' at the Exposition Nationale de Genève (1896)

Nikos Magouliotis

Switzerland has no climate properly speaking, but an assemblage of every climate .... The Swiss themselves are what we might have expected in persons dwelling in such a climate: they have no character. ... [E]ven the mountaineers, though generally shrewd and intellectual, have no perceptible nationality: they have no language, except a mixture of Italian and bad German; they have no peculiar turn of mind; they might be taken as easily for Germans as for Swiss. No correspondence, consequently, can exist between national architecture and national character, where the latter is not distinguishable.[1]

Thus wrote the young John Ruskin in 1837. This aphoristic statement appeared in a series of articles titled 'The Poetry of Architecture', in which Ruskin traced 'the distinctive characters of the architecture of [different] nations' through an analysis of how such vernaculars related to local landscape and climate, but also to 'the prevailing turn of mind by which the nation [that built them] is distinguished'.[2] Ruskin was able to project national characters onto the 'neat' English cottage, the 'nonchalant' French equivalent, and the 'melancholic' yet 'elevated' Italian counterpart,[3] but had trouble doing so when it came to Swiss chalets.

Ruskin's observations ring true if we consider the variety of vernacular architectures across the country's different cantons: a village in Appenzell, with its quaint, painted woodwork, has few commonalities with the rough wooden granaries of the Haut-Valais, or the sgraffito-carved façades of Engadin. The building traditions of each of these Swiss regions have historically communicated with those of neighbouring countries and populations. No wonder Gottfried Semper saw a 'great similarity between peasant houses in Styria [Austria] and Switzerland',[4] and commonalities in the timber constructions of Southeast Germany and of the western Swiss cantons.[5] We would reach a similar conclusion if we were to compare the vernacular architecture of Ticino and Engadin with that of neighbouring regions in Italy, or the old town- and farmhouses of Basel with those of Alsace.

Besides external influences, this architectural diversity is largely the result of Switzerland's own history, and of the long-standing autonomy of its different cantons. Attempts to form a unified Swiss nation-state – out of what had diachronically been a fragmented territory and a loose confederation of autonomous communities[6] – began already in the eighteenth century. But they failed to reconcile the linguistic, religious and cultural divides between the different cantons.[7] In this context, Ruskin's claims hit a sensitive nerve. In 1844, Bernese architects Karl Adolf von Graffenried and Gabriel Ludwig Rudolf Stürler published a book titled *Architecture Suisse*[8] – perhaps the first publication to argue that such a thing existed. This was a survey of a specific regional idiom – the chalets of the Bernese highlands – that the authors tried to present as exemplary of

1
[K]ata Phusin (pseudonym of John Ruskin), [T]he *Poetry of Architecture* (New York: John [W]iley & Sons, 1881), 39-41. Originally [p]ublished in 1837-1838 as a series of articles [in] J.C. Loudon's *Architectural Magazine*.

2
[Ib]id.

3
[Ib]id., 7-29.

4
[G]ottfried Semper, *Style in the Technical and [T]ectonic Arts; or, Practical Aesthetics* (trans[la]ted by Harry Francis Mallgrave and Michael [R]obinson) (Los Angeles: Getty Publications, [2]004), 689.

5
Ibid., 688.

6
Swiss confederation was established already in the thirteenth century. But this was an alliance prompted more by a need for joint military action against a common enemy (the Habsburgs), than by a shared cultural identity. For several centuries, this confederation encompassed only a small number of the Swiss cantons, and after the Reformation, it witnessed several civil wars and internal divides.

7
For more on how the Swiss came to develop a sense of nationhood and eventually establish a confederate nation-state in 1848, see: Oliver Zimmer, *A Contested Nation: History, Memory and Nationalism in Switzerland, 1761-1891* (Cambridge: Cambridge University Press, 2007). See also: Jonathan Steinberg, *Why Switzerland?* (Cambridge: Cambridge University Press, 2015).

8
Karl Adolf von Graffenried and Gabriel Ludwig Rudolf Stürler, *Architecture Suisse ou choix de maisons rustiques des alpes du Canton de Berne / Schweizerische Architektur oder Auswahl hölzerner Gebäude aus dem Berner Oberland Architecture suisse* (Bern: J.J. Burgdorfer, 1844).

Zonder dorp geen natie

'Village Suisse' op de Zwitserse Nationale Tentoonstelling in Genève (1896)

Nikos Magouliotis

Zwitserland beschikt eigenlijk niet over een klimaat, maar kent een mengeling van alle mogelijke weerstypen (...). De Zwitsers zelf hebben, zoals te verwachten valt van mensen die in een dergelijk klimaat wonen, geen karakter. (...) [Z]elfs de bergbewoners, die over het algemeen schrander en verstandelijk zijn, hebben geen waarneembare nationaliteit: in plaats van een eigen taal spreken ze een mengeling van Italiaans en slecht Duits; ze hebben geen typische manier van denken; je ziet ze net zo gemakkelijk aan voor Duitsers als voor Zwitsers. Er kan hier dus geen overeenstemming bestaan tussen de nationale architectuur en het nationale karakter, want van dat laatste is geen sprake.[1]

Dit schreef een jonge John Ruskin in 1837. Zijn aforistische opmerkingen kwamen voor in een serie artikelen getiteld 'The Poetry of Architecture', waarin Ruskin 'de welonderscheiden karakters van de architectuur van [verschillende] landen' traceerde door dergelijke vernaculaire manieren van bouwen te analyseren in hun relatie tot lokale landschappen en weersomstandigheden, en tot 'de dominante geestesgesteldheid waarmee de natie [die ze bouwde] zich onderscheidt'.[2] Ruskin had er geen moeite mee om nationale karakters te projecteren op 'keurige' Engelse cottages, hun 'nonchalante' Franse equivalent en hun 'melancholieke', maar 'verheven' Italiaanse tegenhanger, maar slaagde daar minder goed in waar het ging om het Zwitserse chalet.[3]

Ruskin's observaties klinken logisch als we kijken naar de verscheidenheid aan vernaculaire architectuur in de verschillende Zwitserse kantons. Het schilderachtige houtschilderwerk van een dorp in Appenzell vertoont weinig overeenkomsten met de ruwhouten graanschuren van de regio Oberwallis of de met sgraffito bewerkte gevels van Engadin. De bouwtradities van deze Zwitserse regio's communiceerden historisch gezien met die van naburige landen en bevolkingsgroepen. Geen wonder dat Gottfried Semper een 'grote gelijkenis zag tussen de boerenhuizen van Stiermarken [Oostenrijk] en die van Zwitserland'.[4] Ook zag hij overeenkomsten tussen de houtconstructies van Zuidoost-Duitsland en die van de westelijke Zwitserse kantons.[5] Als de vernaculaire architectuur van Ticino en Engadin worden vergeleken met die van aangrenzende regio's in Italië, of de oude stadswoningen en boerderijen van Bazel met die van de Elzas, liggen soortgelijke conclusies voor de hand.

Deze architectonische diversiteit was niet alleen het gevolg van invloeden van buitenaf, maar ook van de geschiedenis van Zwitserland zelf en de langdurige autonomie van de verschillende kantons. Al in de achttiende eeuw vonden er pogingen plaats om een verenigde Zwitserse natiestaat te vormen – uit wat historisch gezien een gefragmenteerd gebied en een losse confederatie van autonome gemeenschappen was.[6] Men slaagde er echter niet in om de taalkundige, religieuze en culturele scheiding tussen de verschillende kantons te overbruggen.[7] De opmerking van Ruskin raakte in dit verband een gevoelige snaar. In 1844

1
Kata Phusin (pseudoniem John Ruskin), *The Poetry of Architecture* (New York: John Wiley & Sons, 1881), 39-41. Oorspronkelijk verschenen in 1837-1838 als artikelenreeks in J.C. Loudon's *Architectural Magazine*.

2
Ibid.

3
Ibid., 7-29.

4
Gottfried Semper, *Style in the Technical and Tectonic Arts; or, Practical Aesthetics*, vertaling Harry Francis Mallgrave en Michael Robinson (Los Angeles: Getty Publications, 2004), 689.

5
Ibid., 688.

6
Al in de dertiende eeuw werd er een Zwitserse confederatie opgericht. Deze alliantie was echter eerder gebaseerd op de noodzaak om gezamenlijk militair op te treden tegen een gemeenschappelijke vijand (de Habsburgers), dan op een gedeelde culturele identiteit. Eeuwenlang omvatte deze confederatie maar een paar Zwitserse kantons en na de Reformatie ontstonden er verschillende burgeroorlogen en interne conflicten.

7
Zie voor meer informatie over de manier waarop het nationale sentiment van de Zwitsers zich ontwikkelde en ze uiteindelijk in 1848 een confederale natiestaat stichtten: Oliver Zimmer, *A Contested Nation: History, Memory and Nationalism in Switzerland, 1761-1891* (Cambridge: Cambridge University Press, 2007). Zie ook: Jonathan Steinberg, *Why Switzerland?* (Cambridge: Cambridge University Press, 2015).

aul Bouvier, Aloïs Brémond and Edmond Fatio, Village Suisse, Geneva, 1896: the entrance under construction/ Paul Bouvier, Aloïs Brémond en Edmond Fatio, Village Suisse, Genève, 1896: de bouw van de entree

rowds gathered on the closing day of the Village Suisse/ Grote drukte op de laatste dag dat het Village Suisse bezocht kon worden

Performance of traditional dances in the main square of the Village Suisse/ Volksdansen op het grote plein van het Village Suisse

publiceerden de Berner architecten Karl Adolf von Graffenried en Gabriel Ludwig Rudolf Stürler een boek getiteld *Architecture Suisse* – misschien wel de eerste publicatie die ervan uitging dat er zoiets bestond.[8] Het ging om een overzicht van een specifiek regionaal idioom – de chalets van de Berner hooglanden – dat de auteurs probeerden te presenteren als voorbeeldig voor een groter geheel: 'Het zeer bijzondere karakter van dit soort architectuur, die haar wortels heeft in de zeden, gewoonten en behoeften van de [lokale] bevolking, rechtvaardigt deze benaming [van Zwitserse architectuur]'. Von Graffenried en Stürler waren van plan om na dit werk nog een aantal andere te publiceren, allen gewijd aan 'rustieke woningen (...) in verschillende delen van Zwitserland, waarvan we al een aantal zeer interessante gevallen hebben gedocumenteerd'.[9] Enkele jaren later werd Ernst Gladbach hoogleraar aan de ETH Zürich en begon een onderzoek naar wat hij 'de kantonnale en constructieve variaties van de Zwitserse houtstijl' noemde, wat verschillende publicaties opleverde.[10]

Net als Ruskin geloofden deze architecten dat het ware karakter van een natie niet in de steden, maar in de dorpen te vinden was. Deze idealisering van het platteland was sinds de achttiende eeuw een belangrijk uitgangspunt bij het project van Zwitserse natievorming. Tijdens een bijeenkomst van de Helvetische Vereniging in 1794 bepleitte dominee en hervormer Philippe-Sirice Bridel 'de noodzaak om de gewoonten en de smaak van het platteland opnieuw te verspreiden in heel Zwitserland':[11]

Wie hebben de basis gelegd voor het Helvetische Korps [de Zwitserse Confederatie]? (...) De plattelandsbewoners, dus de inwoners

8
Karl Adolf von Graffenried en Gabriel Ludwig Rudolf Stürler, *Architecture Suisse ou choix de maisons rustiques des alpes du Canton de Berne / Schweizerische Architektur oder Auswahl hölzerner Gebäude aus dem Berner Oberland Architecture suisse* (Bern: J.J. Burgdorfer, 1844).

9
Ibid., 3.

10
Ernst Gladbach, *Der Schweizer Holzstil in seinen kantonalen und konstructiven Verschiedenheiten* (...) (Zürich: Caesar Schmidt, 1882 (*Erste Serie*) en 1883 (*Zweite Serie*)). Zie ook: Daniel Stockhammer, *Schweizer Holzbautradition: Ernst Gladbachs Konstruktion eines ländlichen Nationalstils* (ETH Zürich, proefschrift nr. 23127, 2015).

11
De Helvetische Vereniging werd in 1762 opgericht met als doel alle Zwitsers tot een concrete politieke entiteit te verenigen. De vereniging werd opgeheven in 1798, na de oprichting van de Helvetische Republiek. Zie voor meer informatie: Zimmer, *A Contested Nation*, op. cit. (noot 7), 41-79.

a greater whole: 'The very particular character of this kind of construction, which has its roots in the mores, customs and needs of these [local] populations, deserves this title [of Swiss architecture].' Von Graffenried and Stürler planned to follow this publication with others, devoted to 'rustic houses . . . in other parts of Switzerland, of which we have already documented some very interesting examples'.[9] A few years later, Ernst Gladbach became Professor at the ETH Zurich and began his research on what he called 'the Swiss wood-style in its cantonal and constructive variations', resulting in several publications.[10]

Like Ruskin, these architects believed that the true character of a nation could not be found in the cities, but in the villages. This idealisation of the countryside was a key tenet of the Swiss nation-building project since the eighteenth century. In an assembly of the 'Helvetic Society' in 1794, the pastor and reformer Philippe-Sirice Bridel argued for 'the need to bring back to Switzerland the customs and taste of the countryside':[11]

Who laid the foundations of the Helvetic Corps [the Swiss Confederation]? . . . Men of the countryside, the inhabitants of those three cantons [of Uri, Schwyz and Unterwalden], in which there are no cities. . . .[12] *[I]t is the attachment to the life of the countryside which has cemented the base of our confederation; and . . . since this national taste has little by little weakened among us, it is urgent, essential even, to return to it.*[13]

But to which Swiss countryside should the Swiss return? The vine-covered shores of Lake Geneva? the rolling hills of Appenzell? the alpine towns of Ticino? Or the highlands of Bern and Valais? Downplaying a whole range of linguistic, religious and cultural divides and regional particularities, Bridel reduced the complex reality of Switzerland to a mere antithesis between city and countryside. And he relied on an idealised, but conveniently abstract picture of the latter: A blurry image of a (and any) Swiss village, to which any Swiss person would dream to return – whether German-, French-, Italian- or Romansh-speaking, Catholic or Protestant.

Staging and Representing the Swiss

Debates about what exactly held the Swiss together as a nation intensified after the establishment of the Swiss nation-state in 1848. Public events and festivities were frequently sources of dispute, due to the misrepresentation of certain linguistic or religious groups.[14] The anxiety of cultural and political representation was condensed into an iconic architectural project during the second Swiss National Exhibition in 1896 in Geneva.[15] Alongside grand halls exhibiting the country's achievements in industry, science and the arts, the organisers constructed an artificial 'Village Suisse'.[16] Symptomatic of an era of anthropological dioramas, artificial villages and folkloric spectacles in European exhibitions (whether displaying 'national' or 'exotic' cultures), the Village Suisse was a panoramic display of the country's agricultural production, regional traditions, popular culture and vernacular architecture. It opened its doors on 1 May 1896, closed on 25 October, and was visited by roughly 1 million people – a bit over a third of the country's population at the time.

Designed by Swiss architects Paul Bouvier, Alois Brémond and Edmond Fatio, the village covered an area of 23.000 m². It featured 56 farm houses (largely authentic vernacular constructions, transported from various parts of the country), 18 granaries (all reconstructions), three stables, one church, a 40-m-high mountain (made of a wooden scaffold) and

9
›id., 3.

10
›rnst Gladbach, *Der Schweizer Holzstil in ›einen kantonalen und konstructiven Verschie›enheiten* . . . (Zurich: Caesar Schmidt, 1882 (*›rste Serie*) and 1883 (*Zweite Serie*)). See ›lso: Daniel Stockhammer, *Schweizer Holzbau›adition: Ernst Gladbachs Konstruktion eines ›indlichen Nationalstils* (ETH Zurich, Doctoral ›issertation nr. 23127, 2015).

11
›he Helvetic Society was founded in 1762, with ›e aim of uniting all Swiss people into a con›rete political entity. It was dissolved in 1798, ›fter the establishment of the Helvetic Repub›c. For more on this, see: Zimmer, *A Contested ›ation*, op. cit. (note 7), 41-79.

12
The author is here referring to a foundational moment of Swiss history in 1307, when representatives of these three *Urkantone* met in the meadow of Rütli and gave an oath of liberty and alliance against foreign rulers – an event ever since known as the Rütli Oath (*Rütlischwur*).

13
Philippe-Sirice Bridel, 'Essai sur la nécessité de reprendre en Suisse les moeurs et le goût de la campagne', *Le conservateur suisse: ou receuil complet des étrennes helvétiennes – seconde édition, tome sixième* (Lausanne: F. Blanchard, 1856), 40-41.

14
Zimmer, *A Contested Nation*, op. cit. (note 7), 154-160 and 163-208.

15
For more on the exhibition, see: Bernard Crettaz and Christine Détraz (eds.), *Suisse, mon beau village: Regards sur l'exposition nationale de 1896* (Geneva: unknown publisher, 1983), and Leïla El-Wakil and Pierre Vaisse (eds.), *Genève 1896: Regards sur une Exposition Nationale* (Geneva: Georg, 2001).

16
For a more comprehensive documentation of the Village Suisse, see the official catalogue: *Le Village Suisse à l'Exposition Nationale Suisse, Genève 1896* (Geneva: Commission du Village Suisse, 1896). See also: Bernard Crettaz and Juliette Michaelis-Germanier, *Une Suisse miniature ou les grandeurs de la petitesse* (Geneva: Musée d'ethnographie de la Ville de Genève, 1984).

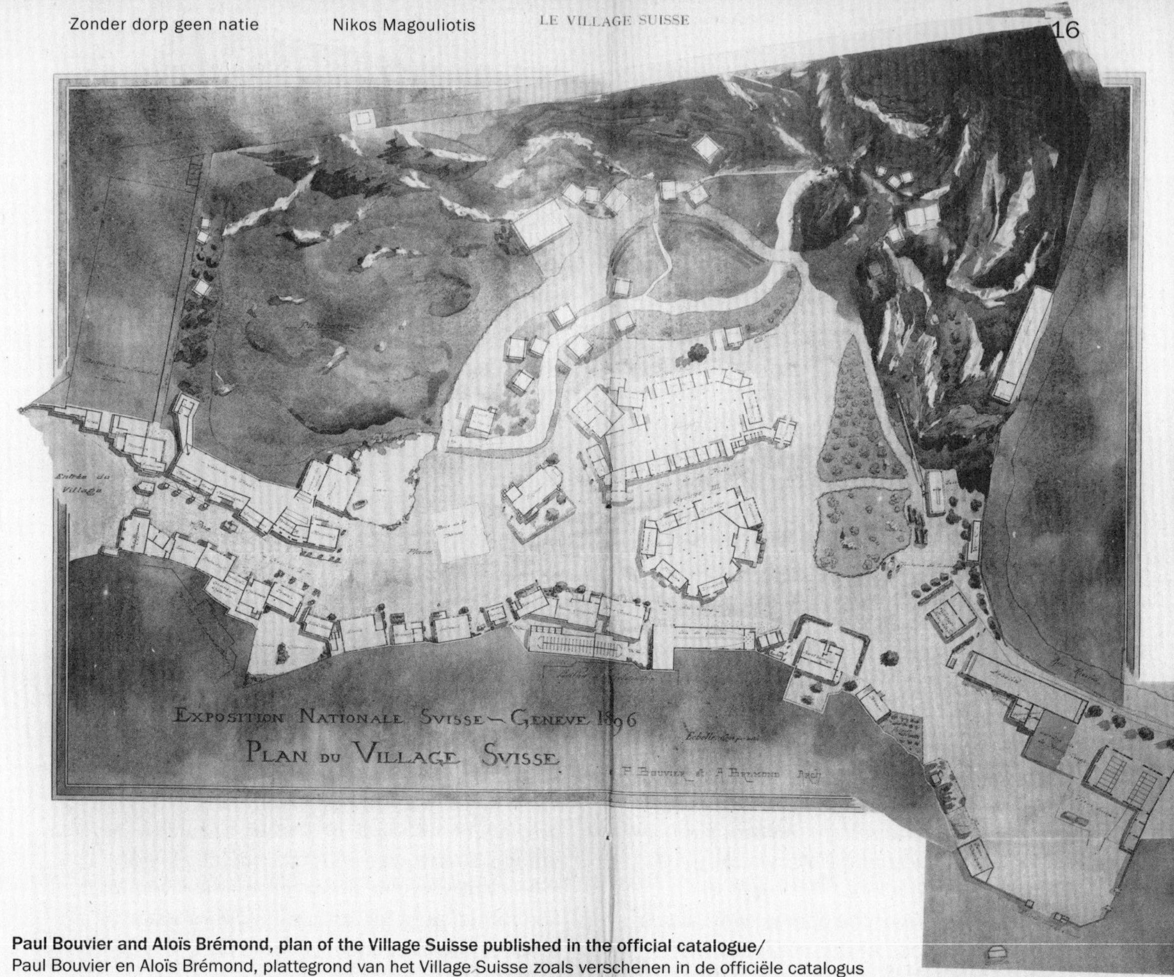

Paul Bouvier and Aloïs Brémond, plan of the Village Suisse published in the official catalogue/
Paul Bouvier en Aloïs Brémond, plattegrond van het Village Suisse zoals verschenen in de officiële catalogus

van die drie kantons [Uri, Schwyz en Unterwalden] waar geen steden zijn. (...).[12] *De gehechtheid aan het plattelandsleven vormt het cement van onze confederatie; en (...) aangezien deze nationale voorliefde bij ons beetje bij beetje is weggeëbd, is het nu dringend, essentieel zelfs, om ernaar terug te keren.*[13]

Maar naar welk Zwitsers platteland moesten de Zwitsers terugkeren? Naar de met wijnranken begroeide oevers van het Meer van Genève? De glooiende heuvels van Appenzell? De alpensteden van Ticino? Of de hooglanden van Bern en Wallis? Bridel bagatelliseerde een hele reeks taalkundige, religieuze en culturele verschillen en regionale eigenaardigheden, en reduceerde de complexe realiteit van Zwitserland tot slechts een tegenstelling tussen stad en platteland. Hij baseerde zich daarbij op een geïdealiseerd en gemakshalve geabstraheerd beeld van dat platteland: een onduidelijk plaatje van een (willekeurig) Zwitsers dorp waarnaar alle Zwitsers, of ze nu Duits, Frans, Italiaans of Reto-Romaans spraken en of ze nu katholiek of protestant waren, zouden dromen ooit te kunnen terugkeren.

De Zwitsers tonen en vertegenwoordigen

Na de oprichting van de Zwitserse natiestaat in 1848 verhevigde het debat over wat de Zwitsers nu precies bij elkaar hield als natie. Openbare evenementen en festiviteiten waren vaak een

12
De auteur verwijst hier naar een fundamenteel moment in de Zwitserse geschiedenis. In 1307 ontmoetten de vertegenwoordigers van deze drie *Urkantone* elkaar in de weide van Rütli, waar ze een eed van vrijheid en bondgenootschap tegen buitenlandse overheersers aflegden. Deze gebeurtenis staat sindsdien bekend als de eed van Rütli (*Rütlischwur*).

13
Philippe-Sirice Bridel, 'Essai sur la nécessité de reprendre en Suisse les moeurs et le goût de la campagne', *Le conservateur suisse: ou receuil complet des étrennes helvétiennes – seconde édition, tome sixième* (Lausanne: F. Blanchard, 1856), 40-41.

a waterfall that poured 166 litres of water per second. The Village Suisse was populated by 353 'villagers' – people hired to wear traditional costumes, demonstrate regional crafts and products, and perform folk dances. Altogether, it was an immersive popular spectacle celebrating the Swiss countryside and its regional landmarks, idioms and customs.

Like all immersive expo scenography of its kind, the layout of the Village Suisse allowed the visitor to effortlessly walk through all of the exhibits (by following loosely defined circular pathways), while at the same time maintaining the impression of an irregular amassment of buildings. This is evident in a plan published in its official catalogue, signed by Bouvier and Brémond. The architects created the illusion of an isolated alpine settlement (obscuring the fact that the village stood in a central location in Geneva) by surrounding it with artificial hills and mountains, depicted in the plan as dark, cloud-like formations. An unpublished, working draft of the same plan reveals that underneath this picturesque surface lay a meticulously calculated project of logistics and political representation: large restaurant halls – a necessary feature of modern exhibitions – were hidden behind rows of smaller, rustic house pavilions.[17] The smaller pavilions (reconstructed authentic farmhouses of various forms and sizes) were laid out so as to form irregular street fronts, but their interiors were divided into more or less equal compartments, which were rented as shops. At the bottom of the plan, a detailed table kept count of the surface area occupied by each of these house pavilions. The organisers had to make sure that the picturesque irregularity of the village was quantifiable in square metres (and according rent fees), but also that all cantons were given an equal opportunity to represent themselves and their products.

'Harmony in Diversity'

The aim of the Village Suisse project was to propagate a unifying notion of Swiss nationhood, while dealing with the sensitive balance of cultural and political representation of all the different members of the confederation. This was evident already in its architectural form, but became explicit in the texts of its official catalogue, published in French in 1896. In its foreword, Genevan author and editor Gaspar Vallette reassured Swiss visitors that they would have 'the pleasure of contemplating, at a single glance, a compressed but faithful image of our beloved country' since, as he emphasised, 'no one has been neglected (*personne n'a été négligé*)'.[18] A few pages later, an unsigned text, probably authored by archaeologist Jacques Mayor, enforced the same narrative of inclusive national representation by describing the village as 'Switzerland in miniature':

> *The arcades of Bern and Murten offer... their comfortable shelter to the passer-by; [just] across stands a superb wooden building from Fischental, [alongside] houses from Aarau, Frauenfeld... Laupen, etc. Further on we encounter a chalet from Meiringen, then a farmhouse from Gümmenen with a remarkably accentuated gable, two dwellings from Werdenberg and a large house from Bleienbach. Stans is represented by an admirable construction with a chiselled and painted façade and latticed erkers [bay windows], Ticino by a small house from Muralto, decorated with ingenious sgraffiti; Fribourg by a farm in Villard-Vollard... etcetera.*[19]

The emphasis on representation was crucial. Like the political body of the confederation, the Village Suisse had to abide by the principle of cultural and architectural representation: specimens of all the different regional vernaculars ought to be featured, as did the customs and traditions of each canton.

In reality, the coexistence of the different Swiss cantons and communities was rather tumultuous, especially in the second half of the nineteenth century, as the push-and-pull between a centralising federal state and some independence-seeking cantons ignited old linguistic and confessional divides. When describing the Village Suisse as the sum of different parts, Valette adopted a somewhat defensive tone:

17
lders 98 ('Paul Bouvier') and 98-01 ('Schweize-che Landesausstellung 1896: Palais des aux Arts und Village Suisse') at the gta chives of the ETH Zurich include numerous etches and drawings by Paul Bouvier for rious buildings of the National Exhibition of 396.

18
Le Village Suisse à l'Exposition Nationale, op. cit. (note 16) 2.

19
Ibid., 10.

bron van onenigheid, omdat bepaalde taal- of religieuze groepen vonden dat ze onjuist werden vertegenwoordigd.[14] Deze zorg over culturele en politieke representatie kwam tot uitdrukking in een iconisch architectonisch project, dat plaatsvond tijdens de tweede Zwitserse Nationale Tentoonstelling in Genève (1896).[15] Naast grote hallen waarin Zwitserse prestaties op het gebied van industrie, wetenschap en kunst te zien waren, bouwden de organisatoren een kunstmatig 'Village Suisse'.[16] Village Suisse was typisch voor die tijd, waar antropologische diorama's, kunstmatige dorpen en folkloristische spektakels vaker deel uitmaakten van Europese tentoonstellingen (of deze nu over 'nationale' of 'exotische' culturen gingen). Het was een panoramische tentoonstelling over de landbouwproductie, regionale tradities, volkscultuur en vernaculaire architectuur van Zwitserland. Village Suisse opende zijn deuren op 1 mei 1896, sloot op 25 oktober en werd bezocht door ongeveer 1 miljoen mensen, iets meer dan een derde van de bevolking van het land in die tijd.

Het dorp was ontworpen door de Zwitserse architecten Paul Bouvier, Alois Brémond en Edmond Fatio en besloeg een oppervlakte van 23.000 m^2. Het bevatte 56 boerderijen (grotendeels authentieke vernaculaire bouwwerken die vanuit verschillende delen van het land waren overgebracht), 18 graanschuren (allemaal reconstructies), drie stallen, een kerk, een 40 m hoge berg (gebouwd met behulp van een houten steiger) en een waterval waar 166 liter water per seconde uit stroomde. Village Suisse werd bevolkt door 353 'dorpelingen', mensen die waren ingehuurd om traditionele kostuums te dragen, regionale ambachten en producten te demonstreren en volksdansen op te voeren. Alles bij elkaar was het een meeslepend volksspektakel ter ere van het Zwitserse platteland en zijn regionale herkenningspunten, idiomen en gebruiken.

Net zoals bij alle andere meeslepende tentoonstellingsontwerpen van dit type was Village Suisse zo ontworpen dat de bezoekers moeiteloos door alle tentoongestelde bouwwerken konden wandelen (door losjes aangegeven, cirkelvormige paden te volgen), terwijl ze tegelijkertijd de indruk hadden dat ze zich te midden van een onregelmatige verzameling gebouwen bevonden. Dit is duidelijk te zien op een plattegrond die in de officiële catalogus is opgenomen en die is ondertekend door Bouvier en Brémond. De architecten creëerden de illusie van een geïsoleerde alpennederzetting (en verdoezelden zo dat het dorp zich op een centrale locatie in Genève bevond) door het te omringen met kunstmatige heuvels en bergen, die op de plattegrond staan afgebeeld als donkere, wolkachtige formaties. Een ongepubliceerde werktekening van dezelfde plattegrond onthult dat er achter dit pittoreske uiterlijk een zorgvuldig berekend project van logistiek en politieke representatie schuilging: zo lagen de grote restaurantzalen, een noodzakelijk onderdeel van elke moderne tentoonstelling, verborgen achter rijen kleinere, rustieke woningpaviljoens.[17] De kleinere paviljoens (gereconstrueerde authentieke boerenwoningen in alle soorten en maten) waren zó neergezet dat ze onregelmatige straatwanden vormden, terwijl hun interieurs waren verdeeld in min of meer gelijke compartimenten die werden verhuurd als winkels. Onderaan de plattegrond stond een gedetailleerde tabel waarin de oppervlakte van elk van deze woningpaviljoens was genoteerd. De organisatoren moesten er niet alleen voor zorgen dat de pittoreske onregelmatigheid van het dorp kwantificeerbaar was in vierkante meters (en bijbehorende huurprijzen), maar ook dat alle kantons gelijke kansen kregen om zichzelf en hun producten te presenteren.

'Harmonie in diversiteit'

Het doel van het Village Suisse-project was om een verenigende notie van Zwitsers nationalisme uit te dragen en tegelijkertijd het wankele evenwicht van culturele en politieke vertegenwoordiging tussen de verschillende leden van de confederatie te behouden. Dit bleek niet alleen duidelijk uit de architectuur, maar werd ook expliciet gemaakt in de teksten van de officiële catalogus, die in 1896 in het Frans werd gepubliceerd. In het voorwoord verzekerde de Geneefse auteur en redacteur Gaspar

14
Zimmer, *A Contested Nation*, op. cit. (noot 7), 154-160 en 163-208.

15
Zie voor meer informatie over de tentoonstelling: Bernard Crettaz en Christine Détraz (red.), *Suisse, mon beau village: Regards sur l'exposition nationale de 1896* (Genève: uitgever onbekend, 1983), en Leïla El-Wakil en Pierre Vaisse (red.), *Genève 1896: Regards sur une Exposition Nationale* (Genève: Georg, 2001).

16
Zie de officiële catalogus voor meer informatie over Village Suisse: *Le Village Suisse à l'Exposition Nationale Suisse, Genève 1896* (Genève: Commission du Village Suisse, 1896). Zie ook: Bernard Crettaz en Juliette Michaelis-Germanier, *Une Suisse miniature ou les grandeurs de la petitesse* (Genève: Musée d'ethnographie de la Ville de Genève, 1984).

17
In de mappen 98 ('Paul Bouvier') en 98-01 ('Schweizerische Landesausstellung 1896: Palais des Beaux Arts und Village Suisse') in gta-archief van de ETH Zürich bevinden zich talloze schetsen en tekeningen van Paul Bou voor de verschillende gebouwen die deel uitmaakten van de Nationale Tentoonstelling van 1896.

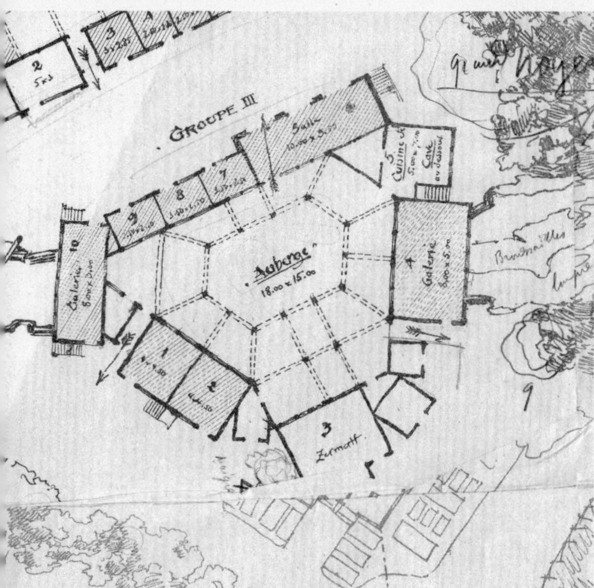

tail of draft plan: a restaurant hidden behind a row of smaller house vilions/ Detail van de werktekening: een restaurant ligt verscholen nter een rij kleinere woonpaviljoens

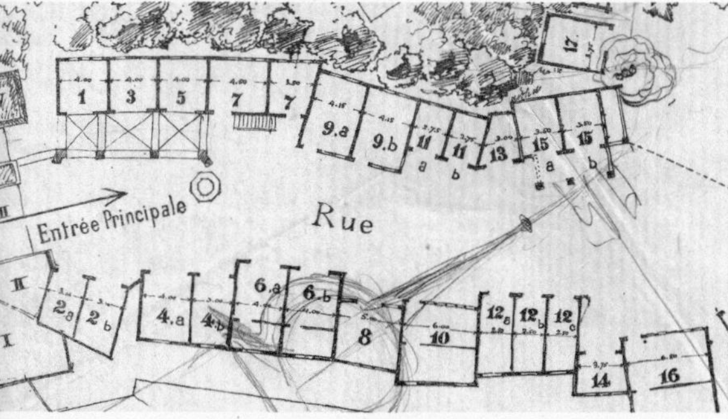

tail of draft plan: rows of pavilions with interiors divided into smaller npartments/ Detail van de werktekening: rijen paviljoens waarvan de erieurs in kleinere compartimenten zijn verdeeld

tail of draft plan: table with surface areas of the different pavilions/ tail van de werktekening: tabel met de vloeroppervlakken van de schillende paviljoens

These chalets, so clearly distinct and individual . . . reunited together, far from producing a cacophony of lines and colours, form a harmonious and complete whole. [The visitor] will not fail to see in this the very symbol of our Swiss homeland, which has resolved the difficult problem of forming a strong unit, while allowing each of its canton members its own life and individuality.[20]

This analogy between buildings and people was eventually made more evident:

This is more or less the Village Suisse, or at least the setting [and] the material part of the Village, because there is something else: the inhabitants, who also have their own style. . . . Despite the diversity of people and of architectures, it is a harmonious whole over which the image of the Homeland reigns supreme.[21]

This leitmotif of 'harmony in (and in spite of) diversity' appeared throughout the catalogue, referring interchangeably to the architectural forms of Swiss houses and to the country's cultural and political landscape. Eventually, a literal allusion to musical harmony was made. In the final chapter of the catalogue, titled 'Harmonies, Costumes, Feasts', art historian and folklorist Daniel Baud-Bovy described the experience of traversing the Village Suisse (and, by extension, the actual landscape of Switzerland) as witnessing a country-wide concert of different bells – from those of bell towers and of the traditional church instrument of the 'carillon', to the bells that hung on the necks of cows and goats.[22] This clanging pastoral symphony, he claimed, surpassed topographic, linguistic and religious divides, and united the different communities:

Even though out of sight . . . of each other, the villages and towns of our valleys and our plains have a common, aerial language. They can call [each other] for help, they can communicate their sorrows and their joys; at times of prayer they implore and praise the Almighty together.[23]

20
Ibid., 2-3.

21
Ibid., 13. This is in the aforementioned unsigned text, most probably written by Jacques Mayor.

22
Ibid., 117-122.

23
Ibid., 118-119.

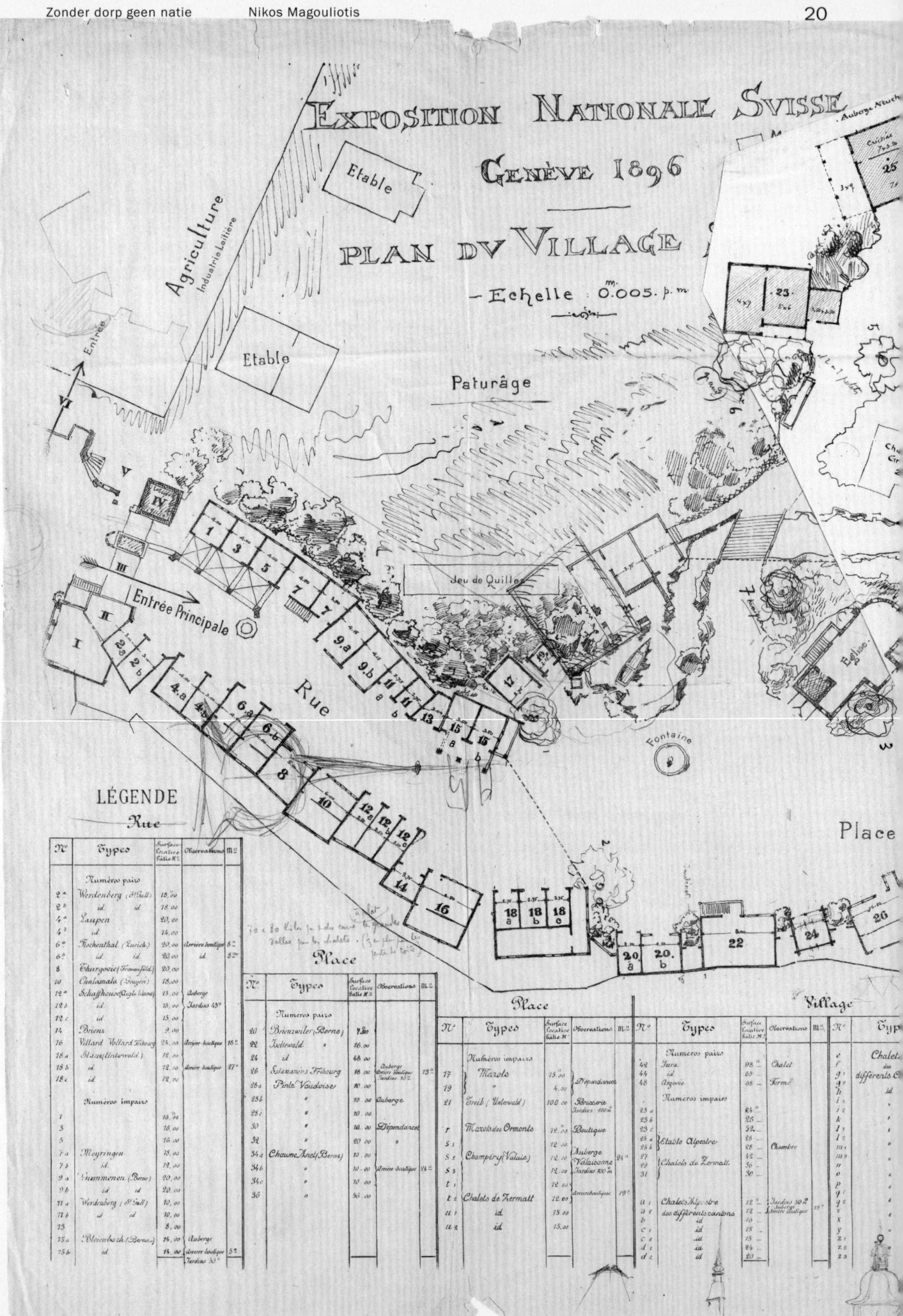

Paul Bouvier, Aloïs Brémond, Francis Furet and Charles Henneberg, working draft of the plan of the Village Suisse/
Paul Bouvier, Aloïs Brémond, Francis Furet en Charles Henneberg, werktekening van de plattegrond van het Village Suisse

Panorama des Alpes Bernoises
Maots
27
29
31
région des sapins
GROUPE II
Auberge
GROUPE III
Auberge
Zermatt
Pâturage
48
Scie
46
Auberge
38 Étable-Modèle
40 Fourrage
44 Jura
Entrée
Châlet du Jura 42
Entrée
Partie non Locative
Plan dressé par les soins du Comité du Village Suisse et par MM. Ch. Henneberg, directeur F. Furet, artiste peintre Paul Bouvier & Aloys Bremond, Arch.
LITH. DUC, GENÈVE

Vallette de Zwitserse bezoekers ervan dat hen 'het genoegen om in één oogopslag een gecomprimeerd, maar getrouw beeld van ons geliefde land te aanschouwen' te wachten stond waarbij, zoals hij verder benadrukte, 'niemand over het hoofd is gezien (*personne n'a été négligé*)'.[18] Een paar pagina's later wordt hetzelfde verhaal van inclusieve nationale vertegenwoordiging nog eens voor het voetlicht gebracht in een ongesigneerde tekst, waarschijnlijk van de hand van archeoloog Jacques Mayor, die het dorp beschrijft als 'een miniatuur van Zwitserland':

> *De arcades van Bern en Murten bieden (...) de voorbijganger comfortabele beschutting; [aan de overkant] staat een prachtig houten gebouw uit Fischental, [naast] huizen uit Aarau, Frauenfeld (...), Laupen, enzovoort. Verderop zien we een chalet uit Meiringen, dan een boerderij uit Gümmenen met een opmerkelijk geaccentueerde puntgevel, twee woningen uit Werdenberg en een groot huis uit Bleienbach. Stans is vertegenwoordigd door een bewonderenswaardig bouwwerk met een geciseleerde en beschilderde gevel en van latwerk voorziene erkers, Ticino door een klein huis uit Muralto, versierd met ingenieuze sgraffiti; Fribourg door een boerderij in Villard-Vollard (...), enzovoort.*[19]

De nadruk op representatie was essentieel. Net als het politieke orgaan van de confederatie moest Village Suisse het principe van culturele en architectonische representatie onderschrijven. Er moesten zowel voorbeelden van de hele regionale architectuur te zien zijn, als de gewoonten en tradities van elk kanton.

In werkelijkheid was de co-existentie van de verschillende Zwitserse kantons en gemeenschappen nogal tumultueus, vooral in de tweede helft van de negentiende eeuw, toen het geduw en getrek tussen een centraliserende federale staat en enkele kantons die onafhankelijkheid nastreefden, oude taalkundige en confessionele onenigheden deed oplaaien. Toen Valette het dorp beschreef als de som van verschillende delen, sloeg hij een enigszins defensieve toon aan:

> *Deze chalets, die zo welonderscheiden en individueel zijn (...) vormen samen geenszins een kakofonie van lijnen en kleuren, nee, ze vormen een harmonieus en compleet geheel. [De bezoeker] kan hier alleen maar het symbool in zien van ons Zwitserse vaderland, dat de moeilijke uitdaging is aangegaan om een sterke eenheid te vormen en daarbij elk kanton toch zijn eigen bestaan en individualiteit te gunnen.*[20]

De analogie tussen gebouwen en mensen werd uiteindelijk uitvergroot:

> *Dit is min of meer het Village Suisse, of in ieder geval het decor [en] het materiële deel ervan, want er is nog iets anders: de bewoners, die ook hun eigen stijl hebben (...). Ondanks de verscheidenheid aan mensen en architectuur is het een harmonieus geheel, waarin het beeld van het thuisland overheerst.*[21]

Deze rode draad van 'harmonie in (en ondanks) verscheidenheid' werd overal in de catalogus ter sprake gebracht en verwees afwisselend naar de architectonische vormen van de Zwitserse huizen, en naar het culturele en politieke landschap van het land. Uiteindelijk werd er zelfs letterlijk gezinspeeld op muzikale harmonie. In het laatste hoofdstuk van de catalogus, getiteld 'Harmonieën, Kostuums, Feesten', beschrijft kunsthistoricus en folklorist Daniel Baud-Bovy zijn ervaring van zijn bezoek aan Village Suisse (en, in het verlengde daarvan, aan het feitelijke landschap van Zwitserland) als de ervaring, getuige te zijn van een door het land weerklinkend concert van verschillende klokken – van klokkentorens en het traditionele kerkinstrument, het carillon, tot aan de bellen om de nek van de koeien en geiten.[22] Deze klingelende pastorale symfonie, beweerde hij, oversteeg topografische, taalkundige en religieuze scheidslijnen en verenigde de verschillende gemeenschappen:

> *Hoewel ze buiten elkaars gezichtsveld liggen, spreken de dorpen en steden in onze valleien en op onze vlakten een gemeenschappelijke, lucht-gedragen taal. Bewoners kunnen elkaars hulp inroepen en hun zorgen en vreugden met elkaar delen. Wanneer ze bidden, smeken en prijzen ze de Almachtige gezamenlijk.*[23]

Uiteindelijk stortte Baud-Bovy zich in een lange verhandeling over volksliedjes en jodelen in

18
Le Village Suisse à l'Exposition Nationale, op. cit. (noot 16) 2.

19
Ibid., 10.

20
Ibid., 2-3.

21
Ibid., 13. Dit staat in de eerdergenoemde ongesigneerde tekst die waarschijnlijk is geschreven door Jacques Mayor.

22
Ibid., 117-122.

23
Ibid., 118-119.

Eventually, Baud-Bovy delved into a lengthy discourse on folk songs and yodelling across Switzerland.[24] He could not help noting the disparities between different regions – 'What a difference between the ways that the Bernese shepherd and the woman from Ticino celebrate their homeland!'[25] But in the end, he concluded confidently that when heard together, all of these different dialects and melodies formed 'a harmonious murmur'.[26]

Like every village, the Village Suisse would not have been complete without a church. But unlike what Baud-Bovy had insinuated, not all Swiss villages 'praise[d] the Almighty together'. Conflicts between Protestants and Catholics had led to numerous territorial divides and civil wars – most recently in 1847, when a number of Catholic cantons formed an alliance, the *Sonderbund*, against the (mainly Protestant) confederates. A Village Suisse with two churches would have obviously been an affront to the narrative of national unity. Unlike all the different vernacular houses, whose presence celebrated the country's architectural diversity, there could only be one church. Bouvier and his fellow-designers responded to this challenge by modelling this church on the safe, pre-reformation typology of the medieval churches of Berner Oberland. The authors of the catalogue made only few and fleeting references to this construction:

> *The church of the village . . . was borrowed from the Bernese Oberland and, like so many others, it has undergone all sorts of vicissitudes, its apse is Romanesque, its nave more or less Gothic, while the façade and the bell tower hardly have a style.*[27]

The laconic reference to 'vicissitudes' was a subtle hint to the country's long-standing confessional conflicts and how those affected the architecture of its churches. The observation that the most prominent elements of this church had 'hardly a style', could be read as a critique of Bouvier's design, but also as an expression of approval for achieving a compromise.

A Persistent Symbol

The programmatic goal of the Village Suisse was to 'embrac[e], in a vast synthesis, the architecture, the industries, the costumes, the very customs of the different cantons'.[28] In a country where questions of political representation were deeply intertwined with a debate about the definition of national identity, this was no easy feat.[29] The authors of the catalogue could not avoid the question that Bridel had circumvented a century earlier: 'What would this village be?'[30]

But instead of delving into a discussion about the country's different building traditions and village-scapes, the authors followed this question with a simple dilemma: 'A village of the plain or a village of the mountain?' They thus reduced Switzerland's cultural and architectural diversity to matters of topography, and invented two abstract types of villages. Eventually, they quelled all ambivalence by answering that the Village Suisse encompassed both.[31]

Some pages later, Jacques Mayor made another reduction by grouping all different Swiss vernaculars in two material categories: a 'stone architecture' and a 'wooden architecture' – as if the fine woodwork of Bernese chalets fit in the same category as the rough *fachwerk* of Thurgau, or the coffered façades of Appenzell.[32] Overlooking such disparities, Mayor deemed 'wooden architecture' more authentically Swiss than that of stone, and argued:

> *In [all of] its different manifestations, Swiss art always has a character of its own, despite the influence of neighbouring countries, whose forms it has been able to amalgamate by adapting them to its technical processes and needs; and it is precisely in woodwork that it has shown the highest degree of originality.*[33]

Mayor's argumentation reads almost like a direct response to what Ruskin wrote back in 1837, which is that Swiss vernacular architecture possessed no consistent national character. Half a century later, such issues were still present in the debate about Swiss national identity.

24
Ibid., 122-129.
25
Ibid., 125.
26
Ibid., 129.
27
Ibid., 11.
28
Ibid., 6.
29
Zimmer, *A Contested Nation*, op. cit. (note 7), 171.
30
Le Village Suisse à l'Exposition Nationale, op. cit. (note 16), 6.
31
Ibid. Original: 'L'un *et* l'autre.'
32
Ibid., 17.
33
Ibid., 17-18.

Zwitserland.[24] Hij moest de verschillen tussen de regio's wel opmerken: 'Wat een verschil tussen de manier waarop de Berner herder en de vrouw uit Ticino hun thuisland vieren!'[25] Maar uiteindelijk concludeerde hij vol vertrouwen dat al deze verschillende dialecten en melodieën samen 'een harmonieus gemurmel' vormden.[26]

Zoals ieder dorp zou ook Village Suisse niet compleet zijn geweest zonder kerk. Maar in tegenstelling tot wat Baud-Bovy insinueerde, was het niet zo dat alle Zwitserse dorpen 'de Almachtige gezamenlijk prezen'. Conflicten tussen protestanten en katholieken hadden in het verleden tot talloze territoriale afscheidingen en burgeroorlogen geleid – het meest recent in 1847, toen een aantal katholieke kantons een alliantie vormde, de *Sonderbund*, tegen de (voornamelijk protestantse) geconfedereerden. Een Village Suisse met twee kerken zou natuurlijk een schoffering zijn geweest van de vertellers van het verhaal van nationale eenheid. Er was weliswaar ruimte voor een groot aantal verschillende voorbeelden van vernaculaire architectuur, hun aanwezigheid vierde de architectonische diversiteit van het land, maar er kon maar één kerk zijn. Bouvier en zijn collega-ontwerpers gingen de uitdaging aan door een kerk te ontwerpen volgens de veilige, pre-reformatorische typologie van de middeleeuwse kerken in het Berner Oberland. De auteurs van de catalogus verwezen slechts in het voorbijgaan naar deze constructie:

> *De dorpskerk (...) werd geleend uit het Berner Oberland en heeft, net als zovele andere, allerlei lotgevallen ondergaan: de apsis is Romaans, het schip min of meer gotisch, terwijl de gevel en de klokkentoren nauwelijks een stijl vertonen.*[27]

De laconieke verwijzing naar 'lotgevallen' was een subtiele verwijzing naar de langdurige confessionele conflicten die Zwitserland teisterden en de manier waarop deze de kerkarchitectuur hadden beïnvloed. De opmerking dat de meest prominente elementen van deze kerk 'nauwelijks een stijl' vertoonden, kan niet alleen worden gelezen als kritiek op het ontwerp van Bouvier, maar ook als een uiting van goedkeuring voor het bereikte compromis.

Een hardnekkig symbool

Het programmatische doel van Village Suisse was om 'in één groot gebaar de architectuur, de industrieën, de klederdracht en de gewoonten van de verschillende kantons te synthetiseren'.[28] In een land waar vragen over politieke vertegenwoordiging nauw verweven waren met het debat over de definitie van nationale identiteit, was dit geen gemakkelijke opgave.[29] De auteurs van de catalogus konden niet om de vraag heen die Bridel een eeuw eerder had omzeild: 'Wat zou dit voor dorp zijn'?[30]

Maar in plaats van de discussie aan te gaan over de verschillende bouwtradities en dorpsgezichten van het land, lieten de auteurs er eenvoudigweg een dilemma op volgen: 'Een dorp op de vlakte of een dorp in de bergen?' Zo reduceerden ze de culturele en architectonische diversiteit van Zwitserland tot een topografische kwestie en bedachten ze twee abstracte soorten dorpen. Uiteindelijk maakten ze een einde aan alle ambivalentie door te antwoorden dat Village Suisse beide omvatte.[31]

Enkele pagina's verderop reduceerde Jacques Mayor de verschillende vernaculaire stijlen in Zwitserland opnieuw, door ze in twee materiaalcategorieën onder te brengen: 'steenarchitectuur' versus 'houtarchitectuur' – alsof het fijne houtwerk van de Berner chalets in dezelfde categorie paste als het grove *fachwerk* van Thurgau, of de gekofferde gevels van Appenzell.[32] Mayor, die dergelijke verschillen negeerde, meende dat houtarchitectuur authentieker Zwitsers was dan steenarchitectuur en stelde:

> *De verschillende manifestaties van de Zwitserse kunst hebben altijd een eigen karakter, ondanks de invloed van buurlanden waarvan het de vormen heeft weten te integreren door ze aan te passen aan Zwitserse technische processen en behoeften, en juist in de houtbewerking vertonen ze de hoogste mate van originaliteit.*[33]

Mayor's argumentatie leest bijna als een directe reactie op wat Ruskin in 1837 schreef, namelijk dat Zwitserse vernaculaire architectuur geen consistent nationaal karakter had.

24
Ibid., 122-129.

25
Ibid., 125.

26
Ibid., 129.

27
Ibid., 11.

28
Ibid., 6.

29
Zimmer, *A Contested Nation*, op. cit. (noot 7), 171.

30
Le Village Suisse à l'Exposition Nationale, op. cit. (noot 16), 6.

31
Ibid. Origineel: 'L'un *et* l'autre'.

32
Ibid., 17.

33
Ibid., 17-18.

As an exceptional case – a country with four languages and numerous dialects, two Christian confessions resulting in complicated territorial divides, as well as different cultural influences from neighbouring regions – Switzerland reveals some of the universal paradoxes of nation-building. Nationhood can only be made possible through cultural reduction and insistence on a lowest common denominator. In the case of Switzerland, this was a vague notion of rusticity, associated with the architectural and natural landscape of the alpine village. This pastoral symbol predates the Village Suisse of 1896: it is already there in the writings of Jean-Jacques Rousseau, as well as in those of the numerous English and other European travellers that visited the country throughout the nineteenth century. After the foundation of a Swiss federal state, it became an explicitly national, but also architectural project – one that was made for local audiences and lived through different iterations. Four decades after the Village Suisse, the organisers of another National Exhibition that took place in Zurich build a very similar *Landidörfli* (1939). And in 1978, the open-air museum of Ballenberg (in canton Bern) opened its doors to the public – still active nowadays as a repository for the study and display of authentic vernacular buildings, as well as a standard destination for school and family trips. The persistence of the image, form and layout of the village as a symbol of Swissness is telling: Like its epigones, the Village Suisse of 1896 had to embody the Swiss dictum of 'unity in diversity' (*Einheit in der Vielheit*) and all the challenges this entailed.[34] A monumental, symmetrical and stylistically consistent nineteenth-century composition (modelled perhaps on a palace, a temple or a cathedral) would not fit this purpose – the inherently picturesque form of the village was the only remedy.

This article stems from my work within the research programme 'Building Identity: Character in Architectural Debate and Design, 1750-1850', based at the ETH Zurich and funded by the Swiss National Science Foundation. I am grateful to my colleagues and programme supervisors Maarten Delbeke and Sigrid de Jong, as well as to Dominik Müller for his careful comments on an earlier draft of the article. I also want to thank Irina Davidovici, Daniel Weiss and Almut Grunewald at the gta Archives at the ETH Zurich.

34
or more on this, see: Stanislaus von Moos, 'halets und Gegenchalets: Über Nostalgie, esign und Identität in der Schweiz', in: Stanislaus von Moos, *Nicht Disneyland und andere ufsätze über Modernität und Nostalgie* Zurich: Scheidegger & Spiess, 2004), 22-23.

Een halve eeuw later speelden dergelijke kwesties nog steeds een rol in het debat over Zwitserse nationale identiteit.

Als uitzonderlijk geval – een land met vier talen en talloze dialecten, twee christelijke gezindten die in gecompliceerde territoriale scheidslijnen resulteerden, en uiteenlopende culturele invloeden vanuit aangrenzende regio's – demonstreert Zwitserland enkele van de universele paradoxen van de natievorming. Natievorming kan alleen mogelijk worden gemaakt door culturele reductie en nadruk op een kleinst mogelijke gemene deler. In het geval van Zwitserland was dit een vage notie van rusticiteit die werd geassocieerd met het architectonische en natuurlijke landschap van het alpendorp. Dit pastorale symbool dateert van vóór het Village Suisse van 1896: het komt niet alleen al ter sprake in de geschriften van Jean-Jacques Rousseau, maar ook in die van de talloze Engelse en andere Europese reizigers die het land in de negentiende eeuw bezochten. Na de oprichting van de Zwitserse federale staat werd het een expliciet nationaal, maar ook architectonisch project – een project dat werd geproduceerd voor een lokaal publiek en verschillende malen herhaald. Vier decennia na Village Suisse bouwden de organisatoren van een andere Nationale Tentoonstelling in Zürich een zeer vergelijkbaar *Landidörfli* (1939). En in 1978 opende het openluchtmuseum van Ballenberg (in het kanton Bern) zijn deuren – het is vandaag de dag nog steeds in gebruik als een centrum voor de studie en tentoonstelling van authentieke vernaculaire gebouwen, en een standaardbestemming voor schoolreisjes en gezinsuitstapjes. De hardnekkigheid van het beeld, de vorm en de indeling van het dorp als symbool van 'Zwitsersheid' is veelzeggend: net als zijn navolgers had het Village Suisse van 1896 de bedoeling het Zwitserse motto 'eenheid in verscheidenheid' (*Einheit in der Vielheit*) te representeren, inclusief de daarmee samenhangende uitdagingen.[34] Een monumentale, symmetrische en stilistisch consistente negentiende-eeuwse compositie (misschien gemodelleerd naar een paleis, een tempel of een kathedraal) zou niet aan dit doel hebben voldaan: de inherent pittoreske vorm van het dorp was de enige oplossing.

Vertaling: InOtherWords, Maria van Tol

Dit artikel is gebaseerd op mijn werk in het kader van het onderzoeksprogramma 'Building Identity: Character in Architectural Debate and Design, 1750-1850' van de ETH Zürich, dat is gefinancierd door het Zwitserse Nationale Wetenschapsfonds. Mijn dank gaat niet alleen uit naar mijn collega's en programmabegeleiders Maarten Delbeke en Sigrid de Jong, maar ook naar Dominik Müller, voor zijn zorgvuldige commentaar op een eerdere versie van dit artikel. Daarnaast gaat mijn dank uit naar Irina Davidovici, Daniel Weiss en Almut Grunewald van gta Archiv, het archief van het Instituut voor architectuurgeschiedenis en -theorie (gta) van de ETH Zürich.

34
Zie voor meer informatie: Stanislaus von Moos, 'Chalets und Gegenchalets: Über Nostalgie, Design und Identität in der Schweiz', in: Stanislaus von Moos, *Nicht Disneyland und andere Aufsätze über Modernität und Nostalgie* (Zürich: Scheidegger & Spiess, 2004), 22-23.

Elemental Villages

Architectural Ethnography and the Decline of Geographic Regionalism in France

Gregory E. Cartelli

In 1892, economist Alfred de Foville introduced the two-volume compendium *Enquête sur les conditions de l'habitation en France*, recounting how, during a preparatory meeting, a child was in the room playing with a village composed of small model houses. A colleague picked up one of the toys and remarked:

> *What's the use of your papers? What good are your questionnaires? Your work is already complete. Here it is, the typical house of the French peasant: the elementary cell which sees the birth, life, and death of three quarters of the population of so-called civilised countries. Four walls at right angles; a double-pitched roof; a door in the middle of the facade; a window on the right, a window on the left: you will find this everywhere . . . It is too simple and too ugly to not be universal!*[1]

A half century later, Foville's volumes – which served as a rebuttal to this reduction of cultural characterisation – were celebrated as a model and precedent for another survey, the *Enquête sur l'architecture rurale* (EAR). However, the economist's response was not a total dismissal of the relationship between elementarity and universality. Rather, it was a reduction of its scale to recognise regional uniformities rooted in principles of differentiation. As Foville noted, drawing on typologies, or rather *topologies*: 'Between the Provençal *bastidon* and the Picardy cottage, the dissimilarity is no less than that between the olive tree on the Mediterranean coast and the apple tree on the banks of the Channel.'[2] In setting down this analogy, he was instantiating a localised version of the biological precepts that informed Garnier and Viollet-le-Duc's racialised global histories.[3] By the time the EAR began, in 1941, these had been mobilised socially (in the *querelle du peuplier*), activated as the guiding design principle for post-First World War reconstruction, and seized upon as a political cause in the regionalist politics of the Popular Front.[4] Rather than the formal reduction of the wooden toy, regionalism presumed a different form of elementalism: basing its practices on the boundary conditions of geographic analysis and administrative governance. Geography, instead of geometry, was understood as the natural foundation of architecture and the source of both universality and differentiation. Reflecting the combination of pragmatism and nationalism that had been levied at the rural, in 1943 architect Guy Pison depicted the origin of the EAR as 'borne from the need for reconstruction, [and] first placed under the sign of regionalism'.[5]

Architectural attention to the vernacular conventionally framed under an anthropological framework, if not an 'ethnographic' one, a treatment engendered by the physiognomic relations drawn between anthropic and architectural form in the nineteenth century and the structural reduction of buildings and programmes to elements and units that began in the 1950s. However, when considering ethnographic attention to architecture, the question becomes not what analytic equivalences are made, but rather to what ends architecture becomes mobilised as an ethnographic utility. Such exchanges and agendas inevitably alter their subjects and objects. In the case of the EAR, the scientific orientation of mid-twentieth-century French ethnography was leveraged to not only document architecture, but to establish a scientific basis for France's chthonic nationalism. As this article

1
lfred Foville, *Enquête sur les conditions de habitation en France: les maisons-types* Paris: E. Leroux, 1894), vii.

2
oid., viii

3
Eugène Viollet-le-Duc, *Histoire de l'habitation humaine* (Paris: J. Hetzel et Cie, 1875) ; Charles Garnier, *L'Habitation humaine* (Paris: Hatchet, 1892).

4
Christy Wampole, *Rootedness: The Ramifications of a Metaphor* (Chicago: University of Chicago Press, 2016).

5
Guy Pison, 'Perspectives sur l'enquête d'architecture rurale du Chantier 1425', 11 April 1944, 20130277/3, MNATP, Archives Nationales, AN.

Elementaire dorpen

Architectonische etnografie en de neergang van het geografisch regionalisme in Frankrijk

Gregory E. Cartelli

De econoom Alfred de Foville vertelt in zijn tweedelige *Enquête sur les conditions de l'habitation en France* uit 1892 hoe er op een dag, tijdens een vergadering voor het boek, in de kamer een kind aan het spelen was met een dorp bestaand uit kleine modelhuisjes. Een collega pakte een van de speeltjes op en vroeg:

> *Wat hebben die verhandelingen van jullie eigenlijk voor zin? Wat is het nut van jullie vragenlijsten? Jullie arbeid is voltooid. Dit hier is het: het typisch Franse boerenhuis, de elementaire cel waarin driekwart van de bevolking van de zogenaamd beschaafde landen geboren wordt, leeft en sterft. Vier muren, loodrecht op elkaar; een zadeldak; een deur midden in de voorgevel; een raam rechts, een raam links: hier staat het overal vol mee (...). Het is te eenvoudig en te onooglijk om niet universeel te zijn!*[1]

Een halve eeuw later genoten De Foville's boeken – die deze reductie van culturele kenmerken juist moesten weerleggen – faam als voorbeeld en precedent in een ander onderzoek, de *Enquête sur l'architecture rurale* (EAR). De econoom wees echter de volledige relatie tussen het elementaire en universele niet af. Het was wat hem betrof eerder een kwestie van schaalverkleining om de regionale uniformiteit die geworteld was in differentiatieprincipes, te herkennen. De Foville merkte op, onder verwijzing naar de typologie, of beter gezegd de *topologie*, dat het verschil tussen een Provençaals *bastidon* en een Picardisch plattelandshuisje even groot was als het verschil tussen een olijfboom aan de Middellandse Zeekust en een appelboom aan de oevers van het Kanaal.[2] Met deze analogie formuleerde hij een gelokaliseerde versie van de biologische wetten uit de geracialiseerde wereldgeschiedenissen van Garnier en Viollet-le-Duc.[3] Tegen de tijd dat de EAR van start ging, in 1941, waren deze 'wetten' maatschappelijk in stelling gebracht rond de eeuwwisseling (in de literaire *querelle du peuplier* over ontworteling), geactiveerd als leidende ontwerpprincipes voor de wederopbouw na de Eerste Wereldoorlog en ingezet als politiek motief in de regionalistische politiek van het Front Populaire.[4] Het regionalisme ging niet uit van een vormelijke vereenvoudiging zoals bij het houten speelgoed, maar wel van een andere vorm van elementarisme: het baseerde zijn praktijken op de randvoorwaarden van de geografische analyse en het administratieve bestuur. Niet de geometrie, maar de geografie werd opgevat als het natuurlijke fundament van de architectuur en de bron van zowel universaliteit als differentiatie. De combinatie van pragmatisme en nationalisme die op het platteland werd losgelaten, resoneerde in 1943 in de woorden van architect Guy Pison, die de EAR beschreef als 'voortgekomen uit de noodzaak van reconstructie, [en] allereerst onder het teken van het regionalisme staand'.[5]

De aandacht voor vernaculaire architectuur is van oudsher ingebed in een antropologisch, om niet te zeggen 'etnografisch' kader. Deze benadering werd aangewakkerd door de fysionomische verbanden die in de negentiende eeuw werden gelegd tussen menselijke en architectonische vormen en door de structurele herleiding van gebouwen en programma's tot elementen en eenheden vanaf de jaren 1950. Als we kijken naar de etnografische aandacht voor architectuur is de vraag echter niet, welke analytische vergelijkingen er worden getrokken, maar eerder met welk doel de

1
Alfred Foville, *Enquête sur les conditions de l'habitation en France: les maisons-types* (Parijs: E. Leroux, 1894), vii.

2
Ibid., viii.

3
Eugène Viollet-le-Duc, *Histoire de l'habitation humaine* (Parijs: J. Hetzel et Cie, 1875); Charles Garnier, *L'Habitation humaine* (Parijs: Hatchet, 1892).

4
Christy Wampole, *Rootedness: The Ramifications of a Metaphor* (Chicago: University of Chicago Press, 2016).

5
Guy Pison, 'Perspectives sur l'enquête d'architecture rurale du Chantier 1425', 11 april 1944 20130277/3, MNATP, Archives Nationales, AN.

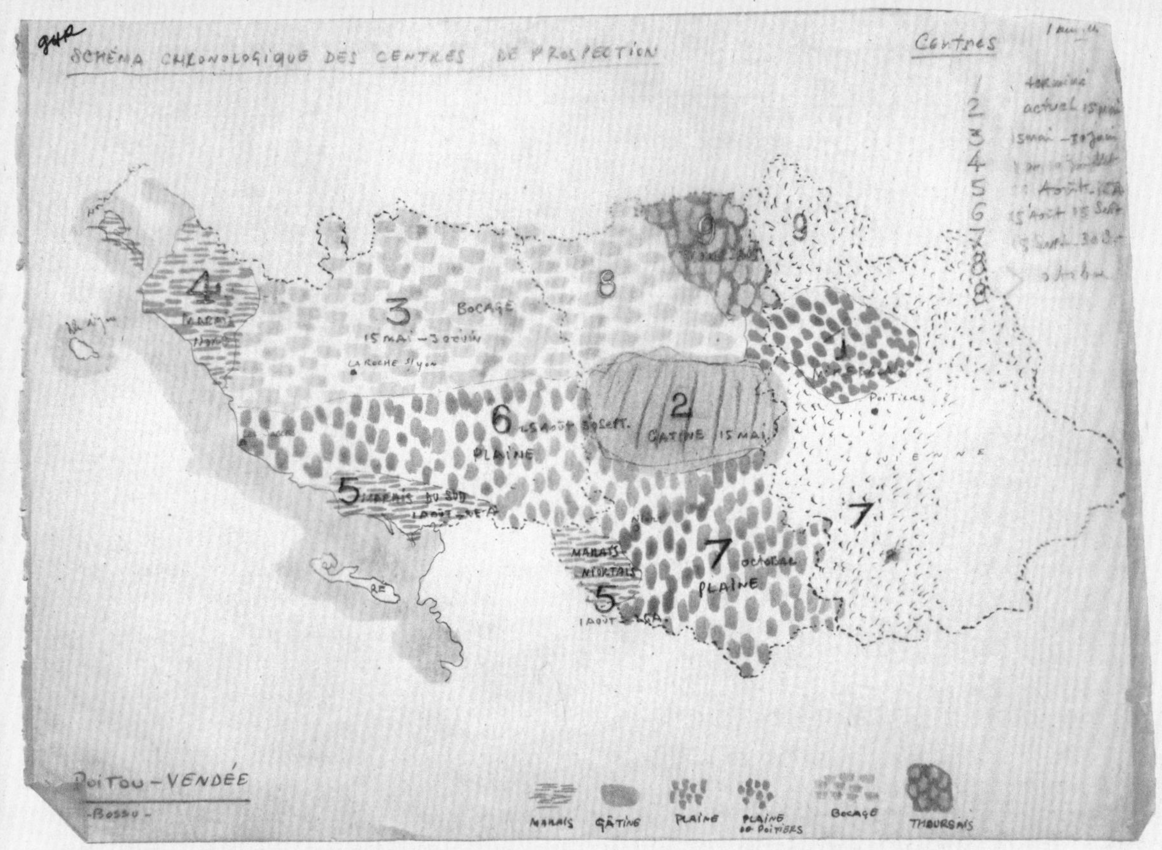

cartographic itininerary of the research plan created by Jean Bossu in advance of his fieldwork for the EAR, 1941/
cartografische routebeschrijving bij het onderzoeksplan dat Jean Bossu opstelde voordat hij aan zijn veldwerk voor de EAR begon, 1941

illustrates, one effect of this ethnographic use of architecture and architects was the transfer of regionalist axioms from a generalised geographic scale of territory to an individualised concept of technicity; the survey's mandate, framework and interdisciplinary operation facilitated a transition between an organic understanding of vernacular form and a technical one.

Administrative Rationalisation and Disciplinary Specialisation

Unlike its precedents, the EAR was presented as focusing entirely on regional reconstruction. Its manual, co-written by ethnographers at the Musée national des arts et traditions populaires (MNATP) and architects stationed at the Délégation générale à l'équipement national, depicted the survey's focus as the problem of building. As anthropologist Marcel Maget (1909-1994) stated: 'After materials, equipment and personnel have been brought together, how are we to rebuild?'[6] Such pragmatism was indebted to the survey's bureaucratic origins: first proposed at a meeting of the Commissariat technique à la reconstruction immobilière (CTRI). In 1940 the CTRI's director stated 'We want to adapt the architecture to the regional character of the place . . . however we have not yet studied the corresponding types', ultimately tasking architect Urbain Cassan to organise the research.[7] Through a personal relationship between Cassan and the ethnographer Georges-Henri Rivière (1897-1985),

6
Marcel Maget, 'L'ethnographie française', April 1945, 20130452/26, Fonds Marcel Maget, AN.

7
M. Fontaine, 'Conference Tenue le 18 Novembre 1940 au Cabinet de M. Fontaine, Directeur des Bâtiments au Ministiière de la Production', 19900614/1, Ministères chargés des Travaux publics, de l'Urbanisme et l'Équipement: archives et documentation, AN.

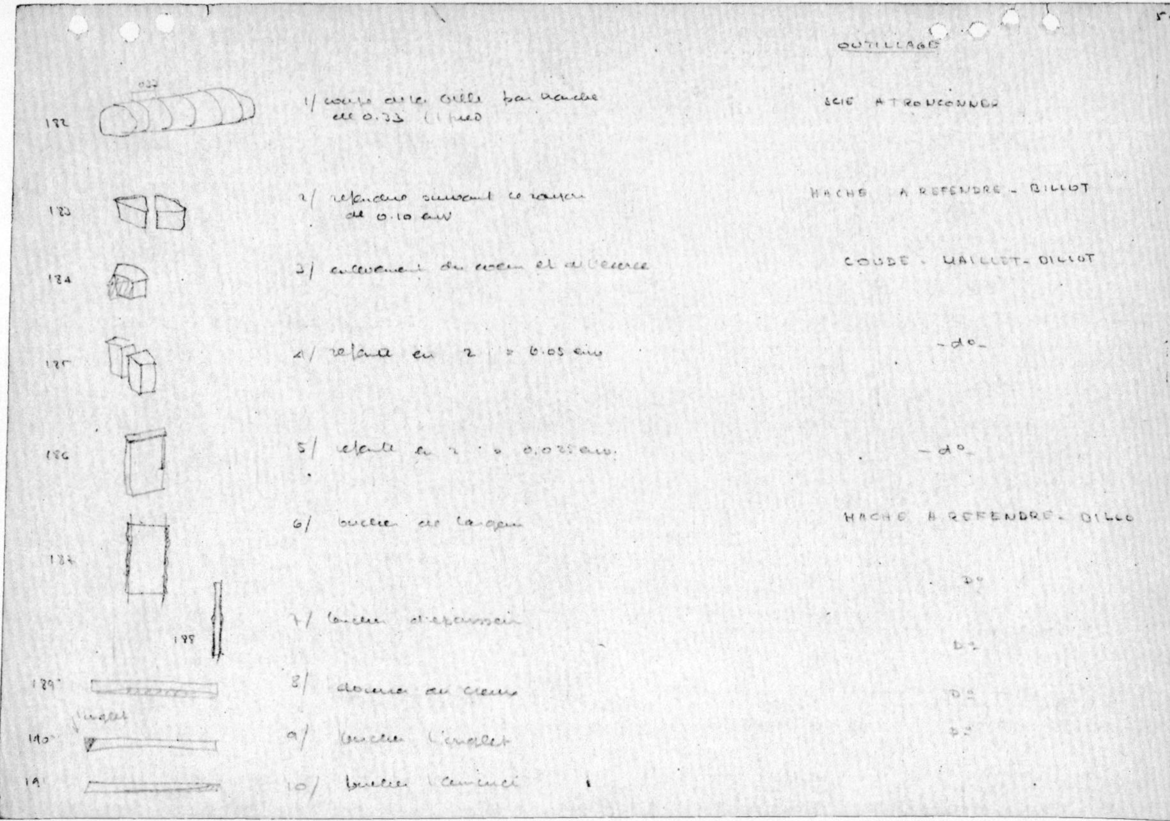

Procedural representation of wood turning in Manche, 1943. Recorded by Raymond Sennevat/ Procedurele representatie van het houtdraaien, Manche, 1943. Vastgelegd door Raymond Sennevat

architectuur als etnografisch instrument wordt gemobiliseerd. Dergelijke vergelijkingen en agenda's (ver)vormen onvermijdelijk de betrokken onderwerpen en objecten. In het geval van de EAR werd de wetenschappelijke oriëntatie van de Franse etnografie uit het midden van de twintigste eeuw niet alleen gebruikt om architectuur te documenteren, maar ook om de nationalistische onderbuikgevoelens in Frankrijk een wetenschappelijke basis te geven. Zoals dit artikel illustreert, was één van de gevolgen van deze etnografische inschakeling van de architectuur en architecten de overdracht van regionalistische axioma's van een veralgemeende geografische schaal van territorium naar een geïndividualiseerd concept van techniciteit. Het mandaat, het kader en de interdisciplinaire werkwijze van de *survey* maakten de overgang van een organisch, naar een technisch begrip van vernaculaire architectuur mogelijk.

Administratieve rationalisatie en disciplinaire specialisatie

In tegenstelling tot eerdere onderzoeken werd deze studie van de landelijke architectuur voorgesteld als volledig gericht op regionale wederopbouw. In de handleiding voor de *Enquête*, mede geschreven door de etnografen van het Musée national des arts et traditions populaires (MNATP) en de architecten van de Délégation générale à l'équipement national, werd gesuggereerd dat het onderzoek draaide om het probleem van het bouwen. Zoals antropoloog Marcel Maget (1909-1994) het verwoordde: 'Als het materiaal, de uitrusting en het personeel eenmaal zijn verzameld, hoe gaan we dan vervolgens herbouwen?'[6] Dit pragmatisme kwam voort uit de bureaucratische oorsprong van het onderzoek, dat voor het eerst aan de orde kwam tijdens een vergadering van het Commissariat technique à la reconstruction immobilière (CTRI). In 1940

6
Marcel Maget, 'L'ethnographie française', april 1945, 20130452/26, Fonds Marcel Maget, AN.

the surveys were inaugurated at the MNATP under Maget's direction, with the stipulation that all survey documentation would be placed in the museum's archives. Drawing on precedents of collaborative interdisciplinary labour established by the Annales school in the 1930s, specialised 'technicians' were recruited as ethnographic observers: furniture makers and designers for the *Enquête sur le mobilier traditionnel*, and architects for the EAR.

This institutional genealogy complicates the binary of the traditional and the modern that surrounds architectural regionalism – although multiple perspectives regarding architectural regionalism, from superficial to tectonic, were operative in France.[8] The entanglement of ethnographic epistemology and architectural technique within the EAR provides a case study in the use and abuse of architecture as a scientific object. The CTRI's desire to 'adapt' architecture to the regional character came as a politically inflected mandate, linked to Pétain's *retour à la terre* (back to the countryside) and the valorisation of the peasant as a nationalistic class object. However, the involvement of ethnographers came from the opportunity to experiment with research methodology and increase the disciplinary standing of their young science.[9] Indeed, letters written by Rivière at the time extolled the 'highly technical and scientific nature' of the 'incomparable documentation', viewing the surveys as producing an empirical foundation for the production of numerous works on rural culture, providing the profession with 'completely new substance' with which to attract students.[10] The survey thus became a meeting point not between the *arrière-* and *avant-garde*, but between efforts at administrative rationalisation and disciplinary reform.

A critical aspect of the modernisation of ethnographic practice was the reform of ethnographic representation. While Rivière sought to advance the practice's professional remit by having architectural-ethnographic research inform the reconstruction, Maget sought to institute standards of representation. Recruited according to their aptitude in technical drawing, architects' presumed access to a 'technical culture' was conceived as a corrective to the 'artistic affectations such as

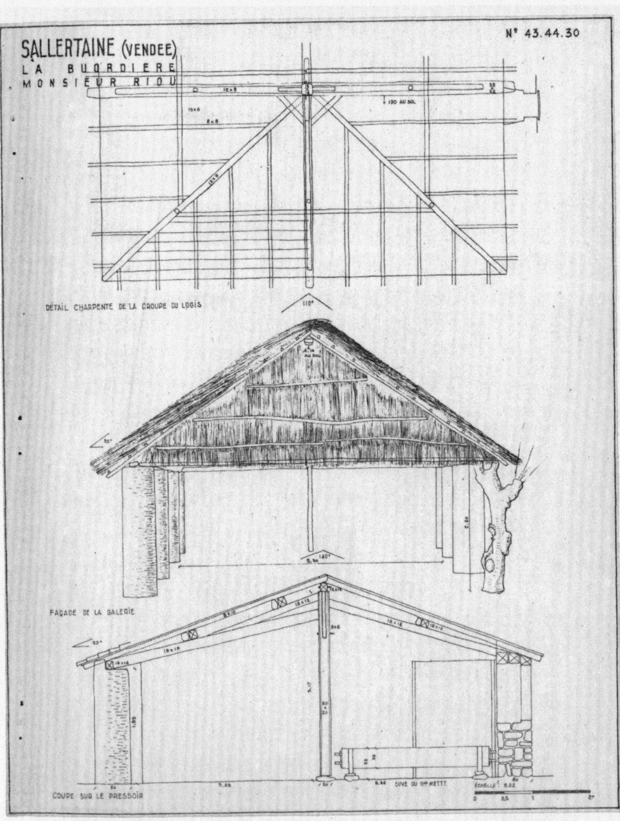

Drawing of a hangar in Vendée picturing an extant tree used as a column/ Tekening van een loods in de Vendée waarop te zien is hoe een bestaande boom als kolom is gebruikt

8
ean-Claude Vigato, *Régionalisme* (Paris: Éditions de la Villette, 2008).

9
See: Herman Lebovics, *True France: The Wars over Cultural Identity, 1900-1945* (Ithaca: Cornell University Press, 1992)

10
Georges-Henri Rivière, 'Note relative a l'enquête sur l'architecture rurale', 18 March 1942, 20130277/3, MNATP, AN.

merkte de directeur van het CTRI op: 'We willen de architectuur aanpassen aan het streekkarakter van de plek (...) maar we hebben de bijbehorende typen nog niet bestudeerd.' Uiteindelijk zou hij architect Urbain Cassan (1890-1979) opdracht geven om het onderzoek op te zetten.[7] Dankzij de persoonlijke relatie tussen Cassan en etnograaf Georges-Henri Rivière (1897-1985) werden de onderzoeken in het MNATP gelanceerd onder leiding van Maget, op voorwaarde dat de gehele documentatie in het archief van het museum zou worden ondergebracht. In navolging van pionierende interdisciplinaire samenwerkingen, opgezet vanuit de Annales-school in de jaren 1930, werden gespecialiseerde 'technici' aangetrokken als etnografische waarnemers: meubelmakers en ontwerpers voor de *Enquête sur le mobilier traditionnel*, en architecten voor de EAR.

Deze institutionele genealogie compliceert de tweedeling in traditioneel en modern die rond het architectonisch regionalisme lijkt te hangen – bij nader toezien deden er in Frankrijk hoe dan ook al verschillende visies op het architectonisch regionalisme de ronde, van oppervlakkig tot tektonisch.[8] De verstrengeling van etnografische epistemologie en architectonische techniek in de EAR leverde echter een schoolvoorbeeld op van gebruik en misbruik van de architectuur als wetenschappelijk object. De wens van het CTRI om de architectuur 'aan te passen' aan het regionale karakter was een politiek gekleurd mandaat gekoppeld aan Pétain's *retour à la terre* (terug naar het platteland) en de valorisatie van de boer als nationalistisch klasse-object. De betrokkenheid van de etnografen echter was vooral een kans om binnen de EAR te experimenteren met onderzoeksmethoden en de disciplinaire status van hun jonge wetenschap te vergroten.[9] Sterker nog, in brieven die Rivière destijds schreef, prees hij het 'hoogst technische en wetenschappelijke karakter' van de 'onvergelijkbare documentatie' en beschouwde hij de onderzoeken als een empirische grondslag voor de productie van talloze werken over de plattelandscultuur, die de discipline 'een geheel nieuwe inhoud' zou geven die ook nieuwe studenten zou kunnen aantrekken.[10] Zo ontwikkelde het onderzoek zich niet tot een raakvlak tussen *arrière*- en *avant-garde*, maar tussen pogingen tot organisatorische rationalisatie en disciplinaire hervorming.

Een cruciaal aspect van de modernisering van de etnografische praktijk was de hervorming van de etnografische afbeelding. Terwijl Rivière de professionele reikwijdte van de praktijk wilde ondersteunen door reconstructies op architectonisch-etnografisch onderzoek te baseren, wilde Maget een standaard voor de representatie invoeren. De architecten werden gerekruteerd vanwege hun talent voor technisch tekenen en hun veronderstelde toegang tot een 'technische cultuur' wat hen, naar men aannam, in staat stelde om bij tekeningen de hoeveelheid 'artistieke maniertjes zoals arceren, schaduwen en wassen', die etnografische illustraties eerder kruidden, binnen de perken te houden.[11] Zowel Maget als Rivière drong dan ook aan op precisie in technische weergaven en vergeleek de architectuurtekeningen uit het onderzoek zowel qua details als functie met 'fabrieksblauwdrukken'.[12]

In het onderzoek werd de architectonische vorm echter breed opgevat, wat ook blijkt in de geschreven monografieën en grafische dossiers die de architecten produceerden. Deze begonnen bij de natuurlijke compositie van het landschap, richtten zich vervolgens op het dorp en de vorm en structuur ervan, en eindigden met de omstandigheden van de winning en productie van bouwmaterialen. Architecten werden geacht de natuurlijke feiten van het landschap en de technische aspecten van de architectuur te synthetiseren binnen de wetenschappelijke orde van de etnografische taxonomie. Terwijl de studie van de architectonische vormen in een geografisch kader een voortzetting was van de naturalisatie van de technische vormen die zo cruciaal waren geweest voor het Franse idee van landelijke ruimte, was het onderzoek ook bedoeld om dat

7
M. Fontaine, 'Conference Tenue le 18 Novembre 1940 au Cabinet de M. Fontaine, Directeur des Bâtiments au Ministère de la Production', 19900614/1, Ministères chargés des Travaux publics, de l'Urbanisme et l'Équipement: archives et documentation, AN.

8
Jean-Claude Vigato, *Régionalisme* (Parijs: Éditions de la Villette, 2008).

9
Zie: Herman Lebovics, *True France: The Wars over Cultural Identity, 1900-1945* (Ithaca: Cornell University Press, 1992).

10
Georges-Henri Rivière, 'Note relative a l'enquête sur l'architecture rurale', 18 maart 1942, 20130277/3, MNATP, AN.

11
Marcel Maget, 'La Documentation graphique e ethnographie métropolitaine: le dessin', *Le Mo d'Ethnographie française* 2/6 (1948), 82.

12
Ibid.

hatching, shadows, [and] washes' that had flavoured ethnographic illustration.[11] Accordingly, Maget and Rivière enforced precision in technical representation, comparing the survey's architectural drawings to 'factory blueprints' both in detail and function.[12]

However, the survey carried an extensive definition of architectural form, replicated in the written monographs and graphic dossiers that the architects produced. These began in the natural composition of the landscape, moved through the village, its form and its structures, and concluded with the conditions of the extraction and manufacture of building materials. Architects were called upon to synthesise natural facts of the landscape and technical aspects of architecture itself within the scientific order of ethnographic taxonomies. While the study of architectural forms under a geographic framework continued the naturalisation of technical forms that had been so critical to the French conception of rural space, the survey also laboured to translate that organic framework into a technical system.

The Matter of Geography

In November of 1943, Maget and archaeologist-anthropologist André Leroi-Gourhan (1911-1986) presented twinned papers at the monthly meeting of the Société du folklore français. Although the announcement for the presentation positioned the two as seemingly opposed, as if it were a tête-à-*tête* between the *enquête intensive* of the ethnographer and the *enquête extensive* of the archaeologist, both addressed the failure of ethnographic practices to accurately represent the totality of technologies and techniques. While Leroi-Gourhan critiqued the abstraction of large-scale surveys, indicting the aerial perspective along with taxonomies and schemas of material culture (little changed since their origin in natural historical practices), Maget argued for the extension of research from the products of material culture to the entire process of their construction.

These methodological remarks were predicated on the progress of the architecture survey. Leroi-Gourhan viewed architectural research as providing the 'first serious foundation' for the study of technology while Maget described how these propositions were being 'tested, this very moment, in the study of the rural house undertaken by specialists – architects – in light of the advice given by teachers of geography'.[13] More than simply common-sense relationships between architecture and the natural environment, the regional concepts that framed material culture in French ethnography originated from the biological foundation of French human geography.[14] As geographer Paul Vidal de La Blache (1845-1918) had claimed, architecture was an 'autonomous development' within localised areas, where natural-cultural environments determined the elemental forms of building.[15] Ethnographers replicated this conceit by assigning the architects regions grouped to 'maintain historical and geographic continuity', and such determinisms were operative in the architects' geographic circumscription of their research plans.[16] For example, in a survey of the departments of Poitou, Vendée and Deux-Sèvres – grouped together in their provincial unity – architect Jean Bossu delineated presumed areas of architectural homogeneity based on environmental boundaries.

The conception of vernacular architecture as an environmentally determined form was ever-present in the rhetoric surrounding the reconstruction of the countryside. As critic Louis Chéronnet proposed, villages and towns contained 'provincial constants . . . shaped by quasi-natural laws'.[17] This approach to rural form persisted, even as regionalism became technological. In 1943 architect René Clozier would refer directly to the CTRI's plan as a 'serial regional reconstruction', linking the success of such a project to the identification of architectural elements, 'permanent elements' as both contrast and complement to Chéronnet's 'provincial constants'.[18] In

11
arcel Maget, 'La Documentation graphique ı ethnographie métropolitaine: le dessin', *Le ois d'Ethnographie française* 2/6 (1948), 82.

12
id.

13
ıdré Leroi-Gourhan, 'Quelques problèmes enquête technologique en ethnographie: ıquête extensive', Fonds Leroi-Gourhan, MAE, aris-Nanterre; Marcel Maget, 'L'ethnographie ançaise et ses méthodes', 22 November 943, 20130452/26, Fonds Marcel Maget, AN.

14
See: Isac Chiva and Françoise Dubost, 'L'architecture sans architectes: une esthétique involontaire?', *Études rurales* 117 (1990), 10.

15
Paul Vidal de la Blache, *Principles of Human Geography*, translated by Millicent Todd Bingham (New York: Henry Holt, 1926), 184.

16
Urbain Cassan, 'Compte-rendu de l'activité du Chantier 1425 du premier au trente et un décembre 1941', 2, 2013047/277, MNATP, AN.

17
Louis Chéronnet, 'Bilan du exposition', in: *l'Homme, la technique et la nature* (Paris: Éditions Rieder, 1938), 82

18
René Clozier, 'D'une reconstruction en série régionale', *Revue des architectes français*, 15 June 1943, 369.

LE

DÉVELOPPEMENTS

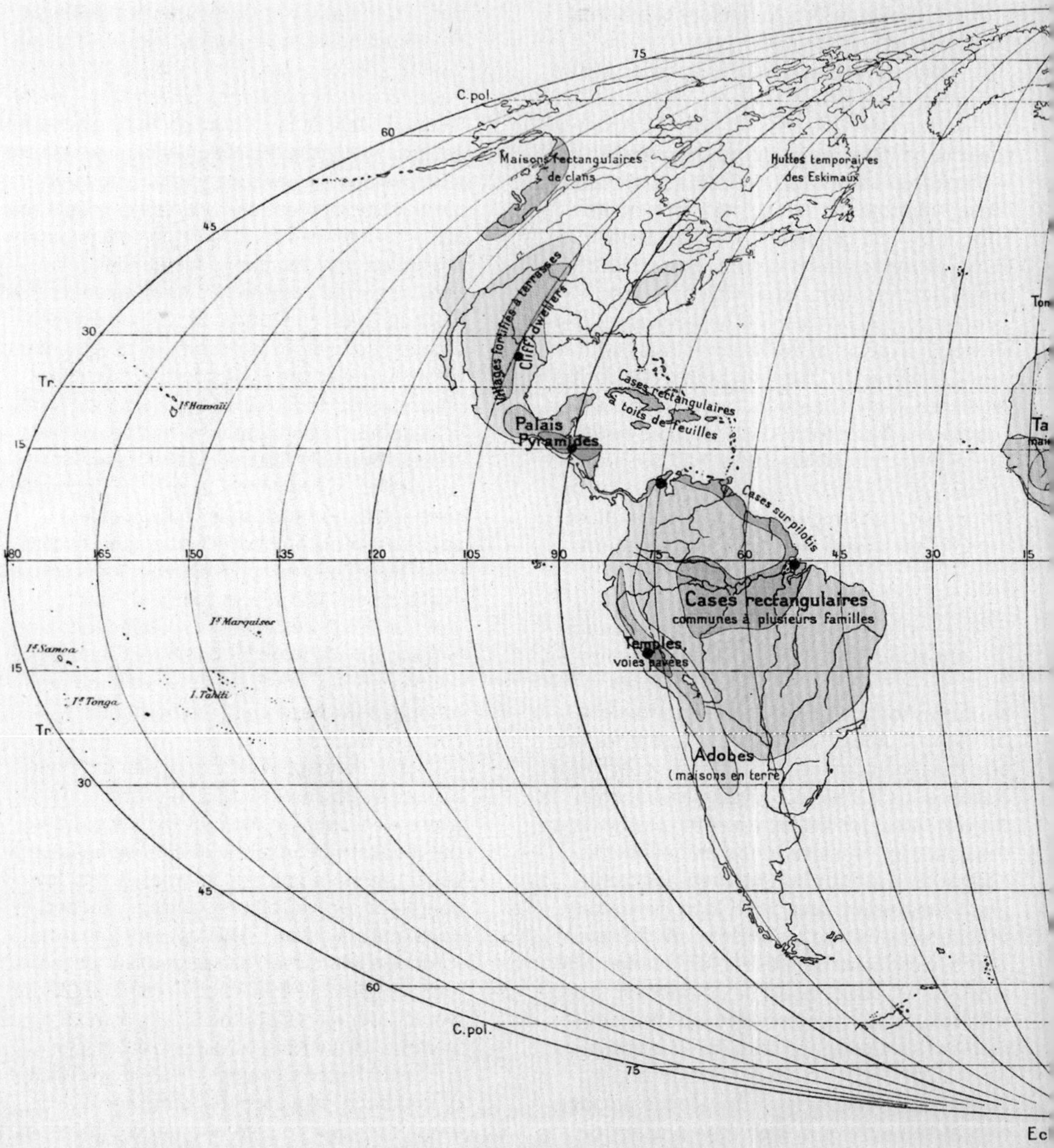

Maisons rectangulaires de clans
Huttes temporaires des Eskimaux
Villages fortifiés à terrasses
Cliff-dwellers
Cases rectangulaires à toits de feuilles
Palais Pyramides
Cases sur pilotis
Cases rectangulaires communes à plusieurs familles
Temples, voies pavées
Adobes (maisons en terre)
Iˢ Hawaii
Iˢ Marquises
Iˢ Samoa
Iˢ Tonga
I. Tahiti
C. pol.
Tr.
Ec

VIDAL-LABLACHE, Géographie humaine._Pl. VI

MATÉRIAUX
DES FORME

I _ Architecture tropicale (bois et feuilles)		*Cases généralement rectangulaires, sur pi*
II _ Bois épineux et paille de brousse		*Cases généralement cylindriques; toits hé*
III _ Emploi de la terre et de la brique		*Maisons en pisé (Adobes) ou en briques crue*
IVª _ Architecture de la pierre		*Dolmens. Villages de falaisiers* (Amérique du N
IVᵇ _ d° d°		*Maisons en pierres de taille. _ Voies et aq*
V _ Usage mixte de la pierre, de la terre et du bois		*Huttes asiatiques. Maisons en pisé et bo*
VI _ Emploi du pin et des résineux		*Izba russe; blockhaus scandinave; chale*

Anciens développements de la céramique ● *Poterie, porcelaine, récipients en terre (*

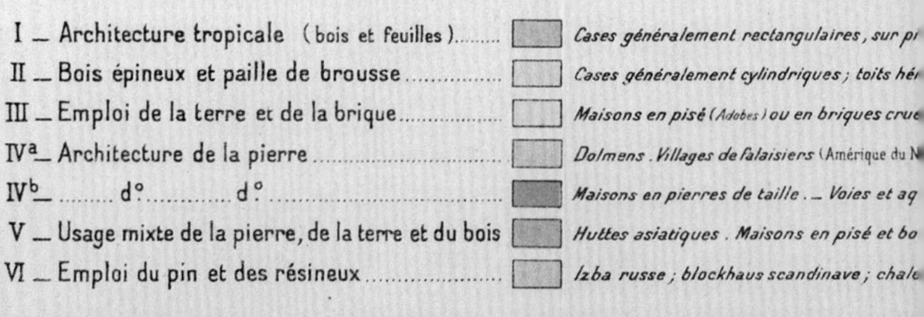

UX

ES DE CIVILISATION

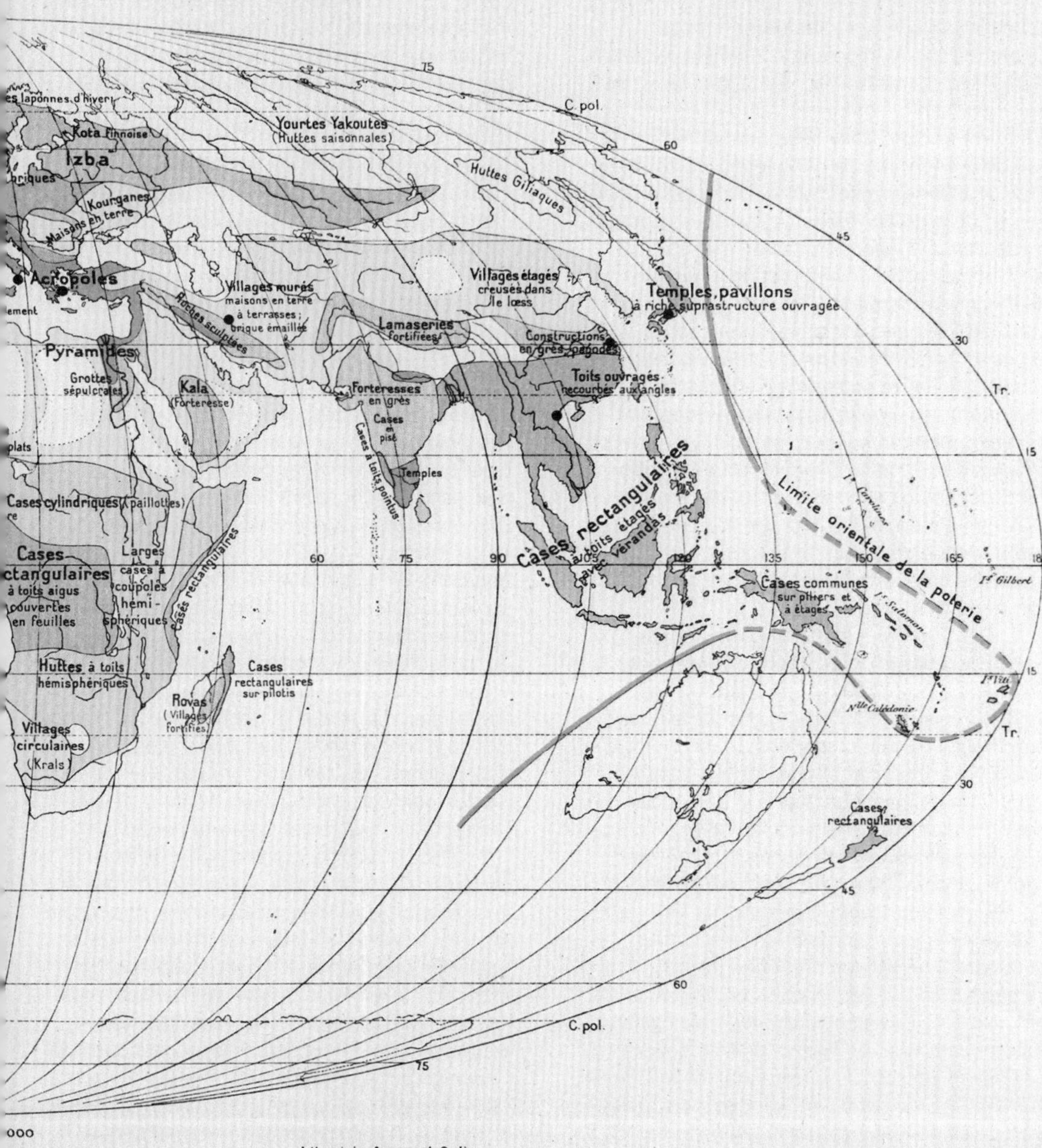

ooo

Librairie Armand Colin

LOPPEMENT

STRUCTIONS

(Comparer le riche développement du toit dans l'architecture chinoise et japonaise).

oppant l'édifice (Ouganda). _ *Enceintes épineuses* (*Séribas arabes*).

sées dans le lœss (Chine du nord). *Kourganes et tumuli.* _ *Brique émaillée. Tablettes et cylindres chaldéens* (*Art Iranien*).

ulcrales. Voûtes à encorbellement (*Trulli, nouraghes, talayots*). *Oppida.* _ *Pyramides.*

tures classique et médiévale. Architectures orientale et américaine.

nt de pierre (Europe centrale), *ou de silex* (Normandie, Picardie).

uvragés.

péruvien, guyanais, kabyle, italo-grec, sino-japonais, etc.

Imp. Monrocq, Paris.

Paul Vidal de La Blache's conception of the environmental origin of regional architecture materiality and form, 1922/ De opvatting van Paul Vidal de La Blache over de door de omgeving bepaalde oorsprong van de materialiteit en vorm van regionale architectuur, 1922

organische kader in een technisch systeem te vertalen.

De kwestie van de geografie

In november 1943 presenteerden Maget en de archeoloog-antropoloog André Leroi-Gourhan (1911-1986) beiden een verhandeling op de maandelijkse bijeenkomst van de Société du folklore français. Hoewel de aankondiging van de presentatie de twee tegenover elkaar leek te plaatsen, alsof het om een tête-à-tête tussen de *enquête intensive* van de etnograaf en de *enquête extensive* van de archeoloog ging, behandelden beiden het onvermogen van de etnografische praktijk om het geheel van alle technologieën en technieken accuraat weer te geven. Terwijl Leroi-Gourhan de abstractie van grootschalige optekeningen bekritiseerde en daarbij een aanklacht formuleerde tegen het vogelvluchtperspectief en taxonomieën en schema's over materiële cultuur (nauwelijks veranderd sinds de vroege natuurhistorische praktijk), pleitte Maget juist voor de uitbreiding van het onderzoek van de producten van de materiële cultuur tot en met het hele proces van hun constructie.

Deze methodologische opmerkingen waren gebaseerd op de voortgang van het architectuuronderzoek. Leroi-Gourhan zag architectonisch onderzoek als de 'eerste serieuze basis' voor de studie van de technologie, terwijl Maget beschreef hoe deze voorstellen 'op dit moment worden getest in een onderzoek naar het plattelandshuis dat wordt uitgevoerd door specialisten – architecten – in het licht van de adviezen van aardrijkskundeleraren'.[13] De regionale concepten, gebruikt binnen de Franse etnografie om de materiële cultuur te kaderen, behelsden meer dan logische verbanden tussen architectuur en de natuurlijke omgeving: ze kwamen voort uit de biologische fundamenten van de Franse antropogeografie.[14] Zoals de geograaf Paul Vidal de La Blache (1845-1918) al eens had betoogd, was architectuur binnen bepaalde gebieden 'een autonome ontwikkeling', waar de natuurlijk-culturele omgeving de elementaire bouwvormen bepaalde.[15] Etnografen herhaalden deze opvatting nu door de architecten groepen regio's toe te wijzen, om de 'historische en geografische continuïteit te behouden'.[16] Een dergelijk determinisme speelde ook bij de geografische afbakening van de onderzoeksplannen van de architecten. In een onderzoek bijvoorbeeld in de (tot een provinciale eenheid samengevoegde) departementen Poitou, Vendée en Deux-Sèvres bakende architect Jean Bossu veronderstelde architectonisch homogene gebieden af op basis van natuurlijke grenzen.

De notie van vernaculaire architectuur als een door de natuurlijke omgeving bepaalde vorm was alomtegenwoordig in de retoriek rond de reconstructie van het platteland. Zo suggereerde criticus Louis Chéronnet bijvoorbeeld dat dorpen en steden 'provinciale constanten bevatten (...) die voortkwamen uit quasi-natuurlijke wetten'.[17] Deze benadering van een rurale vormentaal bleef bestaan, zelfs toen het regionalisme technologisch werd. In 1943 noemde architect René Clozier het plan van de CTRI een 'seriële regionale reconstructie', waarbij hij het succes van een dergelijk project koppelde aan de identificatie van architectonische elementen, 'permanente elementen' als contrast én aanvulling op de 'provinciale constanten' van Chéronnet.[18] Volgens Clozier waren deze 'elementen' niet de kenmerken die eerder, in het interbellum, de vluchtige romantiek van het 'oppervlakkige regionalisme' hadden ondersteund. Het waren eerder individuele 'gebouwelementen: vleugelramen, leien, haakankers, dakranden'.[19]

Deze beweging van geografische eenheden, van 'constanten' die worden gekenmerkt door morfologische en materiële specificiteit, naar technische eenheden, 'elementen' op basis van constructieve mogelijkheden, is indicatief voor de verschuivingen binnen het regionalisme tijdens de wederopbouw. Tijdens het veldwerk concentreerde iedere architect zich op bepaalde architectonische elementen om zo regionaal-specifieke architectonische technieken te kunnen categoriseren. Het grafische deel van het onderzoek bevat dan ook een hoeveelheid vernaculaire lokale architectonische details

13
André Leroi-Gourhan, 'Quelques problèmes d'enquête technologique en ethnographie: enquête extensive', Fonds Leroi-Gourhan, MAE, Parijs-Nanterre; Marcel Maget, 'L'ethnographie française et ses méthodes', 22 november 1943, 20130452/26, Fonds Marcel Maget, AN.

14
Zie: Isac Chiva en Françoise Dubost, 'L'architecture sans architectes: une esthétique involontaire?', *Études rurales* 117 (1990), 10.

15
Paul Vidal de La Blache, *Principles of Human Geography*, vertaling Millicent Todd Bingham (New York: Henry Holt, 1926), 184.

16
Urbain Cassan, 'Compte-rendu de l'activité du Chantier 1425 du premier au trente et un décembre 1941', 2, 2013047/277, MNATP, AN.

17
Louis Chéronnet, 'Bilan du exposition', in: *l'Homme, la technique et la nature* (Parijs: Éditions Rieder, 1938), 82.

18
René Clozier, 'D'une reconstruction en série régionale', *Revue des architectes français*, 15 juni 1943, 369.

19
Ibid.

Clozier's view, these elements were not the characteristics that had previously supported the superficial romanticism of 'surface regionalism' in the inter-war period. Rather, they were individual 'construction elements: window leaves, slates, hooks, eaves'.[19]

This movement from specifically geographic units, 'constants' marked by morphological and material specificity, to technical units, 'elements' based on constructive possibility, is indicative of the shift in regionalism under the reconstruction. During their fieldwork each architect focused on specific architectural elements to delineate regionally specific architectural techniques. This resulted in the survey's graphic products containing a level of vernacular details that could not be made commensurate with regionalism's characteristic essentialisations. Rather than serial elements, what emerged through architectural drawings were discrete, singular, technical aspects of rural structures. Such technical specificity can be found equally in Raymond Sennevat's procedural studies of the fabrication of building elements from raw material as they can be in Bossu's sketch of an agrarian hangar, illustrating a tree used as one of its supports. While the graphic records showcase the ways in which technicity was applied to, and seen in, the vernacular, they also displayed the radical variety within a region's architecture, and the implicit differentiation between any two structures.

The survey failed to provide evidence of a natural rule, but Sennevat's attention to techniques of material formation offered a potential classification of architecture. This would not be based on morphology, ornament, construction techniques or even architectural elements, but rather the general technical *production* of architectural elements themselves. Whereas architectural objects were envisioned as natural and environmental, the extraction of technical facts was separated from this organicism. Maget would refer to this distinction when writing of the rural house: how it 'appears as a natural product of the geographical environment, a kind of protuberance sprung from the ground', but also as 'a particularly instructive and evocative document'.[20] In an updated ethnographic taxonomy he designed in 1943, architecture was defined, without reference to its environment, only by materials, techniques, elements and functions.[21] The documentation of architecture, and in Maget's vision, architecture's own documentality itself, required the unmaking of the both assumed and projected inborn organicity of rural forms.

Elementalism and Reframing of Regionalism

The modernisation of ethnographic representation was intended to allow for the ethnographic capture of immobile architectural objects. Although the survey had been activated in direct contrast to such mobility, intending to affirm the premise of static villages and uninterrupted typologies, the demands of specificity in representation and analysis stood opposed to regionalist generalisation and abstraction.[22] This conflict between the singular and the universal was played out not only within the survey's documentation, but also in the attempt to construct typological forms. The survey manual spelled this task out as a type of 'synthesis', depicting *maisons caractéristiques* as 'composite buildings . . . that do not exist in reality'.[23] Despite this latitude, almost no composite designs exist in the survey's documentation. Those present are comparative drawings of site orientation and morphological characteristics. Curiously, the most concerted attempt at compositing architectural elements occurred when the survey's architects began to propose alternative conceptions of regionalist architecture.

The 1943 issue of *Techniques et Architecture*, 'Local Techniques', consisted of summary reports produced by five architects employed in the EAR. The texts, written outside of ethnographic prescription, ranged from technocratic accounts of the failure to discern architectural unity to poetic re-conceptuali-

19
[ib]id.

20
[M]arcel Maget, 'Maisons de la campagne [fr]ançaise', 29 November 1943, 20130452/26, [A]N.

21
Marcel Maget 'Classement méthodique. Plan général', 1943, ibid.

22
Georges Henri-Rivière, 'Presentation du Chantier 1425', 1940, 20130277/3, MNATP, AN.

23
Délégation générale à l'équipement national, Service des chantiers intellectuels et artistiques, *Enquête sur l'architecture régionale: Instructions pour les enquêteurs du Chantier 1425* (Paris: Bernard Brothers, 1941), 9.

Collage of photo and illustrations nominally depicting typological architectures of subregions in Lower Normandy. From: *Techniques et Architecture* 11/12 (1943)/ Collage van foto's en illustraties die symbolisch de typologische architectuur van de subregio's van Beneden-Normandië voorstellen. Uit: *Techniques et Architecture* 11/12 (1943)

PASSAIS
MORTAINAIS

die niet te rijmen viel met de kenmerkende gerichtheid op essentie van het regionalisme. In plaats van in reeksen terugkerende elementen onthulden de architectuurtekeningen de discrete, enkelvoudige, technische aspecten van plattelandsstructuren. Een dergelijke technische specificiteit kan bijvoorbeeld net zo goed gevonden worden in Raymond Sennevat's procedurele onderzoek naar de fabricatie van bouwelementen uit grondstoffen, als in Bossu's schets van een landbouwloods, met een boom als een van de dragers. Enerzijds onthult de grafische documentatie de manieren waarop techniciteit werd toegepast op en gezien in de vernaculaire architectuur, anderzijds maakt deze ook de radicale diversiteit zichtbaar die binnen de architectuur van een regio bestaat, plus het impliciete verschil tussen willekeurig welke twee structuren.

Het onderzoek slaagde er niet in om bewijs van enige natuurwet te leveren, maar Sennevat's aandacht voor de maaktechnieken van bouwmaterialen bood wel aanknopingspunten voor een mogelijke classificatie van de architectuur. Deze zou dan niet gebaseerd zijn op morfologie, ornamentatie, bouwtechniek of architectonische elementen, maar eerder op de algehele technische *productie* van de architectonische elementen zelf. Terwijl architectonische objecten werden opgevat als natuurlijk en omgevingsspecifiek, maakte het opdelven van technische feiten zich los van een dergelijk organicisme. Maget verwees naar dit onderscheid, toen hij over het plattelandshuis schreef dat het 'verschijnt als een natuurlijk product van de geografische omgeving, als een soort uitsteeksel dat uit de grond komt zetten', maar ook als 'een bijzonder leerzaam en evocatief document'.[20] In een bijgewerkte etnografische taxonomie die hij in 1943 opstelde, definieerde hij de architectuur zonder verwijzing naar de omgeving, uitsluitend aan de hand van materialen, technieken, elementen en functies.[21]
De documentatie van architectuur en, in Maget's optiek, ook het documentgehalte van de architectuur zelf, vereiste dat zowel de veronderstelde als de geprojecteerde aangeboren organiciteit van de rurale vormentaal werd ontkracht.

Elementarisme en de herformulering van het regionalisme

De modernisering van de etnografische representatie was bedoeld om onroerende architectonische objecten etnografisch 'buit' te maken. Hoewel het onderzoek gestart was in direct contrast met een dergelijke mobiliteit – het was juist bedoeld om de premisse te bevestigen dat dorpen statisch waren en hun typologieën ononderbroken – bleek de specificiteit die de representatie en analyse met zich mee brachten haaks te staan op regionalistische generalisatie en abstractie.[22] Dit conflict tussen het singuliere en het universele speelde niet alleen een rol in de optekeningen van de Enquête, maar ook bij de poging om typologische vormen te construeren. In het handboek werd deze opgave omschreven als een soort 'synthese', waarbij *maisons caractéristiques* werden voorgesteld als 'samengestelde gebouwen (...) die in werkelijkheid niet bestaan'.[23] Ondanks deze speelruimte zijn er in de documenten die het onderzoek genereerde nauwelijks samengestelde ontwerpen te vinden. De aanwezige ontwerpen zijn vergelijkende tekeningen van situaties en morfologische kenmerken. Merkwaardig genoeg vond de meest eensgezinde poging om architectonische elementen samen te voegen plaats, toen de bij het onderzoek betrokken architecten alternatieve ideeën over regionalistische architectuur begonnen voor te stellen.

In 1943 verscheen er onder de titel 'Lokale technieken' een nummer van *Techniques et Architecture* dat bestond uit de samenvattende verslagen van vijf bij de EAR betrokken architecten. De teksten, die zonder inachtneming van de etnografische regels waren geschreven, liepen uiteen van technocratische verslagen over de onmogelijkheid om architectonische eenheid vast te stellen, tot poëtische nieuwe conceptualiseringen van het regionalisme zelf. Het tijdschrift bevatte geen karakteristieke architectonische composities, maar opvallende gemengde techniek-collages. Binnen ogenschijnlijk taxonomische rasters, met elke door het onderzoek voorgeschreven representatiestap, daalden architectonische vormen, elementen en technologieën vanaf de bovenzijde van de collages af naar klimatologische en geografische condities onderaan. Deze waren op een kleinere schaal

20
Marcel Maget, 'Maisons de la campagne française', 29 november 1943, 20130452/26, AN

21
Marcel Maget, 'Classement méthodique. Plan général', 1943, ibid.

22
Georges Henri-Rivière, 'Presentation du Chantier 1425', 1940, 20130277/3, MNATP, AN.

23
Délégation générale à l'équipement national, Service des chantiers intellectuels et artistiques, *Enquête sur l'architecture régionale: Instructions pour les enquêteurs du Chantier 1425* (Parijs: Bernard Brothers, 1941), 9.

sations of regionalism itself. Instead of presenting characteristic architectural composites, the journal showcased striking mixed-media collages. Ostensibly taxonomic grids that included each representational stage mandated by the survey, architectural forms, elements and technologies cascaded from the top of the collages leading down towards climatic and geographic conditions, themselves set apart in their smaller scale and simpler rendition than the diagrams, details, plans and sections that filled the spreads. Loosely structured by the vertical columns of regions, the graphics bled over the grid's demarcations: representing the attempted re-inscription of architectural elements and techniques within a network of geographic, ethnographic and technological variables. But moreover, the illustrations displayed the technical diversity of forms, methods and materials brought to light by the survey.

In their texts, each architect detailed the failure of using geography and the natural environment as a causal explanation for architectural morphology. However, regionalism as an epistemic framework was not fully abandoned. Rather, each sought to relocate regionalism within the realm of human action. To this effect it is notable that in the collages there is the (limited) presence of the body. Instead of the environment and general laws, the architects began to prioritise *anthropos* (humankind) as the driver of form. Indeed, Bossu's summary report proposed that 'regionalism is *l'homme* . . . his habits . . . his working technique . . . his obstinacy in "becoming" . . . there can be no classification table'.[24] This reinterpretation of regionalism became loosened from its naturalistic origins and relocated within artifactual techniques of the production of architectural elements and the construction of architecture itself. As Sennevat stated:

With each element of architecture entering into the general composition (and we mean by 'element', the door, the window, the plan or the material), each element covers an area of the territory – to a greater or lesser extent, more, or less fragmented – but different for each element. In fact, there is a regionalism, but a regionalism of the element. . . . We find that in each place there is a unity that differs from that of the next place, and that it is no longer a unity of regional composition that appears, but a unity of local composition. To sum up, we have in front of us a spatial graph that reveals a regionalism of the element determining a localism of the unit.[25]

Conclusion

In 1937, geographer Albert Demangeon remarked upon the disappearance of the house of the 'geographical type' due to cultural and commercial exchange.[26] By 1945, this disappearance had become a death knell, as reconstruction architect Paul Dufournet declared 'geographical determinism, in the material world, is dying'.[27] Although the EAR survey was not the sole agent in the decline of geographical determinism, it is interesting to consider how the combination of ethnography's technical orientation and the political attempt to empirically verify a rural organicism resulted in the supplanting of geographical reasoning with a technical rule. As in Sennevat's statement, the disclosure of fragmented zones of architectural presences indicted geographic continuity as a scientific and political fiction. Ultimately, the survey's elementarity was not an operation of formal reduction, nor the proposition of a naturalised origin, but rather an architectural redefinition of regionalism on architecture's own terms, those being the technical conditions of material construction (conditions that are also natural and cultural). Within the survey, regionalism, predicated on the nominal organicism of regions themselves, had become disarticulated by a curious combination of political exigency, industrial requirements, disciplinary modernisation, and a movement between the 'material social fact' of French human sciences and the technological facts, methods and techniques that would shape the post-war development of both ethnography and architecture.

Throughout the occupation and in the immediate post-war period, the regional reconstruction envisioned by the CTRI failed to materialise. Rather, apart from projects in the Loire Valley, which mixed surface regionalism with urban modernisation, the most

24 Jean Bossu, 'Vendée, Deux-Sèvres, et Vienne', *Techniques et Architecture* 11/12 (1943), 283.

25 Raymond Sennevat, 'Basse-Normandie', *Techniques et Architecture* 11/12 (1943), 307.

26 Albert Demangeon, *Les Maisons des Hommes de la Hutte au Gratte-Ciel* (Paris: Bourrelier et Cie, 1937), 121.

27 Paul Dufournet, 'Regionalisme et tradition', *Techniques et Architecture* 6/3-4 (1946), 152.

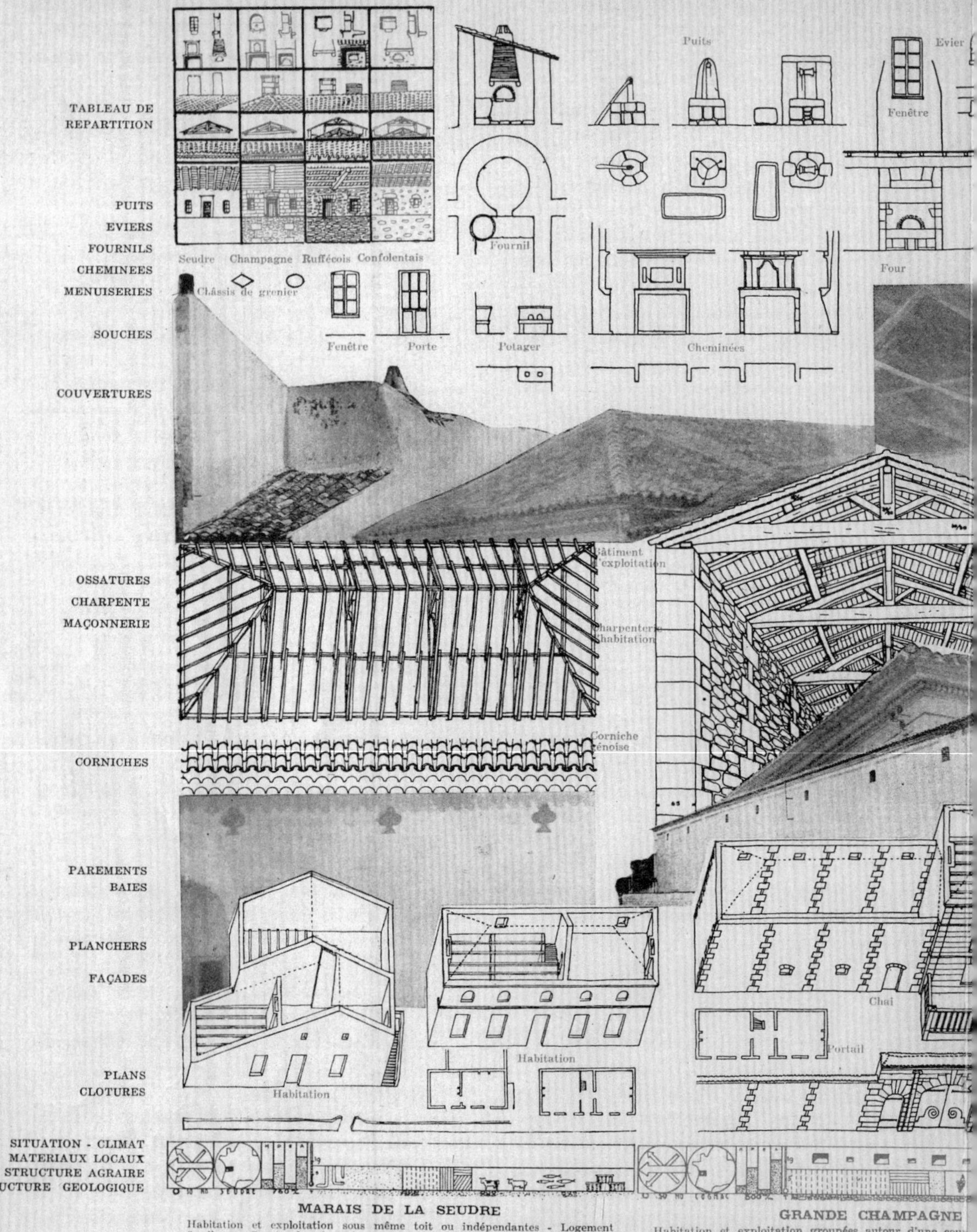

TABLEAU DE REPARTITION

PUITS
EVIERS
FOURNILS
CHEMINEES
MENUISERIES
SOUCHES
COUVERTURES
OSSATURES
CHARPENTE
MAÇONNERIE
CORNICHES
PAREMENTS
BAIES
PLANCHERS
FAÇADES
PLANS
CLOTURES
SITUATION - CLIMAT
MATERIAUX LOCAUX
STRUCTURE AGRAIRE
STRUCTURE GEOLOGIQUE

MARAIS DE LA SEUDRE

Habitation et exploitation sous même toit ou indépendantes - Logement 2 pièces - Grenier bas à accès extérieur ou intérieur - Murs en moellons de calcaire enduits et chaulés (0 m. 55) - Planchers portants sur murs latéraux et de refend ou sur poutres transversales - Charpentes à fermes simples - Entraits posés sur sablière - Couverture en tuiles creuses (17°) - Corniches en « genoise » - Rives et faîtages scellés au mortier de chaux - Souches en pierre ou briques chaulées - Cheminées à manteau en pierre de taille ornée - Fournil, four avec cheminée à hotte - Bac à lessive en terre cuite - Eviers à écoulement libre - Puits en pierre de taille et moellons accompagnés de timbres abreuvoirs ; poulie portée par mât ou portique pierre ou fer

GRANDE CHAMPAGNE

Habitation et exploitation groupées autour d'une cou
4 pièces et un vestibule réparties par moitié en rez-de-
- Grenier haut à accès intérieur - Murs constitués par
de taille calcaire et remplissage en moellons deux par
apparents ou enduits (0 m. 65) - Planchers portant s
refend et sur poutres transversales - Charpente à fe
sur chaînages en pierre - Entraits posés sur sablière -
creuses (19°) - Faitages scellés au mortier de chaux -
tenus par pierres posées - Corniches en pierre de tail
en pierre de taille - Cheminées à manteau en pierre
Fournil : four avec cheminée à hotte - Deux bacs à l
- Eviers à écoulement libre en niche dans l'épaisseur d
pierre de taille en portique

293

Distribution map of architectural elements and environmental characteristics in Charentes. From: *Techniques et Architecture* 11/12 (1943)/
Kaart waarop de verspreiding van architectonische elementen en omgevingskenmerken in Charentes te zien is. Uit: *Techniques et Architecture* 11/12 (1943)

RUFFECOIS

Habitation et exploitation sous même toit ou indépendantes sur cour ouverte - Logement 2 pièces - Grenier à accès intérieur - Grands hangars à poteaux de bois ou piles de pierre - Grange étable à triple nef - Murs en moellons de jurassique à deux parements et blocage - Angles en pierre de taille (0 m. 65) - Planchers portant sur murs latéraux, murs de refend et poutres transversales - Charpentes à fermes simples - Entraits posés sur sablières - Charpente d'étable composée d'une ferme centrale simple portant sur poteaux flanquée de deux appentis - Couverture en tuiles creuses (19°) - Faitages et rives scellés au mortier - Pas de corniches - Souches en pierre de taille ou en briques - Cheminées à hotte en moellons - Four à pain indépendant commun à plusieurs logis, avec ou sans auvent - Eviers à écoulement libre en niche dans l'épaisseur des murs - Citerne en pierre de taille avec levier de puisage à bras à contrepoids

CONFOLENTAIS

Habitation et exploitation indépendantes ou sous même toit sur cour ouverte - Logement de maitres 4 pièces, 1 vestibule - De métayers 1 ou 2 grandes pièces - Grenier à accès intérieur - Grande grange-étable à triple nef - Murs en moellons de schiste granitique à deux parements et blocage partiellement enduits - Angle en blocs de granit taillés (0 m. 75) - Planchers portant sur murs latéraux, de refend et sur poutres transversales - Cloisons intérieures en pan de bois et pisé - Charpentes à fermes simples - Entraits posés sur sablières - Charpente d'étable composée d'une ferme centrale portant sur poteaux flanquée de deux appentis - Couverture en tuiles creuses (22°) non scellées - Pas de corniche - Souches en briques - Cheminées à hotte en moellons - Four à pain sous cheminée - Salle commune - Eviers à écoulement libre dans l'épaisseur des murs - Puits en pierre de taille accompagnés de timbres abreuvoirs

en eenvoudiger weergegeven dan de diagrammen, details, plattegronden en doorsneden die de kolommen vulden. De afbeeldingen, losjes gestructureerd door de verticale kolommen van de regio's, overschreden de grenzen van het raster: het was een poging om architectonische elementen en technieken op een nieuwe manier te beschrijven binnen een netwerk van geografische, etnografische en technologische variabelen. De illustraties toonden echter vooral de technische diversiteit aan vormen, methoden en materialen die het onderzoek aan het licht had gebracht.

In hun teksten beschrijven de vijf architecten de onmogelijkheid om de geografie en de natuurlijke omgeving te gebruiken om tot een causale verklaring van architectonische morfologie te komen. Het regionalisme als epistemisch kader werd echter niet volledig losgelaten. Het was eerder zo dat ze allemaal probeerden het regionalisme te verplaatsen naar het domein van het menselijk handelen. In dit opzicht is de (beperkte) aanwezigheid van het lichaam in de collages opmerkelijk. In plaats van de omgeving en algemene wetmatigheden begonnen de architecten de *anthropos* (de mens) als drijvende kracht achter de vorm aan te wijzen. Bossu stelde in zijn samenvatting zelfs dat: 'regionalisme is *l'homme* (...) zijn gewoonten (...) zijn werkwijze (...) zijn koppigheid om "te worden" (...) er is geen classificatietabel mogelijk'.[24] Deze opvatting van het regionalisme zong zich los van haar naturalistische oorsprong en hervond zichzelf in de context van de kunstmatige technieken voor de productie van architectonische elementen en de constructie van de architectuur zelf. Zoals Sennevat stelde:

Van de verschillende elementen van de architectuur die deel uitmaken van de algehele compositie (en met 'element' bedoelen we hier de deur, het raam, de plattegrond of het materiaal), gaat elk element een – al dan niet groot, al dan niet gefragmenteerd – deel van het territorium beslaan, en dit is verschillend voor elk element. In feite is er wel sprake van regionalisme, maar het is een regionalisme van het element. (...) We zien dat er op elke plek een eenheid bestaat die verschilt van de eenheid van de naburige plek, en dat er niet langer een beeld van eenheid van regionale compositie uit oprijst, maar een eenheid van lokale compositie. Kortom, wat we voor ons hebben is een ruimtelijk diagram waar een regionalisme van het element uit blijkt, dat op zijn beurt een lokalisme van de eenheid bepaalt.[25]

Conclusie

In 1937 merkte geograaf Albert Demangeon op dat het 'geografische woningtype' door culturele en commerciële uitwisselingen aan het verdwijnen was.[26] Tegen 1945 bleek deze verdwijning op een doodvonnis uit te lopen, waarop wederopbouwarchitect Paul Dufournet verklaarde dat 'het geografisch determinisme in de materiële wereld stervende is'.[27] Hoewel het EAR-onderzoek niet de enige oorzaak was van het verval van het geografisch determinisme, is het interessant om te bekijken hoe de combinatie van technische oriëntatie van de etnografie en politieke pogingen om een ruraal organicisme empirisch te verifiëren, tot de vervanging van een geografische redenering door een technische leidde. Net als de verklaring van Sennevat geeft de onthulling van het bestaan van gefragmenteerde zones met architectuurvormen aan dat geografische continuïteit een wetenschappelijke en politieke fictie is. Uiteindelijk kwam de elementaire oriëntatie van het onderzoek niet neer op een formele reductie of op een vasthouden aan een zogenaamde natuurlijke oorsprong, maar op een nieuwe architectonische definitie van het regionalisme op de eigen voorwaarden van architectuur – het ging daarbij om de technische voorwaarden voor materiële constructie (voorwaarden die ook natuurlijk en cultureel zijn). Het onderzoek zorgde ervoor dat het regionalisme, dat was gebaseerd op het nominale organicisme van de regio's zelf, fragmenteerde onder invloed van een merkwaardige combinatie van politieke eisen, industriële behoeften, modernisering van een vakgebied en een verschuiving van 'materiële sociale feiten' van de Franse menswetenschappen naar de technologische feiten, methoden en technieken die de ontwikkeling van zowel de etnografie als de architectuur in de naoorlogse periode zouden bepalen.

Tijdens de bezetting en in de directe naoorlogse periode kwam de regionale wederopbouw die de CTRI voor ogen had, niet van de

24
Jean Bossu, 'Vendée, Deux-Sèvres, et Vienne', *Techniques et Architecture* 11/12 (1943), 283.

25
Raymond Sennevat, 'Basse-Normandie', *Techniques et Architecture* 11/12 (1943), 307.

26
Albert Demangeon, *Les Maisons des Hommes de la Hutte au Gratte-Ciel* (Parijs: Bourrelier et Cie, 1937), 121.

27
Paul Dufournet, 'Regionalisme et tradition', *Techniques et Architecture* 6/3-4 (1946), 152.

relevant architectural productions to the EAR were not those that restored a natural history, in the form of architecture, to France's villages and regions. Rather they were the manuals for temporary housing barracks and hangars published by the Service des constructions provisoires and the Cités des experiences, the experimental housing sites that were erected following the liberation. These more singular projects, tests in construction techniques and materials, produced with an urgency that matched the urgency of ethnographic architectural research (in the face of disappearance, destruction or modernisation), better encapsulate the products of the surveys' research. Regionalism itself may have become unravelled, but it was not undone. As Jean Bossu would comment, rather prophetically: 'The ethnography of tomorrow will teach us that the regionalism of reinforced concrete lies in the difference of its interpretation from one country to another.'[28]

28
Bossu, 'Vendée', op. cit. (note 24).

grond. In feite waren de meest relevante architectonische producties voor de EAR niet degenen die de natuurlijke geschiedenis, in de vorm van architectuur, terugbrachten naar de dorpen en regio's van Frankrijk (met uitzondering van projecten in de Loirevallei, die een lichte vorm van regionalisme en stedelijke modernisering combineerden). Dat waren eerder de handboeken voor de tijdelijke woonkazernes en hangars die werden gepubliceerd door de Service des constructions provisoires en de Cités des experiences, de experimentele woonwijken die na de bevrijding werden opgetrokken. Deze tamelijk uitzonderlijke projecten, experimenten met bouwtechnieken en materialen die waren geproduceerd met een urgentie die overeenkwam met de urgentie van het etnografische architectonische onderzoek (in het aangezicht van verdwijning, vernietiging of modernisering), zijn beter in staat de uitkomsten van het onderzoek te belichamen. Maar hoewel het regionalisme werd ontrafeld, werd het niet ongedaan gemaakt. Zoals Jean Bossu, nogal profetisch, eens zei: 'De etnografie van morgen zal ons leren dat het regionalisme van gewapend beton voortkomt uit zijn van land tot land verschillende interpretaties.'[28]

Vertaling : InOtherWords, Maria van Tol

28
Bossu, 'Vendée', op. cit. (noot 24).

La Martella, an Architecture of Feeling

Ludovico Quaroni's Translation of the Sassi Cave City into an Ideal Village

Giuseppe Cosentino

The Latin word homo is related to humus, 'soil', or 'earth', in Greek χθών. The mythologem to which this word alludes, almost summarising it, must have been linked to a creational myth in which the Earth played the part of the Primordial Mother. . . . Especially Greek is the popular etymology that considered the word 'people' (λαός) as derived from 'stone' (λᾶας)'.[1]

The way that classical philologist Károly Kerényi, in his etymological research, traces an ancient and deep connection between man and the earth, is reminiscent of how scholars, writers and photographers were attracted to the Sassi of Matera in the early 1950s, perhaps glimpsing in that unique cave-dwelling population the most radical example of a dual attachment of man to the earth. The earth as a mother, in whose womb of caves excavated into the tuff it was possible to dwell, and the earth as a stage where people, like 'stones', as Kerény reminds us, lived the drama of poverty, working the arid fields with few means and resources.

This is the historical overview of southern Italy in the aftermath of the Second World War: a poor, largely illiterate population that lived in the city but depended on work in the fields and was still subject to the ancient system of agrarian *latifundia*.[2] In this context, the agricultural countryside of Matera certainly represents an extreme case. The barren, rugged plateau of the Murgia, on which the city of Matera is situated, has been deeply carved by the Gravina River, thus effectively creating two cities, the mediaeval *civita* of Piano to the west, and to the east, eroded into the rock, the city of the Sassi.[3] A separate city in which the houses are excavated in the rocky sides of the plateau and the streets are an inextricable tangle of lines carved into the stone. During the first half of the twentieth century, more than 15,000 people lived in such caves (or *sassi*) mostly peasants in a state of total destitution. In his book *Christ Stopped at Eboli*, published in 1944, Carlo Levi presents what is perhaps the most tragically factual image of Matera, and certainly contributed to spreading the knowledge of the Sassi, where 'dogs, sheep, goats and pigs sat on the floor. Every family generally had only one of these caves as their dwelling, and men, women, children and animals all sleep together'.[4]

Inspired by Carlo Levi's book, a few years later, in 1949, sociologist Friedrich G. Friedman carried out an intensive study and in-depth sociological research on the population of the Sassi.[5] His analysis reveals how the structure of the Sassi consisted of an unsanitary cluster of cave dwellings that provided shelter to a predominantly peasant population who in the mornings travelled to work in the countryside around Matera, yet returned every evening to inhabit the Sassi, thus maintaining an urban dimension with a strong identity.

The attention of the intellectual milieu and the public opinion concerning the 'case of Matera' led the De Gasperi government to pass a law on 17 May 1952 that determined the redevelopment and closure of the Sassi.[6] This meant the consequent displacement of its inhabitants – initiating a heated debate as to where and how to accommodate the population that was living there. Rarely have actions related to the construction of new urban settlements been more intertwined with purely political questions. The two main courses of

1
ároly Kerényi, *Miti e misteri* (Turin: Bollati Borighieri, 2017 [1951]), 292.

2
he word *latifundium*, indicates large, landed states cultivated with limited resources.

3
uigi Piccinato, 'Matera: i Sassi, i nuovi borghi il Piano regolatore', *Urbanistica* 24/15-16 1955), 142-151.

4
Carlo Levi, *Cristo si è fermato a Eboli* (Milan: Bruno Mondadori, 1958), 70.

5
Thanks to a Fulbright Foundation grant funded with money from the Marshall Plan reconstruction programme, F.G. Friedmann chose Matera as an illustrative case study for the social and economic situation in the south of Italy. Friedmann's essay 'The World of "La Miseria"', published in 1953, was fundamental in focusing the American cultural debate on the conditions of southern Italy.

6
Alcide de Gasperi was one of the fathers of the Italian constitution, he was also the founder of the Christian Democratic Party and served as President of the Italian Republic from 1945 to 1953.

La Martella, een architectuur van het gevoel

Ludovico Quaroni's vertaling van de grotwoningen van Sassi naar een ideaal-dorp

Giuseppe Cosentino

Het Latijnse woord homo is verwant aan het woord humus: 'grond' of 'aarde', het Griekse χθών. Het mythologische element waarnaar dit woord verwijst, dat het bijna samenvat, moet verband hebben gehouden met een scheppingsmythe waarin de aarde de rol van de oermoeder speelde. (...) De populaire etymologie waar het woord 'mensen' (λαός) werd opvat als een afgeleide van 'steen' (λᾶας) is typisch Grieks.[1]

De manier waarop klassiek filoloog Károly Kerényi in zijn etymologisch onderzoek een oude en diepe band tussen de mens en de aarde identificeerde, doet denken aan de manier waarop geleerden, schrijvers en fotografen in de vroege jaren 1950 aangetrokken werden door de bewoners van de Sassi van Matera, en in die unieke groep grotbewoners misschien wel het meest radicale voorbeeld aantroffen van een dubbele verbondenheid van de mens met de aarde. Enerzijds de aarde als een moeder in wier schoot van grotten, uitgegraven in de tufsteen, men kon wonen; anderzijds als een podium waarop mensen, als de 'stenen' waar Kerényi naar verwijst, een tragedie van armoede opvoerden en met beperkte middelen de dorre velden bewerkten.

Het historische perspectief op het Zuid-Italië van na de Tweede Wereldoorlog toont ons een arme, grotendeels analfabete bevolking die in de stad woonde, maar op het land moest werken, als vanouds onderworpen aan het archaïsche systeem van de *latifundia*.[2] Het agrarische landschap rondom Matera was hiervan eén extreem voorbeeld. Het kale, ruige Murgia-plateau waarop de stad Matera ligt, is diep ingesneden door de rivier de Gravina, waardoor er in feite twee steden zijn ontstaan: in het westen de middeleeuwse *civita* Piano en in het oosten, geërodeerd in de rotsen, de stad van de Sassi.[3] Die laatste vormt een aparte stad waarvan de woningen zijn uitgehouwen in de rotswanden van het plateau en de straten een onontwarbare wirwar van in de steen uitgehouwen richels. Tijdens de eerste helft van de twintigste eeuw woonden er meer dan 15.000 mensen in dergelijke grotten (of *sassi*), voornamelijk boeren, en wel in een staat van totale armoede. Carlo Levi geeft in zijn boek *Christus kwam niet verder dan Eboli* uit 1944 misschien wel het meest tragische feitelijke beeld van Matera en dit heeft zeker bijgedragen aan de verspreiding van kennis over de Sassi, waar 'honden, schapen, geiten en varkens op de grond lagen. Elke familie had over het algemeen slechts één van deze grotten als woning: mannen, vrouwen, kinderen en dieren sliepen allemaal in één enkele ruimte.[4]

De socioloog Friedrich G. Friedmann, die geïnspireerd was geraakt door het boek van Carlo Levi, voerde een paar jaar later, in 1949, een intensieve studie en diepgaand sociologisch onderzoek uit naar de bevolking van de Sassi.[5] Zijn analyse laat zien dat de Sassi-structuur bestond uit een onhygiënisch cluster van grotwoningen, die onderdak bood aan voornamelijk boeren, die 's ochtends naar het platteland rond Matera reisden om op het land te werken en 's avonds naar hun grotwoningen terugkeerden, wat het stadsdeel een stedelijk aspect met een sterke identiteit opleverde.

De aandacht van het intellectuele milieu en de publieke opinie voor de omstandigheden in Matera bracht de regering-De Gasperi ertoe om op 17 mei 1952 een wet aan te nemen die

1
Károly Kerényi, *Miti e misteri* (Turijn: Bollati Boringhieri, 2017 [1951], 292.

2
Het woord *latifundium* verwijst naar grote landgoederen die met beperkte middelen worden bewerkt.

3
Luigi Piccinato, 'Matera: i Sassi, i nuovi borghi e il Piano regolatore', *Urbanistica* 24/15-16 (1955), 142-151.

4
Carlo Levi, *Cristo si è fermato a Eboli* (Milaan: Bruno Mondadori, 1958), 70.

5
Via een gift van de Fulbright Foundation, die werd gefinancierd met geld van het Marshallplan, kon F. G. Friedmann de casus Matera beschrijven als illustratief voor de sociale en economische situatie in het zuiden van Italië. Friedmann's in 1953 verschenen essay 'The World of "La Miseria"' was van grote invloed op het Amerikaanse culturele debat over de omstandigheden in Zuid-Italië.

Martella aerial view/ La Martella luchtfoto

intervention envisaged either the construction of new rural villages, as proposed by the entities involved in the reconstruction, such as UNRRA-Casas and the National Urban Planning Institute (INU), or the construction of isolated farmhouses, as strongly favoured by the Land Reform Authority.[7] The political reasons that can be deduced from these two different strategies of architectural intervention, as Tafuri would write:

> *. . . were aimed at discouraging the formation of a proletariat, even a rural one, for which the 'city-like' solution could be a dangerous incentive; the scattered settlement solution, instead, had the advantage of not being based on the premise of creating a community, while achieving the same demagogic aims that ultimately were the real motive behind the operation.*[8]

Adriano Olivetti, an enlightened industrialist who saw in the borderline case of Matera the concrete opportunity for putting into practice his political thought, took part personally in the debate on how to develop a model of a rural village that was inspired by community life, and thus opposed to the model that was put forward by the Land Reform Authority.[9] The *community* fostered by Olivetti is a physical and moral space within which man lives, works, realises himself and actively participates in political society. From this perspective, the new rural settlement in Matera was meant to be the expression of the identity of its inhabitants, a way of social life based on the common good, equal social dignity and the incentive for a new agricultural economy that would replace the oppressive system of the *latifundium*.

7
ɴRRA (United Nations Relief and Rehabilitaɔn Administration) – CASAS (Relief for the ɔmeless Administrative Committee) was an ternational organisation founded in Washingn in 1943 and aimed at providing economic ssistance to countries that had been particurly damaged in the aftermath of the Second 'orld War.

8
Manfredo Tafuri, *Ludovico Quaroni e lo sviluppo dell'architettura moderna in Italia* (Milan: Edizioni di Comunità), 107.

9
Engineer Adriano Olivetti, owner of the Olivetti typewriter company, was a prominent figure in the Italian political and intellectual scene of the 1940s and 1950s. For further discussion on this topic please refer to: Manfredo Tafuri, 'Aufklärung I: Adriano Olivetti e la comunitas dell'intelletto', in: Manfredo Tafuri (ed.), *Storia dell'architettura italiana, 1944-1985* (Turin: Piccola Biblioteca Einaudi, 1982), 45-54; Valerio Ochetto, 'Discesa al sud', in: Valerio Ochetto (ed.), *Adriano Olivetti: La biografia* (Rome/Ivrea, Edizioni di Comunità, 2015), 177-189.

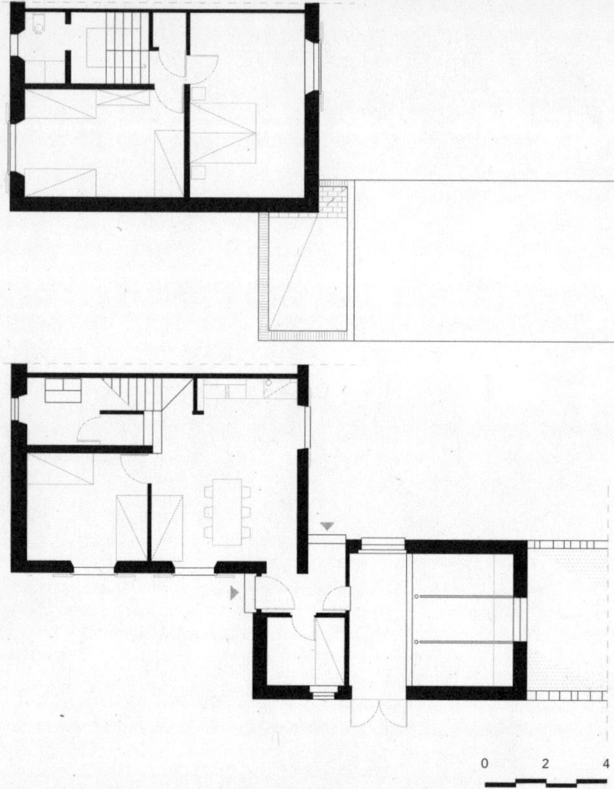

Ludovico Quaroni, ground- and second-floor plan of a house for a peasant family/ Ludovico Quaroni, plattegrond begane grond en verdieping van een boerenwoning, La Martella, 1952

de sluiting van de Sassi verordonneerde.[6] Dit betekende dat de inwoners moesten worden verplaatst – vervolgens ontstond er een verhit debat over de plaats en de manier waarop de bevolking die er woonde dan moest worden geherhuisvest. Het komt niet vaak voor dat de bouw van nieuwe stedelijke nederzettingen zo sterk verweven is met zuiver politieke kwesties. De twee belangrijkste actieplannen beoogden ofwel de bouw van nieuwe plattelandsdorpen, een voorstel van de instanties die betrokken waren bij de wederopbouw, zoals UNRRA-Casas en het Instituto Nazionale di Urbanistica (INU), ofwel de bouw van afgelegen boerderijen, zoals sterk werd bepleit door de landhervormingsautoriteit.[7] De politieke redenen die kunnen worden afgeleid uit deze twee verschillende architectonische interventiestrategieën, zo schreef Tafuri:

(...) waren gericht op het ontmoedigen van de vorming van een proletariaat, ook al was het een ruraal proletariaat, waarvoor de 'stadse' oplossing een gevaarlijke stimulans zou kunnen zijn; het plan om verspreide nederzettingen te bouwen had daarentegen het voordeel dat het niet gebaseerd was op de premisse dat er een gemeenschap moest worden gevormd, terwijl het wel dezelfde demagogische doelen bereikte, die uiteindelijk de echte drijfveer achter de operatie waren.[8]

Adriano Olivetti, een verlichte industrieel die in het geval Matera een concrete mogelijkheid zag om zijn politieke ideeën in praktijk te brengen, was persoonlijk betrokken bij de debatten over hoe een plattelandsdorp te ontwikkelen, dat geïnspireerd was door het gemeenschapsleven en hij verzette zich dus tegen het model dat werd voorgesteld door de landhervormingsautoriteit.[9] De *gemeenschap* die Olivetti voorstond was een fysieke en morele ruimte waarbinnen de mens leeft, werkt, zichzelf verwezenlijkt en een actieve rol speelt in de politieke samenleving. Op basis van dit standpunt moest de nieuwe plattelandsnederzetting bij Matera de identiteit van de bewoners uitdrukken, een

6
Alcide de Gasperi was een van de grondleggers van de Italiaanse grondwet, de oprichter van de christen-democratische partij en van 1945-1953 president van de Italiaanse Republiek.

7
UNRRA (United Nations Relief and Rehabilitation Administration) – CASAS (*Comitato amministrativo* soccorso *ai senzatetto*) was een internationale organisatie die in 1943 in Washington werd opgericht om in de nasleep van de Tweede Wereldoorlog economische hulp te bieden aan landen die bijzonder veel schade hadden opgelopen.

8
Manfredo Tafuri, *Ludovico Quaroni e lo sviluppo dell'architettura moderna in Italia* (Milaan: Edizioni di Comunità), 107.

9
Ingenieur Adriano Olivetti, de eigenaar van het gelijknamige bedrijf in typemachines, speelde een belangrijke rol in de Italiaanse politieke en intellectuele wereld van de jaren 1940 en 1950. Zie voor meer discussie over dit onderwerp: Manfredo Tafuri, 'Aufklärung I: Adriano Olivetti e la comunitas dell'intelletto', in: Manfredo Tafuri (red), *Storia dell'architettura italiana, 1944-1985* (Turijn: Piccola Biblioteca Einaudi, 1982), 45-54; Valerio Ochetto, 'Discesa al sud', in: Valerio Ochetto (red), *Adriano Olivetti. La biografia* (Rome/Ivrea: Edizioni di Comunità, 2015), 177-189.

a Martella, village houses and urban structure of 'neighbourhood units'/ La Martella, dorpshuizen en de stedelijke structuur van de 'wijkeenheden'

La Martella: A Modern Rurality

Olivetti, as vice-president of UNRRA-Casas and president of INU, became the direct promoter of the construction of 200 dwellings for the displaced population of the Sassi, for which he commissioned architect Ludovico Quaroni, with the collaboration of architects Federico Gorio, Pietro Maria Lugli and Michele Valori and engineer Luigi Agati, with the drafting of a plan for an agricultural settlement in La Martella, 7 km from Matera.

The urban structure designed by Quaroni for La Martella is based on the work by the Matera City and Agricultural Countryside Study Commission, led by Friedmann and of which Quaroni himself was a member.[10] Interdisciplinary research thus became the foundation of the architectural project, providing essential economic, demographic and psychological insights into the needs of the families to be relocated. These preliminary studies provided Quaroni with useful design premises for endowing the new settlement with a social and economic structure, thus creating a unique experience that had never been realised in Italy before, which originated, as Giancarlo De Carlo would argue, from a 'cultural collaboration concerning an issue that would generally have been considered as urbanistic'.[11]

Regarding the project of La Martella, the complex sociological context of the Sassi can be summarised in a single well-defined urban structure, that of the 'enclosures', or *neighbourhood units*. These elaborate settings form a distinct public space overlooked by eight to ten cave dwellings. The resulting space is thus not exactly that of a common street or square, but rather a human geography, shaped by a dense web of social and family relationships that made it possible to lend mutual aid or share essential services such as an oven for baking bread. The structure of the neighbour-

10
e *Commissione di Studio* della *città* dell'agro *di Matera*, led by Friedrich G. Friedann, was established in 1951. The study oup included paleoanthropologist Eleonora acco, psychologist Lidia De Rita, urban anners Federico Gorio and Ludovico Quaroni, social worker Rigo Innocenti, geographer Giuseppe Isnardi, hygienist Rocco Mazzarone, historian Francesco Nitti, anthropologist Tullio Tentori and Riccardo Musatti, director of the journal *Metron*.

11
Giancarlo De Carlo, 'A proposito di La Martella', *Casabella Continuità* 200 (1954), 8.

op het algemeen welzijn en gelijke maatschappelijke waardigheid gebaseerde manier van sociaal leven faciliteren en een nieuwe landbouweconomie stimuleren, die het onderdrukkende systeem van het *latifundium* zou vervangen.

La Martella: een modern platteland

Olivetti, vicevoorzitter van UNRRA-Casas en voorzitter van het INU, was de drijvende kracht achter de bouw van 200 woningen voor de ontheemde bevolking van de Sassi. De opdracht werd gegund aan architect Ludovico Quaroni, die samenwerkte met architecten Federico Gorio, Pietro Maria Lugli en Michele Valori en ingenieur Luigi Agati. Dit team stelde een plan op voor een landbouwnederzetting in La Martella, op 7 km van Matera.

Het stedenbouwkundig plan dat Quaroni voor La Martella ontwierp, was gebaseerd op het werk van de door Friedmann geleide *Commissione di Studio* della *città e* dell'agro *di Matera*, waarvan ook Quaroni lid was.[10] Het interdisciplinair onderzoek vormde zo de basis voor het architectonische project, door essentiële economische, demografische en psychologische inzichten te bieden in de behoeften van de gezinnen die moesten worden geherhuisvest. De voorbereidende studies leverden Quaroni nuttige ontwerpuitgangspunten op, die hij kon gebruiken om de nieuwe nederzetting van een sociale en economische bedding te voorzien. Zo ontstond een uniek experiment dat nog nooit eerder in Italië was gerealiseerd en dat, zoals Giancarlo De Carlo zou beweren, voortkwam uit een 'culturele samenwerking rond een kwestie die over het algemeen als louter stedenbouwkundig zou zijn beschouwd'.[11]

Wat het ontwerp voor La Martella betreft, kan de complexe sociologische context van de Sassi worden samengevat als een welomlijnde stedelijke structuur van enclaves of *wijkeenheden*, die een duidelijke openbare ruimte bevat waarop telkens acht tot tien grotwoningen uitkijken. Het resultaat is dus niet echt een gemeenschappelijke straat of plein, maar eerder een menselijke geografie, gevormd door een dicht web van sociale en familiale verbanden die het mogelijk maken wederzijdse hulp te verlenen of essentiële voorzieningen te delen, zoals een oven om brood te bakken. Voor La Martella stelt Quaroni wijkeenheden voor met groepen van tien wooneenheden elk, aan weerszijden van een relatief smalle straat. De relaties tussen bebouwde en lege ruimten zorgen voor drie verschillende gradaties van sociale interactie tussen de bewoners. De centrale straat is de openbare ruimte, de door twee woningen gedeelde binnenplaats is semiopenbaar, en de woning, ten slotte, is de enige echte privéruimte. De woningen bestaan uit twee afzonderlijke, maar verbonden volumes. Het eerste is het huis zelf en het tweede omvat de stallen en de schuur, die uitgeven op de moestuin. De interieurs van de woningen zijn identiek: een woonkamer en een slaapkamer op de begane grond en twee extra slaapkamers op de verdieping. De ruimtelijke opsplitsing van de woning in verschillende vertrekken was revolutionair voor de bewoners van de Sassi, die gewend waren om in een enkele grote grot te wonen, waar ze de huiselijke ruimte zelfs met hun dieren deelden. Het grootste probleem bij het ontwerp van de woningen was juist de aanwezigheid, binnenshuis, van een muilezel die een fundamenteel 'productiemiddel' was en zowel een stal als een hooizolder nodig had.

Quaroni greep bij het ontwerp van de huizen voor de nederzetting terug op de traditionele plattelandswoning. Zijn subtiele toespelingen bleven niet beperkt tot formele verwijzingen – schuine daken, witte muren, vakwerk – maar hij maakte juist volop gebruik van traditionele elementen om tegemoet te komen aan hedendaagse behoeften. Zo wist hij een bouwwerk dat typisch was voor Matera, de *lamione* – een aanbouw tegen de grot als toegangsportaal – in ere te herstellen en te herinterpreteren, en koos hij voor traditionele bouwmaterialen zoals tufsteen en kalk. Hij besteedde aandacht aan de traditie en hield daarbij ook zeker rekening met de leer van Giuseppe Pagano, die juist in de mediterrane rurale architectuur de voorloper van een nieuwe tijd zag.[12]

In de conclusie van een artikel over La Martella stelde Federico Gorio, een van de ontwerpers die de nederzetting samen met

10
De door Friedrich G. Friedmann geleide *Commissione di Studio* della *città e* dell'agro *di Matera* was opgericht in 1951. Leden van de studiegroep waren paleoantropoloog Eleonora Bracco, psycholoog Lidia De Rita, stedenbouwkundigen Federico Gorio en Ludovico Quaroni, maatschappelijk werker Rigo Innocenti, geograaf Giuseppe Isnardi, arts Rocco Mazzarone, historicus Francesco Nitti, antropoloog Tullio Tentori en directeur van het tijdschrift *Metron*, Riccardo Musatti.

11
Giancarlo De Carlo, 'A proposito di La Martella', *Casabella Continuità* 200 (1954), 8.

12
De leerstellingen van Giuseppe Pagano waren fundamenteel voor Italiaanse moderne architecten. Van groot belang in dit verband is de tentoonstelling 'Architettura rurale italiana' die Pagano en Guarniero Daniel in 1936 organiseerden voor de zesde Triënnale van Milaan.

he Church in La Martella/ De kerk in La Martella

hood unit proposed by Quaroni for the project of La Martella results in residential units organised into ten groups of houses, arranged on both sides of a relatively narrow street. The varying relationships between built and empty spaces configure three different degrees of social interaction among the inhabitants: the central street is the public space; the courtyard, shared between two houses, is the semi-public space; and finally the dwelling, which is the only more properly private space. The dwellings consist of two separate, but connected units. The first is the house itself, the other includes the stables and the barn, which in turn are connected to the vegetable garden. The interiors of the dwellings are all identical: a living room and a bedroom on the ground floor, and two additional bedrooms on the upper floor. The spatial division of the various areas of the house was revolutionary for the inhabitants of the Sassi, who were used to living in a single large cave in which they shared the domestic space, even with the animals. The most difficult issue to address when designing the dwellings was precisely the presence, inside the house, of the mule, which was a fundamental 'means of production' and required both a stable and a hayloft.

When designing the houses of the settlement, Quaroni looked back to the tradition of the rural houses, a subtle allusion that is not limited to a formal reference – the pitched roofs, white walls and latticework – but rather becomes a substantial use of traditional elements, within which the answer to current needs are sought. Some examples of this are the recovery and reinterpretation of the building type typical of Matera known as the *lamione* – a structure that would be grafted onto the cave to become the entrance to the house – or the choice of traditional building materials, such as tuff or lime. His focus on tradition was certainly mindful of the teachings of Giuseppe Pagano, who recognised, precisely in rural Mediterranean architecture, the precursory signs of the contemporary.[12]

12
The teachings of Giuseppe Pagano were fundamental for the Italian architects of the modern period. Of particular interest in this respect is the exhibition organised by Pagano and Guarniero Daniel, entitled 'Architettura rurale italiana', presented at the VI Milan Triennale of 1936.

Ludovico Quaroni, perspective drawing of the La Martella village street, 1952/ Ludovico Quaroni, perspectieftekening van de dorpsstraat, La Martella, 1952

Quaroni had ontworpen, dat er van oudsher twee manieren zijn om een architectonisch project te ondernemen: 'de eerste is een voorwendsel voor zelfexpressie en de tweede voorziet in middelen om ruimte te maken voor de ander'.[13] In het specifieke geval van La Martella werd volgens Gorio de tweede weg gevolgd. Hij pleit in zijn artikel voor de implementatie van een anonieme architectuur die het auteurschap van de architect bijna volledig zou overschaduwen. Inmiddels kunnen we bevestigen dat deze operatie (gelukkig) niet succesvol was, aangezien kenmerkende individuele gebouwen, zoals de kerk en het gemeentehuis, evenals de gehele stedenbouwkundige opzet, duidelijk terug te voeren zijn op Quaroni's invloed en architecturale fijngevoeligheid.

Quaroni's ontwerp voor de nieuwe nederzetting is gebaseerd op de eeuwenoude Lucaniaanse dorpen die op de richels van heuvels zijn gebouwd. La Martella staat eveneens op een heuvel en heeft een centrale kern die bestaat uit 'primaire elementen', zoals de openbare voorzieningen en de kerk, van waaruit er straten aftakken naar de 'secundaire elementen' van het woonweefsel. Dit bestaat uit een aaneengesloten reeks van modulaire herhalingen van de eenvoudige 'huis-met-stal'-opstelling. De woningen staan twee aan twee en flankeren elkaar, terwijl de schuur, vastgehaakt op de hoek van het huis, de bij de woning behorende moestuin afbakent. De levendige gevels, het samenspel van massa en leegte en de variërende hoogte van de volumes resoneren met de studies die Ridolfi rond die tijd uitvoerde voor INA Casa.[14]

De 'primaire elementen' die het hart van de gemeenschap vormen, de kerk in het

13
Federico Gorio, 'Il villaggio La Martella', *Casabella Continuità* 200 (1954), 38.

14
Tafuri, *Ludovico Quaroni*, op. cit. (noot 8), 91.

In the concluding section of an article on La Martella, Federico Gorio, one of Quaroni's co-designers of the settlement, argues that historically there have been two ways to undertake an architectural project, 'one that provides an excuse for self-expression and another that offers the means to accommodate others'.[13] In the specific case of La Martella, according to Gorio, it was this second way that was pursued. In the article Gorio advocates the implementation of an anonymous architecture that would almost completely overshadow the authorship of the architect. Today, however, we can affirm that the operation was (fortunately) not successful, since distinctive individual buildings, such as the church and the civic centre, as well as the entire urban layout, can be clearly traced back to Quaroni's influence and architectural sensibility.

The project for the settlement devised by Quaroni follows the layout of the ancient ridge towns of historical Lucanian villages. In fact, La Martella stands on a rise and has a central nucleus consisting of the 'primary elements', such as the services and the church, from which the streets that connect to the 'secondary elements' of the built fabric branch off. This appears as a continuous cluster consisting of a modular repetition of the minimal 'house-stable' structure. The dwellings are always paired and flank one another, whereas the barn, hinged on the corner of the house, delimits the access to the vegetable garden belonging to each house. The vibrancy of the façades, the structure based on an aggregation of solids and voids, and the varying heights of the volumes resonate with the studies conducted in those same years by Ridolfi for INA Casa.[14]

13
ederico Gorio, 'Il villaggio La Martella', *Casa-ella continuità* 200 (1954), 38.

14
Tafuri, *Ludovico Quaroni*, op. cit. (note 8), 91.

View of the village La Martella, in the Murgia landscape/ Gezicht op het dorp La Martella in het landschap van Murgia

bijzonder, gaan een directe dialoog aan met het omliggende weefsel. Zelfs in de structuur van de kerk kan je de samensmelting van verschillende volumes herkennen, sommige in steen, andere bepleisterd, variërend in vorm.[15] Het horizontale karakter van het grote dak dat de ingang markeert wordt aangevuld door de extreme verticaliteit van de *campanile* (klokkentoren), waardoor een beeld ontstaat van een spontane boerenarchitectuur die de poëzie van het Italiaanse rurale landschap ten volle oproept. Het interieur van de kerk presenteert een intieme spirituele ruimte waar, door het licht dat van de klokkentoren naar beneden valt, een pad wordt uitgelicht. Terwijl de kerk aan de binnenkant de primitieve sacraliteit van een archaïsche wereld lijkt te vertegenwoordigen, ziet zij er aan de buitenkant, door haar vorm en volume, uit als een civiele toren die het panorama van het dorp bepaalt en wellicht, als een schildwacht die over de Murgia-vallei uitkijkt, zijn seculiere waarden vertegenwoordigt.

De dialectische relatie tussen de verschillende elementen waarmee La Martella is opgebouwd, leerde Quaroni vorm te geven door de antieke stad tot voorbeeld te nemen. Een maieutisch proces, als het ware, dat teruggrijpt naar de geschiedenis om de structuur te ontwerpen van een modern dorp waarvan de gebouwen, hoewel ze er net zo uitzien als die van de steden uit het verleden, nieuwe betekenissen opnemen die de hedendaagse tijd aan ze toekent.

Een collectieve gemoedstoestand

Quaroni had met zijn ontwerp voor La Martella zeker de bedoeling om een nieuw plattelandsdorp te creëren dat door de inwoners op dezelfde manier zou worden ervaren en beleefd als de oude stad Matera, als een stad die zich liet definiëren als een collectief kunstwerk, als het resultaat van samenwerking tussen verschillende niveaus van kennis. Deze gedeelde ervaring zou de inwoners van La Martella ertoe moeten verleiden een gevoel van verbondenheid met het dorp te ontwikkelen, een intieme symbolische relatie, waarbij ze de nederzetting als een deel van zichzelf zouden zien, net als de Sassi. Het was ter bevordering van deze 'gemoedstoestand' – zoals Tafuri het noemde – dat Quaroni realiseerde wat we 'een architectuur van het gevoel' zouden kunnen noemen.[16] Door de inwoners te vragen, actief deel te nemen aan de bouw van de nederzetting, en mee te denken over type en andere ontwerpgerelateerde beslissingen over de huizen, wilde Quaroni dezelfde processen activeren die verankerd lagen in de oude stad, waar de

15
Ludovico Quaroni, 'La chiesa nel villaggio la Martella', *Casabella Continuità* 208 (1955), 30-42.

16
Manfredo Tafuri, *Ludovico Quaroni*, op. cit. (noot 8), 111.

The 'primary elements' that compose the civic centre, especially the church, enter into a direct dialogue with the urban aggregate. Even in the structure of the church, in fact, it is possible to see the union of several different volumes, some in stone, others plastered, and in varying shapes.[15] The horizontal nature of the large roof that marks the entrance is complemented by the extreme verticality of the *campanile*, thus composing the image of a spontaneous peasant architecture that fully renders the poetry of the Italian rural landscape. The interior of the church offers a space of intimate spirituality, following a path guided by the light that comes down from the bell tower. Whereas on the inside it seems to represent the primitive sacredness of an archaic world, on the outside it appears, through its shape and volume, as a civic tower that determines the panorama of the village and perhaps represents, like a sentinel overlooking the Murgia valley, its secular values.

The dialectical relationship between the elements that constitute La Martella is a lesson that Quaroni learned using the ancient city as his model. A maieutic process, it may be said, that looks back to history in order to design the urban structure of a modern village in which the buildings of which it is composed, although the same as those from the cities of the past, take on new meanings ascribed to them by the contemporary era.

A Collective State of Mind

In designing La Martella, Quaroni would certainly have wanted the new rural village to be perceived and felt by its inhabitants in the same way as they did toward the ancient city of Matera, a city that could be defined as a collective work of art, as the result of a collaboration between different levels of knowledge. This shared feeling would have led the inhabitants of La Martella to develop a sense of identity with the village, an intimate symbolic relationship, perceiving the settlement as part of themselves, as was the case with the Sassi. It is in order to foster these 'states of mind' – as Tafuri would call them – that Quaroni produced what we could define as an architecture of feeling.[16] By inviting the inhabitants to take an active part in the construction of the settlement, both in the choice of type and in the design of the houses, Quaroni's stated aim was to activate the same processes that had already taken root in the ancient city, where the structure of the city was an expression of the collective consciousness.[17]

However, a critical look at the operation set up by Quaroni reveals that his desire to give the residents of La Martella a central role was only partially fulfilled. Indeed, the project followed a rigid plan in which the architect not only drew out the urban structure but also the smallest architectural details. This left little room for the peasants' traditional self-building practices, as described by Rocco Scotellaro in the passage in his *Contadini del Sud* with the story of farmer Michele Mulieri, who after buying a farm, 'set to work on that detached piece of land at the edge of a large arable plot, without a tree, laying the foundation walls for a small, isolated house'.[18]

In the perspective drawings for the settlement of La Martella, Quaroni imagines an inhabited world, almost folkloristic, where the peasant drives the cart, the women sit by the roadside chatting and a bustling life emerges from the houses, where people and animals are now living together. We can interpret these drawings as a depiction of a traditional Italian peasant village and as the expression of its positive values, which in the drawing, 'is not limited to the representation of an idea, but is the idea itself'.[19] Perhaps it is in this total imagining, which is itself a prefiguration of the project, that the creative value of utopia can be found that Quaroni considered essential to the design process.

Quaroni designs the small settlement in Matera as an ideal city to which corresponds, in parallel, an ideal society: a utopian project that carries in its core a strongly political-architectural thought.

La Martella Today

Seventy years after its construction, it is not easy to assess what remains today of Quaroni's utopian project. At the time of the village's inauguration in May 1953, Italian society was already changing, the agrarian world was in decline, and thus it is almost anachronistic that a *model village* became available for

15
udovico Quaroni, 'La chiesa nel villaggio la Martella', *Casabella Continuità* 208 (1955), 0-42.

16
afuri, *Ludovico Quaroni*, op. cit. (note 8), 111.

17
Ludovico Quaroni, *La torre di Babele* (Padua: Marsilio Editori, 1967), 63-64.

18
Rocco Scotellaro, *Contadini del Sud* (Bari: Editori Laterza, 1954), 39.

19
Quaroni, *La torre di Babele*, op. cit. (note 17), 48.

structuur van de stad de uitdrukking is van het collectieve bewustzijn.[17]

Een kritische blik op de door Quaroni opgezette operatie maakt echter duidelijk dat zijn wens om de inwoners van La Martella een centrale rol te laten spelen, slechts gedeeltelijk werd vervuld. Het project volgde namelijk een strak plan waarin de architect niet alleen de stedenbouwkundige structuur uittekende, maar ook de kleinste architectonische details. Er bleef dus weinig ruimte over voor de traditionele zelfbouwpraktijken van de boeren, zoals ze door Rocco Scotellaro zijn beschreven in de passage in zijn *Contadini del Sud* met het verhaal van boer Michele Mulieri die, nadat hij een boerderij had gekocht, 'aan de slag ging op een stukje land aan de rand van een groot agrarisch perceel, waar nog geen boom stond, en daar de funderingen legde voor een kleine, afgelegen woning'.[18]

In de perspectieftekeningen voor het dorp La Martella verbeeldt Quaroni een bewoonde wereld, bijna folkloristisch, waar de boer de kar bestuurt, de vrouwen langs de kant van de weg zitten te kletsen en de huizen, waar mensen en dieren nu samenleven, blijk geven van een bruisende levendigheid. Deze tekeningen kunnen geïnterpreteerd worden als afbeeldingen van het traditionele Italiaanse boerendorp en als uitdrukking van de positieve waarden daarvan, die op de tekening 'niet slechts de weergave van een idee, maar het idee zelf' zijn.[19] Misschien kan in dit totaalbeeld, op zichzelf een prefiguratie van het project, de creatieve waarde van de utopie worden gevonden die Quaroni als essentieel beschouwde voor het ontwerpproces.

Quaroni ontwerpt de kleine nederzetting in Matera als een ideale stad waarbij, parallel, een ideale samenleving hoort: een utopisch project dat in de kern een sterk politiek-architectonische gedachte in zich draagt.

La Martella tegenwoordig

Zeventig jaar na de bouw ervan is het niet eenvoudig om in te schatten wat er overblijft van Quaroni's utopische project. Ten tijde van de opening van het dorp in mei 1953 was de Italiaanse samenleving al aan het veranderen. De agrarische wereld was in verval en dus was het *modeldorp* al bijna een anachronisme, gebouwd voor de boeren die er amper nog waren en van wie de kinderen al snel zouden vertrekken om in de fabrieken van Noord-Italië of in het buitenland te gaan werken. Wie vandaag de dag door La Martella wandelt, wordt overvallen door een gevoel van eenzaamheid. De sfeer in het dorp doet metafysisch aan; de enige die nog weerstand bieden aan het verstrijken van de tijd, zijn de architectonische bouwwerken van Ludovico Quaroni.

Een van de redenen waarom die de tand des tijds hebben doorstaan, is de zuiverheid van hun vorm. Hoewel ze zijn gemaakt met beperkte middelen, vertonen ze een extreme helderheid en eenvoud. Ze blijven weerstand bieden aan de tijd, ondanks het feit dat de weinige formele elementen die La Martella zijn *rustieke* sfeer gaven, allemaal zijn aangepast of helemaal verwijderd. In de stallen is er geen hooi of muilezel meer te bekennen, maar staan auto's geparkeerd; de bakstenen hekwerken zijn veranderd in ramen.

Er is echter ook een ruimtelijke reden voor hun overleving. Hoewel Quaroni huizen ontwierp die formeel geïnspireerd waren op het landelijke boerenleven, behoorden ze ruimtelijk gezien niet tot die collectieve verbeelding, omdat ze vanwege de duidelijke indeling van de binnenruimte (keuken, slaapkamers) al behoorden tot het burgerlijke domein. Qua indeling stonden ze dus lijnrecht tegenover de boerenwoning, die uit één enkele grote leefruimte bestond. Deze hybride mix, het resultaat van een boerse buitenkant en een burgerlijke binnenkant, heeft ervoor gezorgd dat deze gebouwen vandaag de dag nog steeds relevant zijn, juist omdat ditzelfde type huis slechts een paar jaar later de woonaspiraties van de lagere middenklasse zou gaan vertegenwoordigen. Het was een ideaal dat tijdens de bloeiperiode van de Italiaanse economie in de jaren 1960 wereldwijd opgang zou maken en dat tot op de dag van vandaag deel uitmaakt van de Italiaanse collectieve verbeelding.

Vertaling: InOtherWords, Maria van Tol

17 Ludovico Quaroni, *La torre di Babele* (Padua: Marsilio Editori, 1967), 63-64.

18 Rocco Scotellaro, *Contadini del Sud* (Bari: Editori Laterza, 1954), 39.

19 Quaroni, *La torre di Babele*, op. cit. (noot 17), 48.

peasants who were almost no longer there, and whose children would soon emigrate to work in the factories of northern Italy or abroad. Strolling through La Martella today, one feels invaded by a sense of loneliness, almost as if in a metaphysical atmosphere, where the only things still resisting the passage of time are Ludovico Quaroni's architectural structures.

One of the reasons for their survival is certainly related to the purity of the forms of the buildings, made with limited means but with extreme clarity and simplicity, a withstanding to time that endures despite the fact that the few formal elements that gave a *rustic* atmosphere to La Martella have all either been transformed or entirely removed. There is no sign of hay or mules in the stables anymore, but rather parked cars; the brick trellises have been turned into windows.

There is also, however, a spatial reason for this survival. While Quaroni designed houses that were formally inspired by the rural peasant world, they did not belong, in spatial terms, to that collective imaginary, since they were already part of the bourgeois world, with its clear-cut division of interior spaces (kitchen, bedrooms), and thus diametrically opposed to the structure of the peasant house centred on a single large room. This hybrid quality that is the result of an exterior peasant form and an interior bourgeois structure has allowed these buildings to remain relevant today precisely because only a few years later that same type of house would come to represent the residential aspirations of the lower middle classes, an ideal that became widespread in the 1960s during the Italian economic boom and that deep down is to this day still part of the Italian collective imaginary.

Een glansrol voor het dorp

Representatie en realiteit in de dorpen van het socialistische Albanië

Agim Kërçuku

De cinema van het Albanese socialistische regime is een goed vertrekpunt om te onderzoeken welk beeld van het Albanese dorp door het regime werd opgehangen, hoe het door de jaren heen werd gevormd en hervormd, en hoe dat beeld zich verhoudt tot de werkelijkheid. Laten we vanuit dit perspectief kijken naar de plot van *Shoqa nga Fshati* (Metgezel uit het dorp, 1980), een vervolg op de komedie *Zogna nga Qyteti* (De dame uit de stad, 1976), beide geregisseerd door Piro Milkani. De films spelen zich af op het platteland in het zuidoosten van Albanië in de jaren 1970. Ze vertellen het verhaal van Teta Olga, een verwende stedelinge die zich genoodzaakt voelt om met haar dochter mee te verhuizen van de hoofdstad naar het afgelegen dorpje Tushemisht, bij Pogradec. Meli, een jonge arts, wordt aangesteld in een plattelandsziekenhuis; ze wordt net als veel van haar collega's door de Partij uitgezonden om de verste uithoeken van Albanië te gaan veroveren. Tushemisht is een nieuw socialistisch dorp, het resultaat van een uitgebreid proces van rurale verstedelijking, en vertegenwoordigt als zodanig de materialisatie van de socialistische ideologie. In de loop van beide films verandert de arrogante houding van Teta Olga tegenover de boeren en het dorp in die van een medestrijder die vecht voor modernisering en voor de dorpscultuur. Deze verschuiving is fundamenteel voor wie wil begrijpen dat 'modernisering' en 'dorpen' hand in hand gingen in de communistische eenpartijstaat Albanië, die van 1944 tot zijn dood in 1985 werd geregeerd door Enver Hoxha en tot 1991 door zijn opvolger Ramiz Alia. Voor de Partij waren landbouwhervormingen, de collectivisatie van land en de oprichting van over het hele land verspreide nieuwe dorpen de pijlers van het socialistische streven naar zelfredzaamheid en modernisering.

Tijdens het communisme veranderde het grondgebied van Albanië in een permanente bouwput. Elk beschikbaar stuk land werd volgebouwd of verstedelijkt, en het platteland veranderde in een uitgestrekte constellatie van dorpen. Talloze films, zoals die van Piro Milkani, waren in feite propagandafilms voor de hardhandige transformatie van Albanië. Van 1952 tot 1990 werd elke Albanese film geproduceerd door de nationale filmstudio, Kinostudio Shqipëria e Re, en dergelijke films waren, net als elk aspect van de Albanese economie en maatschappij, volledig onderworpen aan de controle van de Partij. Tijdens het regime werden er in totaal 270 speelfilms geproduceerd, die tegenwoordig worden bewaard in het Arkivi Qendror Shteteror i Filmit (AQSHF). Uit dit cinematografische oeuvre, met zijn beelden, transformaties en ideologieën van het Albanese dorp, zijn drie thema's te destilleren. Als we daarnaast kijken naar de huidige toestand van de locaties waar de filmscènes feitelijk zijn opgenomen, kunnen we deze – onafhankelijk van het idyllische socialistische narratief – beschrijven en de postsocialistische transformaties ter plekke traceren. In de volgende tekst worden de drie thema's verkend en wordt een conceptuele kaart geconstrueerd die, scène na scène, een doorwrochte beschrijving biedt van de representatie én de werkelijkheid in de dorpen van het socialistische Albanië.

Pioniers veroveren het platteland

Het thema dat in de films van Piro Milkani het sterkst naar voren komt, is dat van het dorp als veroveringsgebied. In beide films wordt het dorp geportretteerd als een na te streven doel voor gedreven jonge mensen. Tevergeefs tracht Teta Olga haar netwerk in te schakelen om haar dochter over te halen in de stad te blijven. Meli is immers vastbesloten om haar beroep in een dorp uit te oefenen. Zelfs de onhandige poging om haar met een jongeman uit de stad te laten trouwen, blijkt kansloos: Meli wordt uiteindelijk verliefd op een leraar die, net als zij, van de stad naar het dorp is verhuisd en niet van plan is om terug te gaan. Uiteindelijk verandert Teta Olga van gedachten, treedt als kok in dienst bij de plaatselijke coöperatie en wordt een uitgesproken voorstander van het plattelandsleven. Cinema wordt zo het instrument bij uitstek om het leven te verbeelden van de nieuwe socialistische man of vrouw,

The Village Performs

Representations and Realities of the Villages of Socialist Albania

Agim Kërçuku

The cinema of the Albanian socialist regime is a good starting point for exploring the image of the Albanian village that the regime created, how it was shaped and reshaped over the years, and how this image relates to reality. From this perspective, we can read the storyline of *Shoqa nga Fshati* (Companion from the village, 1980), a sequel to the comedy *Zogna nga Qyteti* (The lady from the city, 1976). Both films, directed by Piro Milkani, take place in rural southeastern Albania in the 1970s. They narrate the journey that leads Teta Olga, a spoilt lady from the city forced to move with her daughter from the capital to the remote village of Tushemisht near Pogradec. Meli, a young doctor, is assigned to a peasant hospital; like many of her peers, she is dispatched by the party to conquer the most distant corners of Albania. Tushemisht, as a new socialist village, is the result of an extensive process of urbanisation of the countryside and represents the materialisation of the socialist ideology. Over the course of the films, Teta Olga's arrogant attitude towards the peasants and the village transforms, and she becomes a companion fighting for the basics of modernisation and village culture. This shift is fundamental to understand how modernisation and villages went hand in hand in the one-party communist state of Albania, ruled by Enver Hoxha from 1944 until his death in 1985 and until 1991 by his successor Ramiz Alia. For the party, the agrarian reform, the collectivisation of the land and the creation of new villages scattered across the country are pillars of the socialist creed of self-reliance and modernisation.

During communism, the Albanian territory became a permanent construction site. Every available plot of land was cultivated or urbanised, and the countryside became a widespread constellation of villages. Numerous films, such as those by Piro Milkani, were propaganda for Albania's muscular transformation. From 1952 to 1990, every film shot in Albania was produced by the national film studio, Kinostudio Shqipëria e Re, and, as with every aspect of Albanian economy and society, was also subject to party control. A total of 270 fictional films were produced during the regime and are now conserved in the Arkivi Qendror Shteteror i Filmit (AQSHF). Three themes can be distilled from this cinematic oeuvre, with its images, transformations and ideologies of the Albanian village. Furthermore, observing what remains of the actual places that were used for the scenes in the films enables us to describe them beyond the idyllic socialist narration and track the post-socialist transformations. The following paragraphs explore the three themes and build the necessary conceptual map that, scene after scene, offers a dense description of the representations and realities of the villages of socialist Albania.

Pioneers Conquering the Countryside

In the case of Piro Milkani's films, what stands out most sharply is the theme of the village as a place of conquest. Both films portray the village as an aspirational goal for driven young people. In vain, Teta Olga tries to enlist her network to persuade her daughter to stay in the city. After all, Meli is determined to pursue her profession in the village. Even the clumsy attempt to get her to marry a young man from the city proves futile: Meli eventually falls in love with a teacher who, like her, has moved from the city to the village with absolutely no intention of leaving. Ultimately, Teta Olga changes her mind, starts working as the cook of the local cooperative and becomes the fiercest champion of the choice to live in the countryside. Cinema, therefore, becomes the immediate vehicle for representing the life of the new socialist (wo)man, who seeks salvation in the village through work and moral struggle. The films reveal the village as the ideal place where the pioneering sense of adventure and conquest crystallises. It becomes the place of ethical optimism where the spirit of euphoria shines and old taboos are broken.[1] A collectivist

1 Julian Bejko, *Shoqëria e Kinemasë I* (Tirana: Edlora, 2012).

zoekend naar verlossing in het dorp door noeste arbeid en morele strijd. Het dorp wordt hier voorgesteld als de ideale plek waar de zin voor avontuur en verovering van de pionier kan neerslaan. Het wordt een oord van ethisch optimisme, waar een euforie heerst en oude taboes worden doorbroken.[1] Een collectieve veroveringstocht heeft als doel de verschillen tussen steden en dorpen te verkleinen, gevoed door de energie en de ambitie van de jeugd.

Een treffende illustratie van dit verhaal is te vinden in de door Dhimitër Anagnosti geregisseerde *Komisari i drites* (Meester van het licht) uit 1966. De film speelt zich af in de beginjaren van de communistische staat en vertelt het verhaal van een jonge partizaan die terugkeert naar zijn geboortedorp in het noorden van het land om er een school te openen. Dritan keert terug naar een sociaal-economische omgeving die overspoeld wordt door armoede en analfabetisme, en die geregeerd wordt door de middeleeuwse regels van de zogenaamde *kanun*, het traditionele gewoonterecht dat de noordelijke berggebieden van Albanië domineert. De film schetst de wrijvingen tussen de lokale bevolking en de modernisering, maar beschrijft ook het succes van de Agim Kërçuku collectivisatie-projecten en de verbeterde omstandigheden van de gemeenschap. Met behulp van een groep dorpelingen verandert Dritan uiteindelijk de stal van zijn plattelandswoning in de eerste school van het dorp.

In 1987 werd 76 procent van de nationale landbouwgrond beheerd door 417 landbouwcoöperaties met een gemiddelde grootte van 1.205 ha.[2] Dit collectief inpalmen van het platteland gebeurde via de planningsprincipes van compacte nederzettingen met een sociaal-culturele of propagandistische functie als kern: zoals culturele centra, klinieken, kantines, winkels, kantoren van het communistische bestuur en scholen – net als in *Komisari i drites*.[3] Bovendien werd het territorium beschouwd als een onbeschreven blad, waar men de socialistische toekomstvisie op kon intekenen. Infrastructuurwerken, waterkrachtcentrales, hoogspanningslijnen, landwinning en terrassenbouw verschijnen als symbolen van het socialistische landschap. In de bioscoop werd het dagelijkse ritme van het leven binnen dit collectivisatieprogramma, met verve gedocumenteerd.

Stills from *Fejesa e Blertës* (Blerta's Engagement), Besim Kurti, 198
Filmbeelden uit *Fejesa e Blertës* (Blerta's verloving), Besim Kurti, 19ε

1
Julian Bejko, *Shoqëria e Kinemasë I* (Tirana: Edlora, 2012).

2
Dean S. Rugg, 'Communist Legacies in the Albanian Landscape', *Geographical Review* 84/1 (1994), 59-73.

3
Federica Pompejano, 'Tè bèjmè fshatin si qytet! L'urbanizzazione delle aree rurali nell'Albania socialista', *FAMagazine* 62-63 (2023), 101-113.

process of conquest aims to reduce the differences between cities and villages by harnessing the energies and ambitions of the young.

A prompt illustration of this narrative can be found in *Komisari i drites* (Commissioner of light), directed by Dhimitër Anagnosti in 1966. It is set in the early years of the communist state and tells the story of a young partisan who goes back to his native village in the north to open a school. Dritan returns to a social and economic context overwhelmed by poverty and illiteracy and governed by the medieval rules of the *kanun*: a set of traditional customary laws prevalent in the northern and mountainous areas of Albania. The film traces the frictions between the local population and modernisation, but also describes the success of the collectivisation projects along with the improvements of communities' conditions. With the help of a group of villagers, Dritan ultimately turns the stable of his rural house into the village's first school.

In 1987, 76 per cent of the national agricultural areas were managed by 417 agricultural cooperatives, with an average size of 1,205 hectares.[2] This collectivist conquest of the countryside was achieved through planning principles of compact settlements with social-cultural and propaganda spaces at their core, including places of culture, clinics, canteens, shops, communist committee centres and schools – as in the case of *Komisari i drites*.[3] Moreover, the territory was considered a blank slate on which the socialist vision of the future could be materialised. Infrastructure, hydroelectric plants, power lines, land reclamation and terracing are brought to life as a symbol of the socialist landscape. Cinema becomes the place for the fervent documentation of daily life rhythms governed by this collectivisation programme.

In the 1984 musical *Fejesa e Blertës* (Blerta's engagement), directed by Besim Kurti, the theme of countryside conquest is told through the story of the captain of the local volleyball team. Blerta's father tries to move to the city by setting up an arranged marriage with the idea of a social upgrade, but she is in love with Miri, is happy with playing for the local team and sees the village as the place of progress. So, Blerta disobeys her father and works, lives and plays in the village,

2
Dean S. Rugg, 'Communist Legacies in the Albanian Landscape', *Geographical Review* 84/1 (1994), 59-73.

3
Federica Pompejano, 'Tè bèjmè fshatin si qytet! L'urbanizzazione delle aree rurali nell'Albania socialista', *FAMagazine* 62-63 (2023), 101-113.

4
Margo Rejmer, *Mud Sweeter than Honey: Voices of Communist Albania* (New York: Restless Books, 2018).

In de door Besim Kurti geregisseerde musical *Fejesa e Blertës* (Blerta's verloving) uit 1984 wordt het thema van de verovering van het platteland verteld aan de hand van het verhaal van de aanvoerster van een plaatselijk volleybalteam. Blerta's vader probeert haar via een gearrangeerd huwelijk naar de stad te laten verhuizen, zodat zij kan stijgen op de maatschappelijke ladder. Zij is echter verliefd op Miri, speelt graag voor het lokale team en ziet het dorp als een plaats van vooruitgang. Dus weigert Blerta haar vader te gehoorzamen: ze blijft in het dorp werken, wonen en volleyballen, en draagt zo bij aan het succes ervan. De film is opgenomen in Krutje, waar op 11 november 1948 de eerste Albanese landbouwcoöperatie werd opgericht en waar in de jaren 1980 een van de succesvolste damesvolleybalteams van Albanië actief was. Krutje is de tweede hoofdrolspeler van de film: het sportcomplex, de openbare ruimte en de interieurs van het dorp vormen niet alleen de achtergrond van het verhaal, ze zijn eigenlijk de verhalende stem van de film.

Het contrast tussen de realiteit en de cinematografische propaganda was in werkelijkheid echter groot. Als een jonge dokter, ingenieur of leraar naar een van de nieuwe dorpen werd gestuurd, dan was dat geen beloning voor getoonde ambitie, maar een straf, voornamelijk voor dissidenten of mensen met een problematische politieke achtergrond. Dorpen waren dus ook ballingsoorden en plaatsen waar men op politieke gronden kon worden geïsoleerd.[4] In de volksmond stonden ze bekend als de 'universiteiten' waar talloze Albanezen tijdens de jaren van de wrede dictatuur 'afstudeerden' of 'doceerden'.[5] Het was verboden om te verhuizen of elders werk te zoeken; uitzonderingen waren alleen toegestaan als overplaatsing door de centrale comités was goedgekeurd. De strenge regels van dit interne migratiebeleid maakten Albanië tot een uitzonderlijk land: 70 procent van de bevolking woonde er in dorpen. Bovendien werd het agrarische collectivisatieprogramma vooral ingegeven door de wens om het recht op eigendom te veranderen, van privébezit naar staatseigendom, om de bevolking beter te kunnen controleren en om zoveel mogelijk opbrengsten uit de landbouw te genereren. De boerenbevolking veranderde hierdoor in een agrarisch proletariaat dat voor

Stills from *Zogna nga Qyteti* (The lady from the city), Piro Milkani, 1976/ Filmbeelden uit *Zogna nga Qyteti* (De dame uit de stad), Piro Milkani, 1976

4
Margo Rejmer, *Mud Sweeter than Honey: Voices of Communist Albania* (New York: Restless Books, 2018).

5
Lea Ypi, *Free: Coming of Age at the End of History* (Londen: Penguin, 2021).

contributing to its success. The film was shot in Krutje, where the first Albanian agricultural cooperative was founded on 11 November 1948 and where one of the most successful women's volleyball teams played in the 1980s. Krutje is the second leading character in the film: the sports complex, public spaces and village interiors are not only the story's background, but can actually be considered the film's narrative voice.

However, the contrast between reality and cinema propaganda was strong. Being sent to live in the new villages as a young doctor, engineer or teacher was not a reward for being ambitious, but a punishment for dissidents or people of problematic political lineage. Villages were also places of exile and political confinement.[4] They were commonly known as 'universities', which numerous Albanians 'graduated' or became 'teachers' during the years of the ferocious dictatorship.[5] Housing and labour mobility was forbidden and allowed only through transfers authorised by the central committees. An internal migration policy with such stringent rules made Albania an exceptional case, with 70 per cent of its population living in villages. Moreover, the agricultural collectivisation programme was led more than anything else by the urge to alter the status of properties from private to state-owned, increase the ability to control the population and extract all the possible resources from agriculture, transforming peasants into a rustic proletariat that depended on the state for the distribution of supplies.[6] Everyday life was characterised by food rationing, queues and an institutionalised hierarchy of access.[7]

In 1991 the socialist political reality disintegrated, leaving a landscape of urban plans, objects and shared references as its legacy.[8] In Tushemisht, Krutje and other villages, the traumatic de-collectivisation countermanded this legacy and overturned collective norms and individual rights. Collective cultural memory was disowned and the diverse socialist heritage was stripped. The socialist landscape, the inheritance of the muscular process of conquest, ended up being privatised and fragmented. If not abandoned, the places of collective life

5
-a Ypi, *Free: Coming of Age at the End of* *-story* (London: Penguin, 2021).

6
-nd Bauerkamper and Constantin Iordachi, *-e Collectivization of Agriculture in Communist* *-stern Europe: Comparison and Entangle-* *-ents* (Budapest/New York: Central European -iversity Press, 2014).

7
Russell King and Julie Vullnetari, 'From Shortage Economy to Second Economy: An Historical Ethnography of Rural Life in Communist Albania', *Journal of Rural Studies* 44 (2016), 198-207.

8
Elidor Mëhilli, *From Stalin to Mao: Albania and the Socialist World* (Ithaca/London: Cornell University press, 2017).

de distributie van voorraden afhankelijk was van de staat.[6] Het dagelijks leven werd gekenmerkt door rantsoenering, wachtrijen en geïnstitutionaliseerd cliëntelisme. [7]

In 1991 viel de socialistische politieke realiteit uiteen, een landschap van stedenbouwkundige plannen, objecten en gedeelde referenties achterlatend.[8] In Tushemisht, Krutje en andere dorpen maakte een traumatische decollectivisatie dat verleden ongedaan en werden collectieve normen en individuele rechten aan de kant geschoven. Het collectieve culturele geheugen werd gewist en het rijke socialistische erfgoed ontmanteld. Het socialistische landschap, de erfenis van het hardhandige veroveringsproces, werd geprivatiseerd en opgebroken. Als ze al niet verlaten werden, dan werden de plaatsen waar het collectieve leven zich afspeelde, geleidelijk aan gekoloniseerd door nieuwe gebruikers óf gekannibaliseerd en geplunderd door de lokale bevolking.

Stills from *Beni ecën vetë* (Beni walks on his own), Xhanfize Keko, 1975/ Filmbeelden uit *Beni ecën vetë* (Beni loopt alleen), Xhanfize Keko, 1975

Pastorale pracht en landelijke schoonheid

In 1957 regisseerde Hysen Hakani de korte film *Fëmijët e saj* (Haar kinderen), waarin hij het verhaal vertelt van de medische vooruitgang in bergdorpen. Naast wetenschappelijke vooruitgang werd er nog een tweede thema geïntroduceerd: het dorp als de plaats van het idyllische leven. In socialistisch-realistische filmscènes wordt het dorp verheerlijkt als een plek van pastorale pracht en landelijke schoonheid. Tien jaar later pakte Hakani het thema van het dorp als een plaats voor een pastoraal bestaan opnieuw op: *Toka jonë* (Ons land) speelt zich af in een noordelijk dorp in de beginjaren van de collectivisatie en toont de bijbehorende conflicten en spanningen, de verwachtingen en hoop, en het openbare leven in contact met de natuur. Decennium na decennium gaven dergelijke films hun makers de kans om de weelderige pracht van de ongerepte natuur of het gecultiveerde land te verheerlijken. Meren, bossen, bergen, terrassen, richels, boomgaarden, prairies en grenzeloze zuivere horizonten werden omgezet in krachtige beelden die de passies en aspiraties van het volk vertolkten. Ze omarmden met ander woorden het ideaal van het socialistische buitenleven: jeugdig, jongensachtig, viriel en met opgestroopte mouwen. In 1975 nam Xhanfize Keko de film

6
Arnd Bauerkamper en Constantin Iordachi, *The Collectivization of Agriculture in Communist Eastern Europe: Comparison and Entanglements* (Boedapest/New York: Central European University Press, 2014).

7
Russell King en Julie Vullnetari, 'From Shortage Economy to Second Economy: An Historical Ethnography of Rural Life in Communist Albania', *Journal of Rural Studies* 44 (2016), 198-207.

8
Elidor Mëhilli, *From Stalin to Mao: Albania and the Socialist World* (Ithaca/Londen: Cornell University Press, 2017).

have been progressively colonised by new uses or cannibalised and plundered by the local population.

Bucolic Grandeur and Rural Beauty

In 1957, Hysen Hakani directed the short film *Fëmijët e saj* (Her children), in which he staged the story of medical progress in mountain villages. Alongside scientific progress, a second theme was introduced: the village as the place of idyllic life. The film's scenes of socialist realism celebrate the village as a place of bucolic grandeur and rural beauty. Ten years later, Hakani continued to address the theme of the village as the place of pastoral existence: *Toka jonë* (Our land) is set in a northern village in the early years of collectivisation and its conflicts and tensions, expectations and hopes, and public life in touch with nature are exhibited. Decade after decade, these films were an excuse for celebrating the lush ornamentation of wild nature or cultivated land. Waters, forests, mountains, terraces, rows, orchards, prairies and boundless pure horizons were transformed into powerful images to encompass man's passions and will. In short, they embraced the ideal of socialist life in the open air: youthful, boyish, virile and in shirtsleeves. In 1975, Xhanfize Keko filmed *Beni ecën vetë* (Beni walks on his own), where the celebration of outdoor social life is represented through the story of a spoilt boy from Korçë who spends a summer in his uncle's village. There, Beni rediscovers the beauty of rural life and reconnects with nature, blossoming into a mature and independent young man.

The celebration of harmonic nature and good peasants is the organic, functional and distinguishing thesis that governs these films' coherence. An essentially propagandistic thesis – supported by the political slogan on the billboards or the inscriptions with heavy stones disclosed on the country's hillsides. Nevertheless, *Fëmijët e saj, Toka jonë* and *Beni ecën vetë* display how the authoritarian modernisation vision also resulted in the engineering and disciplining of society and nature. Traces of this theme can be identified in *Melodi e pandërprerë* (Non-stop melody). The film by Fehmi Hoshafi narrates the story of Jani, a shepherd in the coastal village of Qeparo in southern Albania. Released in 1985, the film describes the relationship between Jani and the cooperative's goats and recounts the tender dialogue he established with them, his passion and devotion to work. The film

Beni ecën vetë (Beni loopt alleen) op, waarin de verheerlijking van het socialistische buitenleven wordt verbeeld door het verhaal van een verwende jongen uit Korçë die een zomer in het dorp van zijn oom doorbrengt. Daar herontdekt Beni de schoonheid van het plattelandsleven en komt hij weer in contact met de natuur, waardoor hij opbloeit tot een volwassen en onafhankelijke jongeman.

De verheerlijking van een harmonieuze natuur en van een deugdzame boerenbevolking, is de premisse die deze films op een organische, functionele en kenmerkende manier bindt. Het is een in essentie propagandistische boodschap, ondersteund door politieke slogans op reclameborden of inscripties die aan de hand van zware stenen zijn aangebracht op heuvels in het landschap. Niettemin laten *Fëmijët e saj*, *Toka jonë* en *Beni ecën vetë* zien dat de autoritaire moderniseringsvisie tevens resulteerde in de manipulatie en disciplinering van maatschappij en natuur. Sporen van dit thema zijn ook te vinden in *Melodi e pandërprerë* (Ononderbroken melodie). In deze film van Fehmi Hoshafi wordt het verhaal verteld van Jani, een herder in het kustdorp Qeparo in het zuiden van Albanië. De film, die in 1985 verscheen, vertelt het verhaal van Jani's relatie met de geiten van de coöperatie, de liefdevolle dialoog die hij met ze aangaat en zijn passie en toewijding aan zijn werk. De film representeert de wederzijdse kruisbestuiving tussen mens en natuur: de kudde schapen leeft in de woonvertrekken van Jani's familie en het openbare leven van de boeren speelt zich af in het agrarische landschap. De scènes waarin Jani de kudde naar de weide brengt, zijn een vehikel voor de weergave van het socialistische landschap, dat gedomineerd wordt door omvangrijke agrarische mechanisatie en bodemmanipulatie: terrasaanleg, ontginning, drainage, het graven van irrigatiekanalen en reservoirs. Het is een land van uitgestrekte velden met intensief bemeste monocultuur.

In werkelijkheid was het leven in de dorpen doordrenkt van socialistische ideologie, sterk gecontroleerd en hardhandig onderdrukt, geconditioneerd door technische achterstand en schaarste, vol plichten en ontberingen, onderworpen en gesocialiseerd volgens de logica van lonen, tijdsdiscipline en arbeidsnormen.[9] In de laatste jaren van het regime werd het zelfs nog erger: het politieke en economische isolement werd steeds extremer en het beleid van zelfredzaamheid bleek ontoereikend.

Dat socialistische landschap is vandaag grondig getransformeerd, net als de relatie tussen boer en natuur. Tijdens de landbouwhervorming van 1991 werden de grote landbouwcoöperaties ontmanteld en werden de uitgestrekte landerijen verdeeld in percelen, die vervolgens werden herverdeeld over een half miljoen particuliere boerderijen met een gemiddelde grootte van 1 ha elk, waardoor de productiecapaciteit en een goed beheer van het land verzwakt raakten.[10] In de beschreven dorpen hebben privatisering, liberalisering en fragmentering geleid tot veronachtzaming, desinvestering, verwaarlozing en een schuilgaan achter de mythe van het privébezit – een aftocht naar een uitgestrekte *rural sprawl* vol vaak onafgewerkte gebouwen van meerdere verdiepingen en steeds ondoorzichtiger wordende omheiningen die iedere relatie met het open landschap ontkennen.[11] De natuur wordt gezien als een overblijfsel van het openbare plattelandsleven; het onderhoud en beheer ervan is niet langer een collectieve zorg, zoals in *Zogna nga Qyteti*, waarin alle boeren in actie komen als het reservoir overstroomt, of in *Toka jonë*, waar iedereen bijspringt in het dagelijkse onderhoud van de terrassen.

De nieuwe, socialistische vrouw

De allereerste, door Kinostudio geproduceerde en door Kristaq Dhamo geregisseerde film was *Tana* uit 1958. Het verhaal speelt zich af in een noordelijk bergdorpje en Tana is het schoolvoorbeeld van een hardwerkende, onafhankelijke en progressieve jonge vrouw. Ze verzet zich tegen haar conservatieve vader en trouwt uit liefde. *Tana* introduceert een derde thema, dat van de vrouwenemancipatie, in de Albanese plattelandsgemeenschap. Dit thema komt terug in de ook door Dhamo geregisseerde film *Brazdat* (De voren) uit 1973, die gaat over Marta's besluit om tractorchauffeur te worden. Het is een beslissing die botst met de patriarchale mentaliteit van haar gemeenschap, maar Marta slaagt erin haar nieuwe rol op te eisen en ieders vertrouwen te winnen. De personages van Tana en Marta – gespeeld door Tinka Kurti en Besa Imami – zijn representatief voor de manier waarop film de vrouwelijke rol heeft

9
Olsi Lelaj en Nebi Bardhoshi, 'The Albanian Village and Modernity: An Outline of a Relation', *Antropologji* 4/1 (2021), 13-30.

10
Artan R. Hoxha, *Sugarland: The Transformation of the Countryside in Communist Albania* (Boedapest/New York: Central European University Press, 2023).

11
Dritan Hyska, *Housing* (Tirana: Pararoja, 2021

represents the mutual cross-pollination between man and nature: the flock of sheep inhabits the domestic spaces of Jani's family and the rural landscape becomes the stage for public peasant life. The scenes showing Jani grazing his herd become a vehicle to display the socialist landscape, dominated by extensive agricultural mechanisation and soil modelling processes: terracing, reclamation, drainage, irrigation canals, reservoirs and vast fields of intensively fertilised monocultures.

In reality, life in the villages was imbued with socialist ideology, deeply controlled and brutally repressed, conditioned by technological backwardness and scarcity, full of duties and hardships, subject to and socialised according to the logic of wages, time disciplines and work norms.[9] In the last years of the regime it got even worse, when political and economic isolation became extreme and self-reliance policies were insufficient.

That socialist landscape is today profoundly transformed, as is the relationship between peasants and nature. The 1991 agrarian reform dismantled the large agricultural cooperatives and split the extensive plots into parcels that were then redistributed to half a million private farms, with an average size of 1 ha each, weakening production and land management capacity.[10] In the described villages, privatisation, liberalisation and fragmentation have now generated a process of abandonment, disinvestment, neglect and retreat into the myth of private property – a retreat into a vast rural sprawl made of often incomplete multistorey buildings and increasingly opaque enclosures, denying the relationship with open spaces.[11] Nature is considered a remnant of rural public life, whose maintenance and care is not a collective concern as it was in *Zogna nga Qyteti*, where all the peasants mobilise when there is a flood in the reservoir, or in *Toka jonë*, where everyone is involved in the daily maintenance of the terraces.

The New Socialist Woman

The first film produced by Kinostudio was *Tana,* directed in 1958 by Kristaq Dhamo. The story is set in a hill village in the North and Tana represents the model of a hardworking, independent and progressive young girl. She is in revolt against her conservative father and gets married for love. *Tana* introduces a third theme, that of female emancipation, in Albanian rural society. This topic reappears in *Brazdat* (The grooves), also directed by Dhamo in 1973, where Marta's choice to become a tractor driver is narrated. Such a decision clashes with the patriarchal mentality of her community, but Marta manages to claim her new role and gain everyone's trust. Tana and Marta – as played by Tinka Kurti and Besa Imami – are characters representative of how cinema has collectivised the female role. Every Albanian woman who goes to the cinema to see *Tana* or *Brazdat* is presented with a catalogue of practices and attitudes that perfectly represent the ideal socialist woman. Films like these show how women are idealised, turned into models of proud, industrious, pure and daring women capable of self-sacrifice. In this scenario, women are called to play typically male roles, demonstrating the same light-hearted, sporty and proletarian camaraderie as men. The village becomes the space where 'woman' is the companion of 'man', equal in work and love, but also the place where the role of religions is weakened. Whereas the religious context still lingers in *Tana*, in the films shot after 1967, the year Albania proclaimed itself the first atheist state in the world, the liberation of society from religions is told through the dismantlement of religious places and customs and above all through the emancipation of women. This is particularly true in *Kapedani* (The captain), directed by Muharrem Fejzo and Fehmi Hoshafi in 1972 and set in a village where mosques and churches have been dismantled and a woman is assigned as the head of the cooperative. Xha Sulos, the protagonist, resents these drastic changes and even goes to Tirana to complain. Yet, we see her gradually coming to terms with the world of socialist women taking on new societal roles.

This celebrated equality was only the façade of a highly unequal world, however. Women's emancipation was only partially targeted and strongly instrumental to the socialist cause. It was a limited form of emancipation, because Albanian society was unquestionably patriarchal. Women were eventually

9
...si Lelaj and Nebi Bardhoshi, 'The Albanian ...llage and Modernity: An Outline of a Rela...on', *Antropologji* 4/1 (2021), 13-30.

10
Artan R. Hoxha, *Sugarland: The Transformation of the Countryside in Communist Albania* (Budapest/New York, Central European University Press, 2023).

11
Dritan Hyska, *Housing* (Tirana: Pararoja, 2021).

gecollectiviseerd. Iedere Albanese vrouw die naar de bioscoop ging om *Tana* of *Brazdat* te zien, kreeg een hele waslijst van bezigheden en houdingen voorgeschoteld die de ideale socialistische vrouw tot in de puntjes verbeelden. Uit films als deze blijkt duidelijk hoe vrouwen werden geïdealiseerd, omgevormd tot voorbeeldige trotse, hardwerkende, fatsoenlijke en moedige vrouwen die in staat waren tot zelfopoffering. In een dergelijk scenario zien vrouwen zich genoodzaakt typisch mannelijke rollen op zich te nemen en dezelfde zorgeloze, atletische en proletarische kameraadschap te vertonen als de mannen. Het dorp was echter niet alleen de plaats waar 'de vrouw' de metgezel van 'de man' is, gelijkwaardig op het werk en in de liefde, maar ook de plaats waar de rol van religies werd verzwakt. In *Tana* is er nog sprake van een sluimerende religieuze context, maar in films die na 1967 gemaakt zijn, het jaar waarin Albanië zichzelf uitriep tot de eerste atheïstische staat ter wereld, wordt het verhaal van de breuk tussen maatschappij en religie verteld via de ontmanteling van religieuze plaatsen en gebruiken en, vooral, via het verhaal van de emancipatie van de vrouw. Dit is met name het geval in de door Muharrem Fejzo en Fehmi Hoshafi geregisseerde film *Kapedani* (De baas) uit 1972, die zich afspeelt in een dorp waar moskeeën en kerken zijn afgebroken en een vrouw tot het hoofd van de coöperatie is benoemd. Hoofdpersonage Xha Sulos neemt aanstoot aan de drastische veranderingen en gaat zelfs naar Tirana om erover te klagen. We zien echter hoe ze geleidelijk in het reine komt met de wereld van de socialistische vrouw die nieuwe sociale rollen op zich neemt.

Deze geroemde gelijkheid bleek echter niet meer dan een façade, waarachter een zeer ongelijke wereld schuilging. Vrouwenemancipatie werd maar in beperkte mate nagestreefd en dan vooral in het belang van de socialistische zaak. Het ging om een beperkte vorm van emancipatie, want de Albanese samenleving was zonder meer patriarchaal. Vrouwen moesten uiteindelijk dubbel zo hard werken, zowel binnenshuis als buitenshuis. Bovendien bekleedden maar weinig vrouwen gezaghebbende posities. Bij Kinostudio bijvoorbeeld was Xhanfise Keko, de regisseur van *Beni ecën vetë*, de enige vrouwelijke regisseur.

De privatisering van de economische sector, de openstelling voor de wereldmarkt en de zwakke staatsinterventie hebben ingrijpende gevolgen gehad voor de Albanese samenleving.[12] In de jaren 1990 emigreerden 700.000

Stills from *Tana*, Kristaq Dhamo,1958/ Filmbeelden uit *Tana*, Kristaq Dhamo,1958

12 Clarissa de Waal, *Albania Today: A Portrait of Post-Communist Turbulence* (Londen: I.B. Tauris, 2005).

forced to work twice as much, namely inside and outside their homes. Moreover, few women held senior management positions. In Kinostudio, for example, Xhanfise Keko – the director of *Beni ecën vetë* – was the only female director.

Privatisation of the economic sector, opening to the global market and weak state intervention have had profound effects on Albanian society.[12] In the 1990s, 700,000 Albanians emigrated and unprecedented migration within the country occurred.[13] In this radical scenario, the asymmetries between urban and rural – and above all between genders and across generations – were exacerbated. In the villages of Tana, Blerta and Xha Sulo, it was possible to witness a process of devaluation of tasks assigned to women, their increased surveillance by male relatives and the erosion of women's social life.[14] These socioeconomic transformations turned the villages into a playground for religions: in Tushemisht, the cultural centre was converted into a church, in other villages with community places, minarets and steeples were erected.[15] A resurgence of religions financed by funds from Arab countries or the Greek government changed the Albanian social and spatial landscape, often radically transforming the role of women in the communities.[16]

A Forgotten World

Describing the Albanian socialist village through cinema may seem a forced undertaking. After all, the Kinostudio films are considered a form of propaganda that sets up spaces, people and experiences of daily life within an ideological frame. Still, these films manage to recount aspects of a historical reality with a lasting imprint. They are the result of a conscious invention and manipulation. Their ambiguities and contradictions allow us to analyse a world that still strongly impacts the Albanian national imagination. Examples of this influence are seen in the Albanian Pavilion at the 17th Venice Architecture Biennale – 'In Our Home: On Neighbours and Togetherness' – which uses the scenes of this visual heritage to show the interiors of socialist apartment buildings

12
Clarissa de Waal, *Albania Today: A Portrait of Post-communist Turbulence* (London: I.B. Tauris, 2005).

13
Merita H. Meçe, 'Population Aging in Albanian Post-Socialist Society: Implications for Care and Family Life', *SEEU Review* 11/2 (2015), 127-152.

14
Sally Brooks and Merita H. Meçe, 'The Impact of Rural Emptiness on Gender Relations in Postsocialist Albania', *Sociologia Ruralis* 63 (2023), 268-286.

15
Fred C. Abrahams, *Modern Albania: From Dictatorship to Democracy in Europe* (New York: New York University Press, 2016).

16
Miranda Vickers and James Pettifer, *Albania: From Anarchy to a Balkan Identity* (London: Hurst, 1997).

Albanezen naar het buitenland en vond er een ongekende binnenlandse migratie plaats.[13] Onder deze radicale omstandigheden verergerde de asymmetrie tussen stedelijk en landelijk gebied – en niet te vergeten tussen de seksen en tussen generaties. In de dorpen Tana, Blerta en Xha Sulo kwam een proces op gang van devaluatie van de taken die aan vrouwen werden toebedeeld, van toegenomen toezicht door mannelijke familieleden en de uitholling van het maatschappelijke leven van vrouwen.[14] Deze sociaal-economische veranderingen maakten de dorpen tot vrijplaatsen voor uiteenlopende religies: in Tushemisht werd het culturele centrum omgebouwd tot kerk, in andere dorpen met gemeenschapscentra werden minaretten en torenspitsen opgetrokken.[15] De opleving van allerlei door Arabische landen of de Griekse regering gefinancierde religies transformeerde het maatschappelijke en ruimtelijke landschap van Albanië, waardoor de rol van vrouwen in de gemeenschap vaak ook radicaal veranderde.[16]

Een vergeten wereld

Het Albanese socialistische dorp beschrijven aan de hand van films lijkt misschien een geforceerde onderneming. Studiofilms worden tenslotte beschouwd als een vorm van propaganda die ruimten, mensen en ervaringen uit het dagelijks leven binnen een ideologisch kader plaatst. Toch slagen zulke films erin om aspecten van de historische realiteit met een blijvende afdruk te belichten. Ze zijn het resultaat van bewuste fictie en manipulatie. Hun dubbelzinnigheid en tegenstrijdigheid stellen ons in staat om een wereld te analyseren die de Albanese nationale verbeelding tot op de dag van vandaag sterk beïnvloedt. Dat was bijvoorbeeld te zien in het Albanese paviljoen op de 17e architectuurbiënnale van Venetië – 'In Our Home: On Neighbours and Togetherness' – waar scènes uit dit visuele erfgoed werden gebruikt om de interieurs van socialistische flatgebouwen te tonen als de fundamentele ruimten voor socialisatie.[17] Of in het werk van kunstenaar Leonard Qylafi, die het complexe en gearticuleerde collectieve bewustzijn beschrijft door middel van socialistische cinematografie.[18] De geschiedenis van de

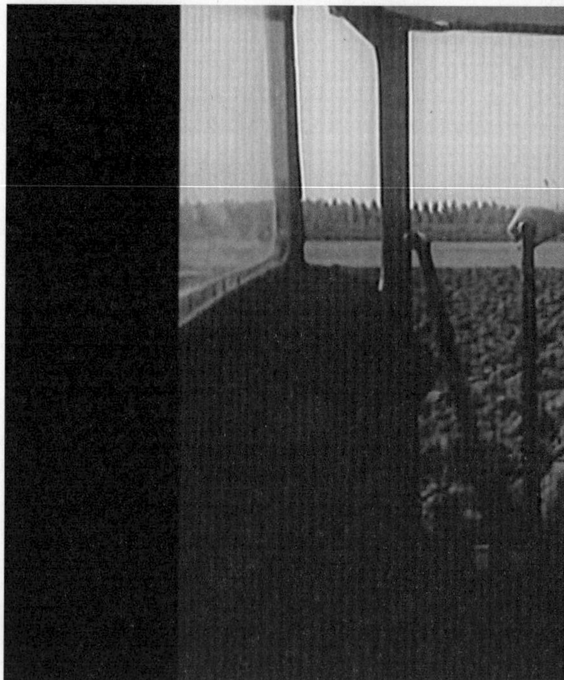

Stills from *Brazdat* (The grooves), Kristaq Dhamo, 1973/ Filmbeelde *Brazdat* (De voren), Kristaq Dhamo, 1973

13
Merita H. Meçe, 'Population Aging in Albanian Post-Socialist Society: Implications for Care and Family Life', *SEEU Review* 11/2 (2015), 127-152.

14
Sally Brooks en Merita H. Meçe, 'The Impact of Rural Emptiness on Gender Relations in Post-socialist Albania', *Sociologia Ruralis* 63 (2023), 268-286.

15
Fred C. Abrahams, *Modern Albania: From Dictatorship to Democracy in Europe* (New York: New York University Press, 2016).

16
Miranda Vickers en James Pettifer, *Albania: From Anarchy to a Balkan Identity* (Londen: Hurst, 1997).

17
Fiona Mali c.s., 'In Our Home: On Neighbours and Togetherness', in: Hashim Sarkism (red.), *Biennale Architettura 2021: How Will We Live Together?* (Venetië: La Biennale di Venezia/ Silvana Editoriale, 2021), 153.

18
Vanessa Joan Mueller en Cathryn Drake, *Leonard Qylafi: Occurrence in Present Tense - Ndodhi në kohën e tashme* (Berlijn: Sternberg Press, 2017).

as the fundamental spaces of socialisation.[17] Or in the work of artist Leonard Qylafi, who narrates the complex and articulated colletive consciousness through socialist cinematography.[18] The history of the Albanian regime cinema has been relatively short compared with other contexts and its development somewhat remarkable, gaining popularity in China during the Cultural Revolution,[19] where it paved the way for a new national culture.[20] Its history is multifaceted and its ideology is more complex and contradictory than one might imagine.[21]

In this sense, observing how socialist cinema has narrated the village allows us to deepen the different representations and interpretations and the strict system of events, spaces and norms that guided its modernisation. It also allows us to question the evolution of these representations, which constitute the most immediate expression of the collective imagination and identity. Cinema is a cultural and aesthetic, economic and social phenomenon. It is a complex text full of meanings from which traces and clues of a broad discourse can be intercepted. In Albanian socialist cinema, for instance, it stimulates us to reflect on the images and cultural formation of entire generations. Furthermore, it enables us to venture into the times, the atmospheres, the languages, the deprivations and the banality of an elusive and forgotten world. The narrative of socialist society was imbued with the grammar of cinema and the events that took place on the screen had the ambition to become social rites. Questioning the cinema produced by Kinostudio allows us to understand the aesthetics, narrative and spatial structure of an inventive process.

In the corpus of films explored above, a specific way of narrating the village emerges, a precise hierarchy and a particular weight dedicated to themes, people and spaces. These films tell of the intensive process of conquest, of idyllic and pastoral life, and of its inhabitants' emancipation, equality and freedom. The Albanian village was a central space for the modernisation of the country.

17
iona Mali et al., 'In Our Home: On Neighbours nd Togetherness', in: Hashim Sarkism (ed.), *iennale Architettura 2021: How Will We Live ogether?* (Venice: La Biennale di Venezia/Silana Editoriale, 2021), 153.

18
Vanessa Joan Mueller and Cathryn Drake, *Leonard Qylafi: Occurrence in Present Tense—Ndodhi në kohën e tashme* (Berlin: Sternberg Press, 2017).

19
Ana Grgić, 'Building a New Socialist Art: A Short History of Albanian Cinema', *Studies in Eastern European Cinema* 12/3 (2021), 276-292.

20
Abaz Hoxha, *100 Vjet Kinema ne Trojet Shqiptare* (Tirana: Marin Barleti, 2002).

21
Bruce Williams, 'Red Shift: New Albanian Cinema and Its Dialogue with the Old', in: Imre Anikó (ed.), *A Companion to Eastern European Cinemas* (Hoboken: Wiley-Blackwell, 2012), 224-243.

Albanese regimecinema is relatief kort vergeleken met die van andere en de ontwikkeling ervan is in zekere zin opmerkelijk. Zo werden de films bijvoorbeeld populair in China tijdens de Culturele Revolutie,[19] waar ze de weg vrijmaakten voor een nieuwe nationale cultuur.[20] Het gaat dan ook om een geschiedenis die veelzijdiger, ideologisch complexer en tegenstrijdiger is dan men zou denken.[21]

Door te observeren hoe de socialistische film het dorp beschrijft, kunnen we ons grondiger verdiepen in de verschillende representaties en interpretaties, en in het strikte systeem van gebeurtenissen, ruimten en normen waarmee de modernisering van het dorp gepaard ging. Het stelt ons ook in staat om vraagtekens te plaatsen bij de evolutie van deze representaties, die de meest onmiddellijke uitdrukking zijn van de Albanese collectieve verbeelding en identiteit. Cinema is een cultureel en esthetisch, economisch en maatschappelijk fenomeen. Een film is als een complexe tekst vol betekenissen, waaruit sporen en aanwijzingen voor een breder discours kunnen worden gedestilleerd. De Albanese socialistische cinema stimuleert ons zodoende om na te denken over de verbeelding en culturele vorming van hele generaties. Bovendien stelt de film ons in staat om ons onder te dompelen in de tijden, sferen, talen, ontberingen en banaliteiten van een ongrijpbare en vergeten wereld. Het narratief van de socialistische maatschappij was doordrenkt met de grammatica van de cinema en de gebeurtenissen die op het scherm plaatsvonden, hadden de ambitie om maatschappelijke rituelen te worden. De films van Kinostudio helpen ons de esthetiek, het narratief en de ruimtelijke structuur te begrijpen van een proces van fictieve verbeelding.

In bovengenoemd cinematografisch werk wordt het dorp op een specifieke manier beredeneerd, en wordt er een duidelijke hiërarchie en een bepaald gewicht toegekend aan thema's, mensen en ruimten. De films gaan over het intensieve proces van verovering, over het idyllische en pastorale leven en over de emancipatie, gelijkheid en vrijheid van de bewoners. Het Albanese dorp stond centraal bij de modernisering van het land. De verovering van het dorp ging echter samen met strenge regels

Stills from *Kapedani* (The captain), Muharrem Fejzo and Fehmi Hoshafi, 1972/ Filmbeelden uit *Kapedani* (De baas), Muharrem Fejzo en Fehmi Hoshafi, 1972

19 Ana Grgić, 'Building a New Socialist Art: A Short History of Albanian Cinema', *Studies in Eastern European Cinema* 12/3 (2021), 276-292.

20 Abaz Hoxha, *100 Vjet Kinema ne Trojet Shqiptare* (Tirana: Marin Barleti, 2002).

21 Bruce Williams, 'Red Shift: New Albanian Cinema and Its Dialogue with the Old', in: Imre Anik (red.), *A Companion to Eastern European Cinemas* (Hoboken: Wiley-Blackwell, 2012), 224-243.

However, its process of conquest was linked to stringent rules of internal migration. Life in the villages was neither heroic nor idyllic – Albania's spatial and social transformation came at the cost of many losses. In the essentially unequal society, women's emancipation succeeded only partially. Conversely, when observing today what is happening in the spaces of the stories told in the films, one can see how the village has lost its central role in Albanian society. The village played the main character in the history of Albanian communist modernisation. In the post-socialist scenes, it no longer even seems to be listed in the credits.

voor binnenlandse migratie. Het leven in de dorpen was noch heroïsch, noch idyllisch – de ruimtelijke en sociale transformatie van Albanië ging ten koste van veel. In de in wezen ongelijke samenleving slaagde de emancipatie van de vrouw slechts gedeeltelijk. Wie observeert wat er tegenwoordig gebeurt op de plekken waar de verhalen uit de films zich afspelen, ziet dan weer dat het dorp zijn centrale rol in de Albanese samenleving heeft verloren. In de geschiedenis van de Albanese communistische modernisering speelde het dorp de hoofdrol, maar in die van het post-socialisme lijkt het niet eens een vermelding tijdens de aftiteling waard.

Vertaling: InOtherWords, Maria van Tol

Countercultural Ujamaa

Norwegian Planning Lessons from a Tanzanian Village

Maryia Rusak

UJAMAA can mean different things to different people. To the planners, it can simply mean figures and numbers and a certain number of houses to be built and water to be provided. To politicians, it can mean a feather in their cap. What does it mean to the people living in Ujamaa villages – the Wajamaa?[1]

Gerald Belkin, 1972

The history of rural planning has long escaped the attention of scholars of architecture and planning. The case of Tanzania's 1970s villagisation programme, which sought to translate a new socialist ideology of self-reliance into built form, offers a unique counternarrative to the prevalent post-war histories of urbanisation. Following Tanganyika's independence from British rule in 1961 and unification with Zanzibar in 1964 to form Tanzania, the country's politics moved increasingly to the left. Its newly elected president, ardent post-colonial activist Julius Nyerere, endeavoured to build a new democratic socialist state based on an alternative development path of self-reliance and economic cooperation – the so-called 'Ujamaa socialism'. Unlike Western development models that saw rural areas as auxiliary to urban growth, Nyerere's socialism placed the rural at the core of its development programme, as declared in a 1967 manifesto on 'Socialism and Rural Development'. If the majority of the population was to be relocated to live and work together in centrally planned rural communities, an expansive villagisation programme required new resources and expertise. Support for such a programme came from Nordic countries, which, following the tradition of Protestant missions, sought to establish a soft presence in post-independence East Africa through a wide range of development projects dedicated to agriculture, education and healthcare. For the Tanzanian political elites, the social-democratic Nordic countries with their experience of centralised planning and generous development budgets, appeared to be suitable partners devoid of the implicit power dynamics of the colonial past. In the late 1960s, Norwegian planners and architects were tasked with turning the ambitious political visions of a Tanzanian villagisation programme into reality. And while this 'expertise' might be considered too remote and naive to effect meaningful change, the experience of the on-the-ground research of Tanzanian villages informed post-1973 Norwegian planning debates through an overlooked international osmosis of ideas that this essay sets out to explore.

Ten-House Socialism

Like other countries in the region, the newly independent state of Tanzania was predominantly rural, with 90 per cent of the population living in the countryside and engaged in agriculture or raising livestock. Traditionally, mobility was a precondition for survival, so few homesteads were built as permanent residences or organised settlements. Most people lived in scattered villages of around 450 people, divided into circa 90 households.[2] It is not surprising, then, that the rural population became the main target demographic of Nyerere's politics of African socialism. As early as 1962, Nyerere urged Tanzanian peasants to come and live together in communal villages in a spirit of socialism and cooperation. These villages would provide the economic and social basis for an alternative path of national development centred on Ujamaa – a spirit of cooperative socialism.

Tanzania's programme of village socialism was unique in that it had a decidedly spatial character. In 1963, TANU, the principal political party in Tanzania, devised a 'cell' system aimed to strengthen the party leadership throughout the country. The National

1
'Introduction to TY16 by Gerald Belkin', a conversation script with the villagers sent by Gerald Belkin to NORAD, 'Notes from the Field No. VI' (1972), box Da-L0139, 'Belkin-prosjektet', series RA/S-6670, Riksarkivet, Oslo, Norway. This essay draws expansively from the archival sources of the Norwegian Agency for International Development (NORAD) at the Norwegian National Archives, series RA/S-6670, complemented with secondary grey literature from Norway and Tanzania.

2
'Permanent Housing in Tanzania – How Can it Be Achieved?' BRU working papers, box Eaa-L0451.

Het Ujamaa-alternatief

Wat de Noorse planning leerde van het Tanzaniaanse dorp

Maryia Rusak

UJAMAA betekent verschillende dingen voor verschillende mensen. Voor planners kan het gewoon naar cijfers en getallen verwijzen, naar een bepaald aantal huizen dat gebouwd moet worden en naar water dat geleverd moet worden. Voor politici kan het een pluim op hun hoed zijn. Wat betekent het voor de mensen die in de Ujamaa-dorpen wonen – de Wajamaa?[1]

Gerald Belkin, 1972

Wetenschappers op het gebied van architectuur en planning hebben lange tijd weinig oog gehad voor de geschiedenis van de ruimtelijke ordening van het platteland. In de jaren 1970 werd er in Tanzania een dorpsontwikkelingsprogramma uitgevoerd dat de nieuwe socialistische ideologie van zelfredzaamheid in gebouwde vorm wilde vertalen. Deze episode biedt een unieke, alternatieve versie van het dominante naoorlogse verstedelijkingsverhaal. Nadat Tanganyika in 1961 onafhankelijk was geworden van de Britten en in 1964 was verenigd met Zanzibar in de nieuwe staat Tanzania, werd de politiek van het land steeds linkser. De nieuwgekozen president, de gepassioneerde postkoloniale activist Julius Nyerere, wilde een nieuwe, democratische, socialistische staat opbouwen op basis van een alternatief ontwikkelingstraject van zelfredzaamheid en economische samenwerking dat bekend stond als het 'Ujamaa-socialisme'. Anders dan in westerse ontwikkelingsmodellen, waarbinnen het platteland ten dienste stond van stedelijke groei, plaatste Nyerere in zijn socialistische ontwikkelingsmodel het platteland centraal, zoals hij ook schreef in zijn manifest 'Socialism and Rural Development' uit 1967. De herhuisvesting van het merendeel van de bevolking, met de bedoeling mensen te laten samenleven en samenwerken in centraal geplande plattelandsgemeenschappen, veronderstelde echter een uitgebreid dorpsontwikkelingsprogramma, dat nieuwe middelen en expertise vereiste. Een dergelijk programma bleek te kunnen rekenen op de ondersteuning van de Scandinavische landen die, in de traditie van de protestantse missies, een vreedzame aanwezigheid in het post-onafhankelijke Oost-Afrika nastreefden door middel van ontwikkelingsprojecten op het gebied van landbouw, onderwijs en gezondheidszorg. De Tanzaniaanse politieke elite zag de sociaal-democratische Scandinavische landen, die ervaring hadden met gecentraliseerde planning en royale ontwikkelingsbudgetten, als geschikte partners, mede omdat ze niets te maken hadden met de impliciete machtsdynamiek van het koloniale tijdperk. In de late jaren 1960 werd een aantal Noorse planners en architecten aangetrokken om deze ambitieuze politieke visie te vertalen in een Tanzaniaans dorpsontwikkelingsprogramma. Hoewel je kunt aan-voeren dat hun 'deskundigheid' te irrelevant en naïef was om een betekenisvolle verandering teweeg te brengen, zouden de ervaringen van de Noren tijdens hun praktijkonderzoek naar Tanzaniaanse dorpen, niettemin de Noorse planningsdebatten na 1973 beïnvloeden via een onopgemerkte internationale osmose van ideeën. Het is deze osmose die in dit essay wordt onderzocht.

Tien-huizen socialisme

Net als andere landen in de regio was het net onafhankelijk geworden Tanzania overwegend agrarisch: 90 procent van de bevolking woonde op het platteland en hield zich bezig met landbouw of veeteelt. Van oudsher was mobiliteit een eerste vereiste voor overleving en daarom werden er maar weinig boerderijen in de zin van permanente bewoning of geplande nederzetting gebouwd. De meeste mensen leefden in verspreid liggende dorpen van ongeveer 450 mensen, verdeeld over circa 90 huishoudens.[2] Het is dan ook niet verwonderlijk dat de

1
'Introduction to TY16 by Gerald Belkin', een script voor gesprekken met dorpelingen dat Gerald Belkin naar NORAD stuurde, 'Notes from the Field No. VI' (1972), doos Da-L0139, 'Belkin-prosjektet', reeks RA/S-6670, Riksarkivet, Oslo, Noorwegen. In dit essay is volop gebruik gemaakt van het materiaal van het Norwegian Agency for International Development (NORAD) dat zich in het nationale archief bevindt, reeks RA/S-6670, aangevuld met secundaire literatuur uit Noorwegen/Tanzania.

2
'Permanent Housing in Tanzania – How Can it Be Achieved?', BRU werkdocumenten, doos Eaa-L0451.

Executive Committee decided in 1964 that TANU cells should be established around the country, with every ten houses constituting a cell and all TANU members in those houses choosing a cell leader. Most citizens over the age of 18 were expected to become party members, and the criteria for party membership were easy to meet. TANU cell units were a practical way of mobilising the rural population for political participation and facilitating membership and tax returns.[3] On the other hand, a denser settlement pattern based on ten-house village cell units would facilitate access to shared infrastructure and social services – water, electricity, health centres and schools. Drawing on the experiences of Israel and China, collective villages were then seen as crucial political and spatial tools for implementing Ujamaa socialism. However, despite the high political ambitions, no formal planning strategy was devised for the Ujamaa villagisation programme. When the 1973 TANU party conference resolved that all Tanzanians should live in the planned villages by 1975, the need for a coherent planning programme became apparent.

As Juma Volter Mwapachu, the development director of the rural district of Shinyanga in northern Tanzania, remembered: 'Neither TANU nor Government gave any guidance . . . The implementation strategy was virtually left to each region and district to formulate.'[4] Technical requirements were few: to ensure sufficient land for collective production, a village should have at least 250 households, with a communal *chamba*, a field that joined the private plots of half a hectare or less (depending on the region) together. The ten-house cells were to be built in clusters, each with a small garden plot and arable land around the village. Each village was to have clear land boundaries and engage in a multifunctional cooperative production, with a shared cooperative shop, a market and a communally built school. Planning decisions about village patterns and plot allocations were to be made by the villagers in collaboration with local authorities. In practice, however, new Ujamaa villages often had a new administrative organisation, but still primarily relied on the old village structure, with little actual change brought into the existing village fabric. Similar to how the new socialist ideology built upon the former family- and clan-dominated power structures, Ujamaa villages adapted traditional settlement patterns and reconfigured them to fit the spatial demands of the new ideology.

A truly comprehensive rural planning programme required financial resources and expertise beyond the capacity of the newly independent nation. Despite Nyerere's insistence on self-reliance and disassociation from the economic dependencies of foreign aid, some international partners (and their financial resources) were still more than welcome. For example, Nyerere was particularly willing to cooperate with the socialist-leaning wealthy Nordic states. This was a successful symbiosis: while Tanzanian political elites were looking for new development partners without the inherited former colonial power dynamics, Nordic partners sought to establish a soft presence in the region and cultivate a humanitarian image of 'goodness' in the post-war geopolitical world order. Tanzanian home-grown socialism, with its emphasis on social equality and cooperation implemented through centralised planning, aligned well with Nordic visions of development.

Norwegian relations with Tanganyika, and later Tanzania, started in the early 1960s with the cooperative Kibaha project, administered by the Nordic Council and carried out by the Norwegian company NORCONSULT. Combining agriculture, education and healthcare, the project was hailed as an overwhelming success and paved the way for other Nordic-sponsored cooperative ventures. In the late 1960s, the state of Tanzania reached out to Norway for assistance with establishing a new Building Research Unit (BRU) as a division in the Ministry of Lands, Housing and Urban Development. Modelled after a similar Norwegian Building Research Institute (BRI) established some 15 years earlier, the Unit was to provide a scientific basis for the rural development programme and conduct research on rural housing and regional planning. In particular, BRU was tasked to study existing Tanzanian village conditions and building techniques and propose actionable low-cost prototypes for rural development. While Norwegian urban historian Karl Otto Ellefsen, assessing Nordic involvement in Tanzanian

3
Wilbert Klerruu, 'Whys and Wherefores of the TANU Cell System', *Mbioni: The Monthly Journal of Kivukoni College* 3 (1966), 4; Boniface Njohole, *The TANU Cell System* (Dar es Salaam: University of East Africa, Department of Political Science, March 1967).

4
Juma Volter Mwapachu, 'Operation Planned Villages in Rural Tanzania: A Revolutionary Strategy for Development', *The African Review: A Journal of African Politics, Development and International Affairs* 6/1 (1976), 5.

plattelandsbevolking de belangrijkste demografischedoelgroepwerdvanNyerere'sAfrikaans-socialistische politiek. Al in 1962 spoorde Nyerere de Tanzaniaanse boeren aan om naar gemeenschappelijke dorpen te verhuizen en daar samen te leven in de geest van socialisme en samenwerking. Deze gemeenschappelijke nederzettingen zouden de economische en sociale grondslag vormen voor een alternatief model van nationale ontwikkeling, gebaseerd op *Ujamaa*: de geest van het coöperatieve socialisme.

Tanzania's socialistische dorpsontwikkelingsprogramma was uniek omdat het een uitgesproken ruimtelijk karakter had. In 1963 begon TANU, de belangrijkste politieke partij van Tanzania, met een 'cel'-systeem te werken om het leiderschap van de partij in het hele land te versterken. Het National Executive Committee besloot in 1964 dat er in het hele land TANU-cellen zouden worden opgericht, waarbij groepjes van tien huizen een cel zouden vormen en TANU-leden die in deze huizen woonden gezamenlijk een celleider zouden kiezen. Van de meeste burgers boven de 18 werd verwacht dat ze lid zouden worden van TANU; het was niet moeilijk om aan de lidmaatschapscriteria van de Partij te voldoen. Het werken met TANU-cellen was indertijd een praktische manier om de plattelandsbevolking aan te zetten tot politieke participatie, partijlidmaatschap en het doen van belastingaangifte.[3] Aan de andere kant zou een hechter nederzettingspatroon op basis van dorpen die bestonden uit cellen van tien huizen de toegang tot gemeenschappelijke infrastructurele en maatschappelijke voorzieningen, zoals water, elektriciteit, gezondheidscentra en scholen, vergemakkelijken. Op basis van ervaringen in China en Israël, werden collectieve dorpen destijds gezien als cruciale politieke en ruimtelijke instrumenten om het Ujamaa-socialisme in de praktijk te brengen. Ondanks de grote politieke ambities werd er echter geen formele planningsstrategie voor het Ujamaa- dorpsontwikkelingsprogramma ontwikkeld. Pas toen tijdens een partijvergadering van TANU in 1973 werd besloten dat alle Tanzanianen in 1975 in de geplande dorpen zouden moeten wonen, werd de noodzaak van een coherent planningsprogramma duidelijk.

Juma Volter Mwapachu, de directeur ontwikkeling van het plattelandsdistrict Shinyanga in het noorden van Tanzania, herinnert het zich als volgt: 'Noch TANU, noch de regering gaf aan, welke kant het op moest (...) Het opstellen van implementatiestrategieën werd in feite aan de regio's en districten overgelaten.'[4] Er werden weinig technische eisen gesteld: om voldoende land voor collectieve productie te hebben, moest een dorp uit minstens 250 huishoudens bestaan, met een gemeenschappelijke *chamba*, een open veld dat de privépercelen van een halve hectare of minder (afhankelijk van de regio) met elkaar verbond. De cellen van tien huizen moesten in clusters worden gebouwd, elk met een kleine tuin, en er moest vruchtbare grond rondom het dorp liggen. Elk dorp moest duidelijke grenzen hebben, zich bezighouden met multifunctionele coöperatieve productie en over een gemeenschappelijke coöperatieve winkel, een markt en een gemeenschappelijk gebouwde school beschikken. Planningsbeslissingen over de inrichting van het dorp en de toewijzing van percelen moesten door de dorpelingen samen met de lokale autoriteiten worden genomen. In de praktijk bleef men in de nieuwe Ujamaa-dorpen, ondanks de nieuwe bestuursorganisatie, toch vooral op de oude voet doorgaan en veranderde er maar weinig aan de bestaande dorpsstructuren. Net zoals de nieuwe socialistische ideologie voortbouwde op de vroegere, door families en clans gedomineerde machtsverhouding, pasten de Ujamaa-dorpen de traditionele nederzettingspatronen aan om aan de ruimtelijke eisen van de nieuwe ideologie te voldoen.

Een werkelijk allesomvattend programma voor plattelandsplanning vereiste financiële middelen en expertise die de capaciteit van het net onafhankelijk geworden Tanzania te boven gingen. Ondanks het feit dat Nyerere aandrong op zelfredzaamheid en zich distantieerde van de economische afhankelijkheid die buitenlandse hulp met zich meebracht, waren sommige internationale partners (en hun financiële middelen) nog steeds meer dan welkom. Nyerere was bijvoorbeeld graag bereid om samen te werken met de socialistisch georiënteerde, rijke Scandinavische landen. Het was een succesvolle symbiose: terwijl de Tanzaniaanse politieke elites op zoek waren naar nieuwe ontwikkelingspartners die niets te maken hadden met de machtsdynamiek van het koloniale tijdperk, probeerden de Scandinavische partners een

3
Wilbert Klerruu, 'Whys and Wherefores of the TANU Cell System', *Mbioni: The Monthly Journal of Kivukoni College* 3 (1966), 4; Boniface Njohole, *The TANU Cell System* (Dar es Salaam: University of East Africa, Department of Political Science, 1967).

4
Juma Volter Mwapachu, 'Operation Planned Villages in Rural Tanzania: A Revolutionary Strategy for Development', *The African Review: A Journal of African Politics, Development and International Affairs* 6/1 (1976), 5.

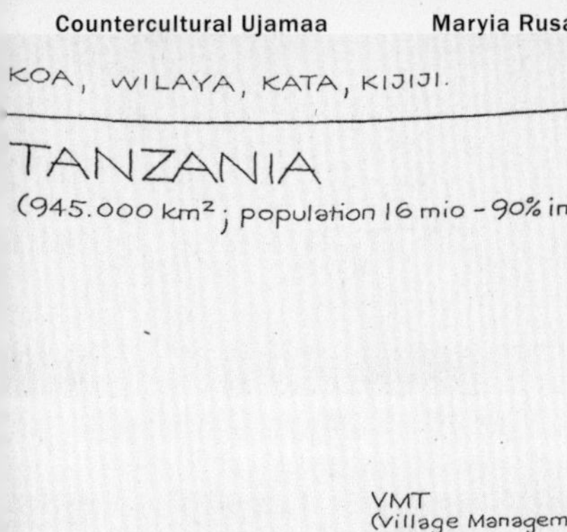

ıgram of Tanzania's administrative divisions. Tanzania-Norway ıluation Mission, 1978/ Schema van de bestuurlijke indeling van ızania. Evaluatie ontwikkelingssamenwerking Tanzania/Noorwe-ı, 1978

\- 7 -

THE VILLAGES

According to the 1969 Household Budget Survey people in the rural areas were living in fairly dispersed homesteads. The average density was about 2.6 households per hectar (1 Hh per acre). 1/4 of the households were living in settlements with 1.2 or less households per hectar (1 Hh or less per acre). 1/4 of the households were living in settlements with 5.9 or more households per hectar (1 Hh or more per 1/2 acre).

The average size of a settlement was about 90 households or 450 people per settlement. 1/4 of the households were living in settlements of about 40 households or less per settlement. 1/4 of the households were living in settlements of about 300 households or more per settlement.

Regarding these settlement patterns however, there has been a lot of changes since 1969. The villagesation program has been implemented extensively, and by 1978 there were about 8,000 ujamaa villages in the country, providing homes for some 2,700,000 households. This has resulted in an average village size of 340 households or 1,700 people per village.

The new Ujamaa Villages often include old villages which have been linked together by a new administrative organisation. But in many cases people have also moved closer together in new locations, and new village patterns have emerged. So far however it is difficult to get an overview of the new village densities and the variations in village sizes.

The reorganisation of the villages has given the people better access to communal services such as schools, dispensaries, community centres, markets, roads, piped water etc. But the improvements of the housing conditions in other respects have not yet been thoroughly analysed.

In the planning of the new settlements people have been asked to form villages including not less than 250 households. They should establish a communal "chamba" and group the private plots close together. For the private plots 1 acre, 1/2 an acre or 1/4 of an acre has been recomended depending on local conditions. Otherwise planning and decision about village pattern and plot location have been made by the villagers themself in colaboration with the district authorities. Only a few villages have been planed by central authorities.

Similar conditions can be found in urban areas where 2/3 of the urban population are living in houses erected on unsurveied plots. In the unplaned urban areas however the plot sizes are much smaller and usualy they do not follow any standard recomendations. In the planed areas for Sites and Services Project a plotsize of 290 m² has been adapted, with a resulting residential density of 24 households per hectare (10 Hh per acre).

Morphological analysis of Tanzanian villages. 'Facts and Figures' for the conference 'Towards a National Housing Policy', 1980/ Morfologische analyse van Tanzaniaanse dorpen, 'Feiten en cijfers' voor de conferentie 'Towards a National Housing Policy', 1980

planning, argues that this contribution 'failed' due to the naivety and lack of understanding of the local village culture, I suggest that this international encounter was more complex.[5] The Norwegian contribution to the Tanzanian village programme incorporated recent critical shifts in the planning paradigm, while experience from the BRU informed the Norwegian planning and political debates of the 1970s.

Village Prototypes

Both the Ujamaa policy of self-help and the spirit of Nordic pragmatism became apparent in the Unit's work. The BRU's search for low-cost housing solutions was based on the premise that only by fully considering local social and economic conditions would it be possible to motivate village dwellers to upgrade and move into Ujamaa-worthy homes.[6] Fifty-five BRU employees arranged over five sections set to work: they researched, assessed, catalogued and quantified different aspects of existing Tanzanian village life. Specifically, the BRU's 'Human Requirements' section consisted of architects and sociologists who travelled to villages across the country to study social activities and living patterns.[7] Through close anthropological observations, the researchers scrutinised and catalogued existing village conditions and settlement groupings and investigated building types, dimensions, functions and the number of rooms needed for daily activities and family sizes.[8] Particular attention was paid to available local building materials and techniques; dimensions of existing foundations, floors, roofs and windows

5
ırl Otto Ellefsen, 'Countryside Reconstruction Postcolonial Africa: The Ujamaa Experience', Paul Wenzel Geissler et al., *African Modern-ı and Its Afterlives* (Bristol: Intellect Books, 22), 79.

6
Harald Kristiansen, 'National Housing and Building Research Institute' (19 April 1972), 2, box Eaa-L0452.

7
'Human Requirement Section', folder Tan 017-700, box Eaa-L0454.

8
Working Report 4, 'Village Housing in Tanzania: A Pilot Study of Four Villages in Transition' (March 1975), box Eaa-L0455.

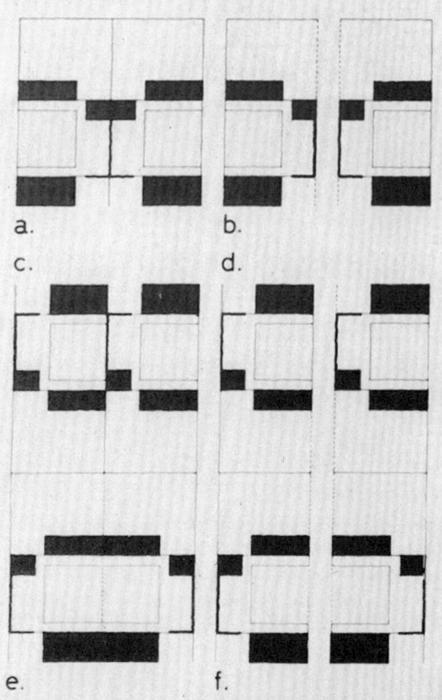

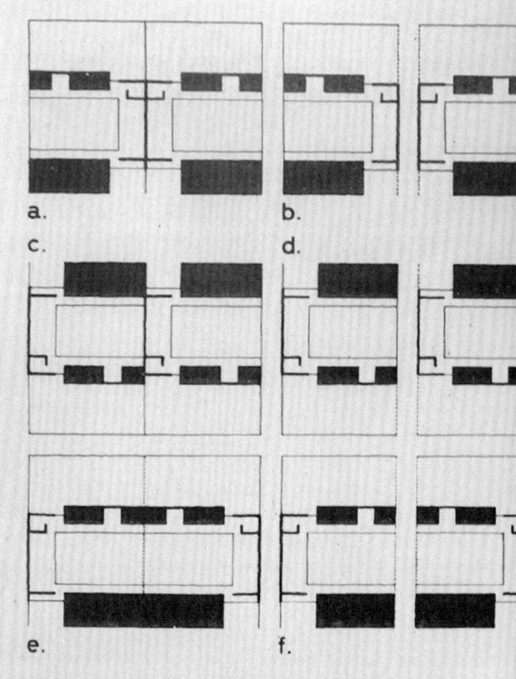

Proposed house groupings (BRU Data Sheet, 1973)/ Voorstel voor de groepering van de huizen (BRU Data Sheet, 1973)

vreedzame aanwezigheid in de regio op te bouwen en een humanitair imago van 'goedertierenheid' in de naoorlogse geopolitieke wereldorde te cultiveren. Het socialisme van Tanzaniaanse bodem, met zijn nadruk op sociale gelijkheid en samenwerking via gecentraliseerde planning, sloot goed aan bij de Scandinavische ideeën over ontwikkeling.

De betrekkingen tussen Noorwegen en Tanganyika, en vervolgens Tanzania, kwamen in het begin van de jaren 1960 van de grond via het coöperatieve Kibaha-project, dat werd beheerd door de Noordse Raad en uitgevoerd door het Noorse bedrijf NORCONSULT. Het project, een combinatie van landbouw, onderwijs en gezondheidszorg, werd geprezen als een overweldigend succes en maakte de weg vrij voor andere door de Scandinaviërs gesponsorde manieren van samenwerking. Aan het eind van de jaren 1960 deed de Tanzaniaanse staat een beroep op Noorwegen voor hulp bij het opzetten van een nieuwe Building Research Unit (BRU), een afdeling van het ministerie van Land, Huisvesting en Stedelijke Ontwikkeling. De eenheid was gemodelleerd naar het soortgelijke, circa 15 jaar eerder opgerichte Noorse Building Research Institute (BRI) en was verantwoordelijk voor de wetenschappelijke onderbouwing van het programma voor plattelandsontwikkeling en voor onderzoek naar huisvesting op het platteland en regionale planning. De BRU was met name belast met het bestuderen van de omstandigheden in bestaande Tanzaniaanse dorpen en de bouwtechnieken die daar werden gehanteerd, en met het ontwikkelen van bruikbare, betaalbare prototypen voor plattelandsontwikkeling. De Noorse stadshistoricus Karl Otto Ellefsen stelt in een beoordeling van de Scandinavische betrokkenheid bij de Tanzaniaanse planning dat deze bijdrage 'mislukte' door naïviteit en een gebrek aan begrip van de lokale dorpscultuur. Ik veronderstel echter dat dit internationale treffen complexer van aard was.[5] In de Noorse bijdrage

5
Karl Otto Ellefsen, 'Countryside Reconstructio in Postcolonial Africa: The Ujamaa Experience in: Paul Wenzel Geissler et al., *African Moderr ism and Its Afterlives* (Bristol: Intellect Books, 2022), 79.

were measured and redrawn. This research provided the basis for new low-cost housing prototypes derived from existing vernacular typologies rather than imported and simplified European housing types.[9] The houses would be built by village dwellers with locally-available materials.

The BRU's research findings were published in the first 'Report on Rural Housing in Tanzania', which suggested several building prototypes.[10] Traditionally, Tanzanian villages were based on a clan structure, with dwellings grouped around an open public area of a yard in front of the main entrance. The new village house design proposed by the BRU was based on a traditional Swahili house layout with a compound plan. The house would be open to a public area – a street or a yard – offering different degrees of family privacy or protection. Following the spirit of self-reliance, the compound plan allowed the dwellers to construct the house in stages. One could start with the outbuilding and use it for living purposes while erecting the main house. The living area for working and socialising was planned outdoors according to traditional social arrangements, while the backyard accommodated cooking, storage and personal hygiene facilities. Based on these principles, the BRU developed several iterations of a 'Three Sectioned House' for different family arrangements.

The house layout was based on three sections: a bedroom section, a kitchen-store-bath and privy, and one section for a sheltered living area with additional storage. The sections accommodated three different yards: a backyard for private cultivating and poultry, a small entrance yard and a yard for socialising. The living area and the lockable storeroom would be built first, while bedrooms would be completed last. The house layout considered sun orientation and predominant winds and accommodated passive cross ventilation. The BRU architects went as far as proposing sample furnishings and suggesting step-by-step building guides. Staged construction was designed with a view of a neighbourhood as a whole: shared elements of the housing clusters were to be completed first. Without proposing the exact village layouts, Norwegian specialists suggested that neighbourhoods would be based on 'the desired patterns of social contact' and underlined that 'long traditions should not be overlooked'.[11] Despite these proclaimed aspirations of locality, sample housing clusters were arranged within a rectangular grid similar to the Western orthogonal grid planning.

The BRU village prototype designs were packaged in the so-called Data Sheets that featured elaborate isometric drawings, 'X-ray' illustrations of different construction stages, detailed materials lists and financial calculations. An integral part of the BRU's planned community outreach strategy, these Data Sheets fit into a broader category of self-help manuals pioneered by international donors over a decade earlier. 'Simple perspective or axonometric drawings know no language barriers,' claimed the Norwegian specialists, who hoped the prototype would inspire and inform adaptable, low-cost village housing.[12] Despite the desire to reach out to rural farmers and provide them with meaningful advice on low-cost construction, the BRU Data Sheets hardly managed to turn into manuals. Recognising this shortcoming, the BRU proposed the establishment of 60 district-based Rural Construction Unit teams to build actual prototypes according to the BRU's recommendations in each of the districts. The Rural Construction Units were mobile teams of five artisans with different skills, equipped to assist local self-builders and trained by the BRU. The prototypes built in each district were also to be based on locally sourced building materials.

The Nyumbra Bora rural housing campaign of 1975 was expected to turn the BRU worksheets into reality and implement the work of the Rural Construction Units. However, plagued by a lack of funds, the programme was postponed, and only a few houses were constructed. The same year, BRU's research into low-cost housing was incorporated into the World Bank-sponsored Village Management Technical (VMT) programme, where 1,500 units were constructed according to BRU-type designs

9
stand til National Housing' (1969), box a-L0454.

10
. Edvardsen and B. Hegdal, 'Rural Housing in nzania: Report on a Prestudy', Report 1, BRU 972), box Eaa-L0450.

11
'BRU Data Sheet', BRU J.2.3 and BRU J.2.1, 'House Layout Total Area 70,2 m^2' (November 1973), box Eaa-L0452, 4.

12
'Efforts in Housing Tanzania-Norway Report 78', box Eaa-L0454, 22.

aan het Tanzaniaanse dorpsontwikkelingsprogramma manifesteerde zich een aantal recente kritische verschuivingen in het planningsparadigma, waarbij de ervaringen met BRU een rol zouden gaan spelen in de Noorse planningsdiscussies en politieke debatten van de jaren 1970.

Dorps-prototypen

In het werk van de BRU kwam zowel het Ujamaa-beleid van zelfredzaamheid als het Scandinavische pragmatisme tot uiting. De zoektocht van de BRU naar betaalbare huisvestingsoplossingen was gebaseerd op de veronderstelling, dat het alleen door volledig rekening te houden met de lokale sociale en economische omstandigheden mogelijk zou zijn om dorpelingen te motiveren om hun woonomstandigheden te verbeteren en naar Ujamaa-waardige huizen te verkassen.[6] Vijfenvijftig BRU-medewerkers, verdeeld over vijf afdelingen, gingen aan de slag: ze onderzochten, beoordeelden, catalogiseerden en kwantificeerden verschillende aspecten van het bestaande Tanzaniaanse dorpsleven. De BRU-afdeling 'Menselijke behoeften' bestond bijvoorbeeld uit architecten en sociologen die naar dorpen in het hele land reisden om daar sociale activiteiten en leefpatronen te bestuderen.[7] Door middel van nauwgezette antropologische observatie bestudeerden en catalogiseerden de onderzoekers de toenmalige omstandigheden in de dorpen en de inrichting van de nederzettingen, en onderzochten ze gebouwtypen, afmetingen, functies en aantallen kamers die nodig waren voor bepaalde dagelijkse activiteiten en gezinsgrootten.[8] Ze besteedden speciale aandacht aan de beschikbare lokale bouwmaterialen en -technieken, namen de afmetingen op van bestaande funderingen, vloeren, daken en ramen en tekenden deze na. Hun onderzoek vormde de basis voor de ontwikkeling van nieuwe betaalbare woningprototypen die waren afgeleid van vernaculaire typologieën; er was geen behoefte aan geïmporteerde en vereenvoudigde Europese woningtypen.[9] De dorpelingen zouden de huizen zelf gaan bouwen van lokaal beschikbare materialen.

De onderzoeksresultaten van de BRU verschenen in het eerste 'Report on Rural Housing in Tanzania', waarin verschillende prototypen werden gepresenteerd.[10] Tanzaniaanse dorpen waren van oudsher gebaseerd op de clanstructuur, waarbij de woningen waren gegroepeerd rond een open, openbare binnenplaats vlak vóór de hoofdingang. De BRU stelde een nieuw ontwerp voor een dorpswoning voor, dat op de traditionele indeling van het Swahili-huis en de ligging aan een erf (*compound)* was gebaseerd. De woning kwam uit op de openbare ruimte – op een straat of erf – en bood de bewoners verschillende gradaties van privacy of bescherming. In overeenstemming met de geest van zelfredzaamheid stelde de *compound*-plattegrond de bewoners in staat om hun woning in fasen te bouwen. Men kon beginnen met het bijgebouw en dit gebruiken om in te wonen terwijl men het hoofdgebouw optrok. De werk- en ontmoetingsplaatsen waren in de openbare ruimte gepland, in overeenstemming met traditionele sociale gewoonten, terwijl de achtertuin ruimte bood aan het koken, opslag en faciliteiten voor persoonlijke hygiëne. Op basis van deze principes ontwikkelde BRU verschillende versies van een 'huis in drie delen' dat geschikt was voor verschillende gezinssamenstellingen.

De plattegrond van de woning bestond uit drie delen: een slaapgedeelte, een keuken-opslag-badkamer-toiletgedeelte en een beschut woongedeelte met extra opslagruimte. Aan deze delen grensden drie verschillende erven: een achtertuin als moestuin en voor het houden van pluimvee, een kleine voortuin, en een erf waar men elkaar kon ontmoeten. Het woongedeelte en de afsluitbare opslagruimte werden als eerste gebouwd, terwijl de slaapkamers als laatste werden voltooid. De indeling van de woning hield rekening met de oriëntatie op de zon en de overheersende windrichting en faciliteerde passieve dwarsventilatie. De architecten van de BRU gingen zelfs zover dat ze voorbeeldmeubels en stappenplannen voor de bouw aanboden. De gefaseerde bouw was ontworpen met het oog op de buurt als geheel: de gemeenschappelijke elementen van de woonclusters moesten het eerst worden voltooid. Zonder dat ze nu direct uitgewerkte dorpsplattegronden presenteerden, stelden de Noorse specialisten voor om de buurten te baseren

6
Harald Kristiansen, 'National Housing and Building Research Institute' (19 april 1972), 2, doos Eaa-L0452.

7
'Human Requirement Section', map Tan 017-700, doos Eaa-L0454.

8
Werkdocument 4, 'Village Housing in Tanzania: A Pilot Study of Four Villages in Transition' (maart 1975), doos Eaa-L0455.

9
'Bistand til National Housing' (1969), doos Eaa-L0454.

10
K.I. Edvardsen en B. Hegdal, 'Rural Housing in Tanzania. Report on a Prestudy', Rapport 1, BRU (1972), doos Eaa-L0450.

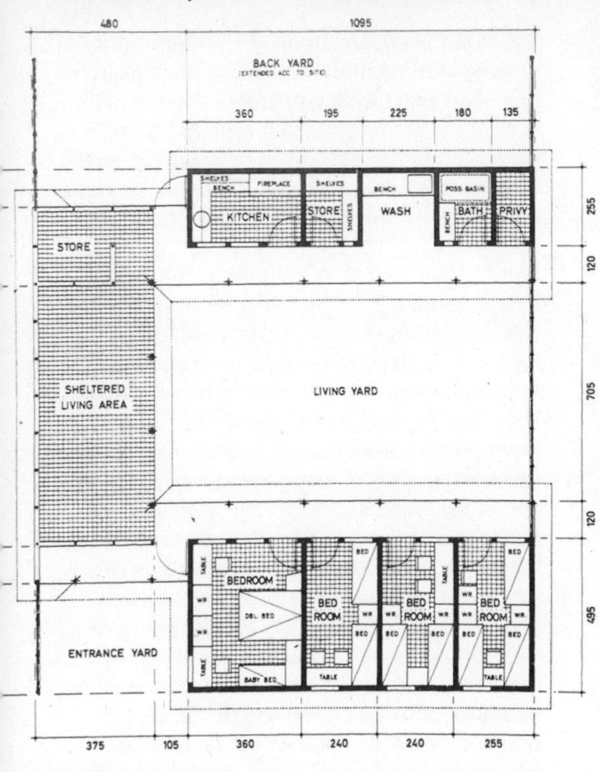

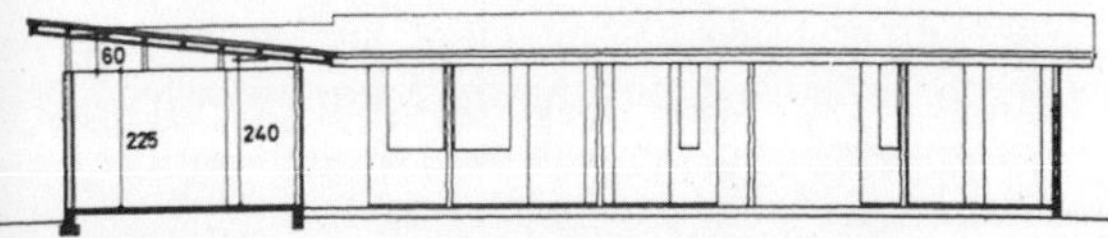

ample floor plan and section of a 'three-sectioned house', ›tal area 123.1 m2 (BRU J.2.2 Data Sheet, 1973)/ Voorbeeld ɜn de plattegrond en doorsnede van een 'huis in drie delen', ›tale oppervlakte 123,1 m2 (BRU J.2.2 Data Sheet, 1973)

across the country.[13] However, given the absence of a comprehensive financial state-led loan programme to assist with new housing, the BRU had little implementation capacity, and few of its recommendations were applied directly to rural housing. As a 1978 Tanzania-Norway Housing Report indicated, a systematic approach combining research, local construction training and a financial loan programme was needed, as research and dissemination alone were insufficient. For a programme to succeed, it had to offer technical and financial 'package' assistance. In the future, the BRU envisioned developing 'package deals' for low-cost housing, encompassing all aspects of rural housing, including advice on 'how to plan the village, how to build houses, and how to build a shop'.[14] Ultimately, despite the BRU's elaborate research into traditional housing types, the spatial component of Tanzania's villagisation programme was hardly realised beyond the common farming facilities. Overall, few villages were planned by the central authorities, and construction remained limited to a couple of dispersed prototypes.

A Countercultural Promise

Despite a limited practical application in the country and, ultimately, limited success in building low-cost housing, the Norwegian experience with Tanzania's traditional settlements found a curious intersection that fed into Norway's politically charged planning debates of the time. The Tanzanian ideology of self-reliance paralleled the emerging Norwegian critique of the post-war technoscientific planning, driven primarily by economic optimisation and spatial standardisation. In 1969, the Norwegian Building Research Institute's Ammerud Report (the prototype of the BRU) critically evaluated one of Oslo's satellite suburbs and launched a wave of public criticism against the social costs of mass-produced modernist housing estates.[15] Following the report, the post-1968 generation of planners turned to user-driven designs and self-construction, searching for ways to implement these ideas on a scale of mass housing. Alternatives to the straight-jacket modernism were to be found in traditional building types

13
ɔid., 17.
14
ɔid., 18.

15
Anne Sæterdal and Thorbjørn Hansen, *Ammerud 1: planlegging av en ny bydel* (Oslo: Norges byggforskningsinstitutt, 1969).

op 'gewenste patronen van sociale interactie' waarbij ze onderstreepten dat 'oude tradities niet over het hoofd gezien mochten worden'.[11] Ondanks alle verklaarde aspiraties om in overeenstemming met de lokale gewoonten te werk te gaan, werden de voorbeeldwoningclusters echter gerangschikt in een rechthoekig raster, wat sterk deed denken aan het westerse orthogonale grid.

De prototypische dorpsontwerpen van de BRU gingen vergezeld van zogenaamde Data Sheets met uitgebreide isometrische tekeningen, röntgenfoto-achtige afbeeldingen van de verschillende bouwfasen, gedetailleerde materiaallijsten en financiële berekeningen. Deze Data Sheets, die een integraal onderdeel vormden van de door de BRU geplande strategie om de bevolking te bereiken, pasten in een bredere categorie van zelfhulphandleidingen die meer dan tien jaar eerder door internationale donoren waren geïntroduceerd. Eenvoudige perspectiefschetsen of axonometrische tekeningen kennen geen taalbarrières,' aldus de Noorse specialisten, in de hoop dat het prototype een bron van inspiratie en informatie voor aanpasbare, betaalbare dorpswoningen zou zijn.[12] Ondanks de aspiraties om boeren op het platteland te bereiken en hen van zinvol advies over betaalbaar bouwen te dienen, slaagde de BRU er nauwelijks in om de Data Sheets om te zetten in handleidingen. De BRU was zich bewust van deze tekortkoming en stelde voor om 60 zogenaamde Rural Construction Unit-teams op te zetten en die in elk district daadwerkelijk prototypen overeenkomstig de aanbevelingen van de BRU te laten bouwen. Deze mobiele Rural Construction Unit-teams bestonden elk uit vijf ambachtslieden die verschillende vaardigheden hadden, waren toegerust om de lokale zelfbouwers te helpen, en waren opgeleid door de BRU. De prototypen die in elk district werden gerealiseerd, moesten bovendien gebruik maken van lokaal beschikbaar bouwmateriaal.

In 1975, tijdens de Nyumbra Bora-campagne voor de bouw van plattelandswoningen, zouden de werkbladen van de BRU in de praktijk worden gebracht en het werk van de Rural Construction Unit-teams uitgevoerd. Het programma werd echter geplaagd door geldgebrek en uitgesteld, en er werden slechts een paar huizen gebouwd. In datzelfde jaar werd het onderzoek van de BRU naar betaalbare huisvesting opgenomen in het door de Wereldbank gesponsorde VMT-programma (Village Management Technical), waarbij in het hele land een totaal van 1.500 door de BRU ontworpen wooneenheden werd gebouwd.[13] Omdat er echter geen door de overheid geleid, financieel kredietprogramma was om de bouw van nieuwe woningen te ondersteunen, had de BRU te weinig uitvoeringscapaciteit en werden maar weinig van haar aanbevelingen direct overgenomen. Zoals in een door Tanzania en Noorwegen opgesteld rapport over huisvesting uit 1978 werd opgemerkt, was er een systematische aanpak nodig die onderzoek, lokale bouwopleidingen en een financieel kredietprogramma combineerde, omdat onderzoek en verspreiding alleen niet genoeg waren. Wilde een programma succesvol zijn, dan was een pakket aan technische en financiële maatregelen nodig. In de toekomst, zo hoopte de BRU, zouden er 'pakketten' voor betaalbare woningen worden ontwikkeld die alle aspecten van huisvesting op het platteland zouden omvatten, inclusief advies over 'hoe een dorp te plannen, huizen te bouwen en winkels te bouwen'.[14] Uiteindelijk werd, ondanks het uitgebreide onderzoek van de BRU naar traditionele woningtypen, de ruimtelijke component van Tanzania's dorpsontwikkelingsprogramma maar nauwelijks verwezenlijkt, uitgezonderd de gemeenschappelijke landbouwfaciliteiten. Over het algemeen plande de centrale regering nauwelijks dorpen en de bouw bleef beperkt tot een paar verspreide prototypen.

Een alternatieve belofte

Ondanks de beperkte praktische toepassing in het land en, uiteindelijk, het beperkte succes bij het bouwen van betaalbare huisvesting, resulteerde de Noorse ervaring met traditionele nederzettingen in Tanzania in een merkwaardige kruisbestuiving en voedde het de politiek geladen Noorse planningsdiscussie uit die tijd. De Tanzaniaanse zelfredzaamheidsideologie liep parallel met de opkomende Noorse kritiek op de techno-wetenschappelijke naoorlogse planning, die voornamelijk werd gedreven door economische optimalisatie en ruimtelijke standaardisatie. In het in 1969 verschenen Ammerud-rapport van het Noorse Building Research Institute (het prototype van de BRU) werd een van Oslo's satellietsteden kritisch geëvalueerd; er volgde een golf van openbare kritiek op de maatschappelijke kosten van

11 'BRU Data Sheet', BRU J.2.3 en BRU J.2.1, 'House Layout Total Area 70,2 m^2' (november 1973), doos Eaa-L0452, 4.

12 Efforts in Housing Tanzania-Norway Report 78', doos Eaa-L0454, 22.

13 Ibid., 17.

14 Ibid., 18.

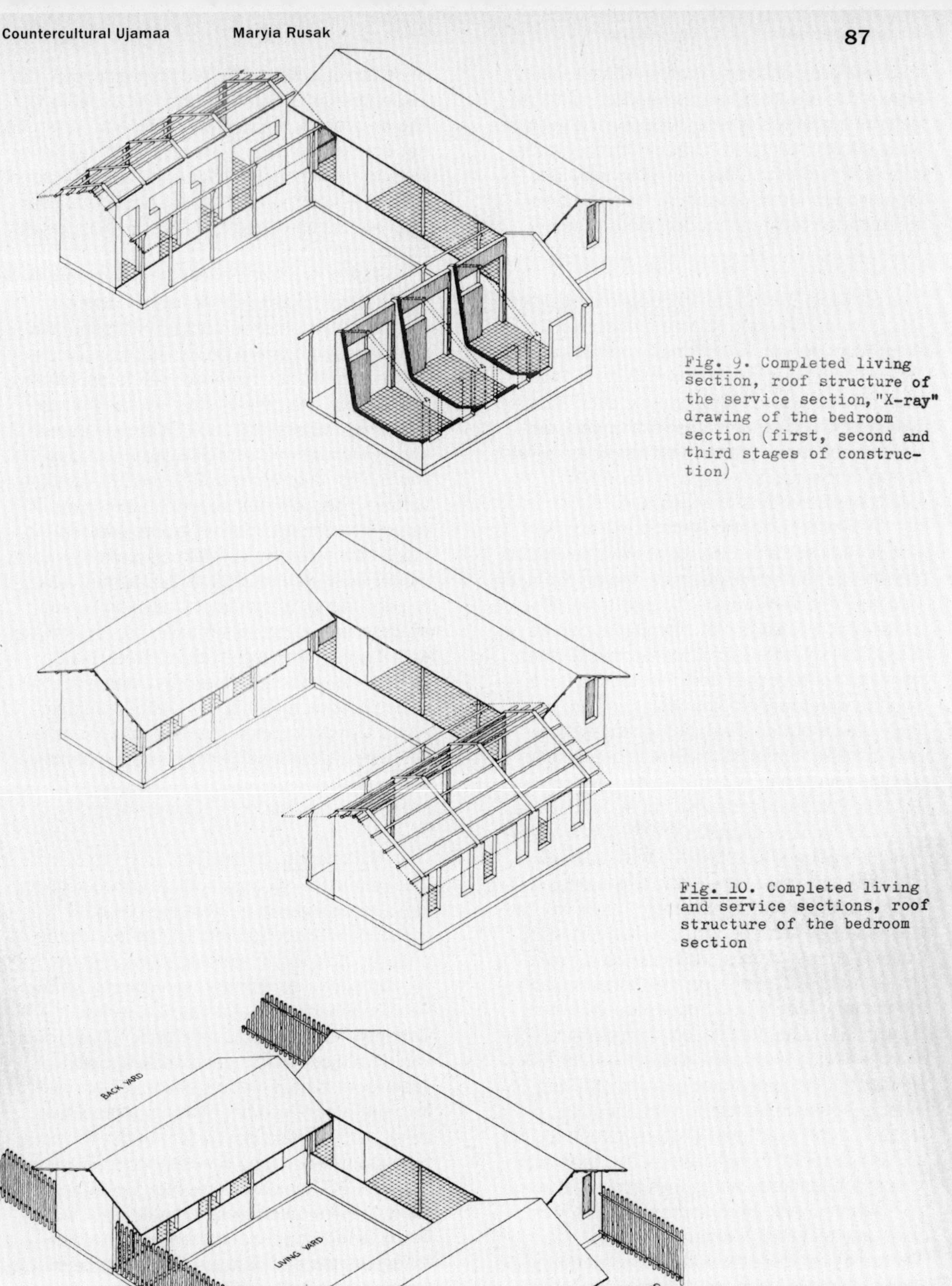

visioned staged construction of the 'three-sectioned house', total area 76.9 m2 (BRU J.2.1 Data Sheet, 1973)/ Voorstel voor de gefaseerde bouw n een 'huis in drie delen', totale oppervlakte 76,9 m2 (BRU J.2.1 Data Sheet, 1973)

massaal geproduceerde modernistische woonwijken.[15] In navolging van het rapport richtte de generatie planners van na 1968 zich op gebruikersgericht ontwerp en zelfbouw, op zoek naar manieren om deze ideeën op grootschalige woningbouw toe te passen. Alternatieven voor het rechttoe rechtaan-modernisme waren veelal gebaseerd op traditionele gebouwtypen en lokale materialen: op hetzelfde moment dat hun collega's Tanzaniaanse huizen catalogiseerden, inventariseerden Noorse architecten in Noorwegen op een vergelijkbare manier traditionele Noorse huizen en bouwtechnieken. Deze onderzoeken werden ondersteund door Christian Norberg-Schulz' fenomenologisch onderzoek naar de eigenschappen van de ruimte, en opkomende stromingen als Sigmund Kvaløy's ecofilosofie en menselijke ecologie.

Hoewel de Noorse architecten zich in een andere sociaal-culturele context bevonden, deelden de Tanzaniaanse en de Noorse planners een geloof in de verlossende belofte van het platteland. Het dorp, met zijn uitgebreide bouwkundige en culturele tradities en manieren om voor zichzelf te zorgen, leek het tegengif te zijn voor de wereldwijde homogenisering en onderlinge afhankelijkheid van het techno-wetenschappelijke kapitalisme. Een 'nee' tegen het EEG-lidmaatschap in 1972 en de gevolgen van de oliecrisis het jaar daarna verlegde focus van de Noorse politiek naar binnen. De Tanzaniaanse focus op het platteland sloot goed aan bij de binnenwaartse wending van Noorwegen, en de uit het buitenland terugkerende Noorse deskundigen droegen graag hun steentje bij. Hans Bjønness, een planner met ervaring in Tanzania, droeg bijvoorbeeld actief bij aan de totstandkoming van het verhaal over de toekomst van het architectuur- en planningsonderwijs in Noorwegen.[16] Ervaringen in 'ontwikkelingslanden' leidden tot een verschuiving naar een meer interdisciplinaire planning, die kritisch stond tegenover westers industrialisme en verkwistende technologieën. In 1980 organiseerde Bjønness samen met ecoloog Kvaløy een seminar over duurzaamheid en planning voor architectuurstudenten, waarbij de in Tanzania opgedane ervaringen met planning werden ingebracht in het opkomende wereldwijde ecologische debat. Harald Kristiansen, die leidinggaf binnen de BRU (en niet toevallig een van de architecten was die betrokken waren bij het Ammerud-project), publiceerde uitgebreid over duurzaamheid en passende technologieën, en pleitte voor een kritischere benadering van ontwikkelingsparadigma's in zowel Noorwegen als daarbuiten.[17]

Het is daarom moeilijk te geloven dat de Noorse architecten te naïef waren over het opgelegde karakter van ontwikkelingshulp. In plaats daarvan gaven de kritische lessen die zij leerden van de Tanzaniaanse dorpsplanning, mede vorm aan de toekomst van de Noorse planning. Deze relatie zou nog steeds gezien kunnen worden als een uitvloeisel van de voormalige machtsdynamiek van het koloniale tijdperk, toen Afrikaanse landen in het kader van de (re)constructie van grootstedelijke moderniteit werden gebruikt als proeftuin voor moderniteit en innovatie. Ik ben echter van mening dat de machtsdynamiek van kennisoverdracht in dit geval ambivalenter en diffuser was. Noorse architecten stonden na 1968 steeds kritischer tegenover dominante machtsstructuren; de ervaring met plattelandsplanning in Tanzania bood ze een platform om te gaan knagen aan het techno-wetenschappelijk modernistische paradigma in eigen land en het mondiale kapitalisme in het algemeen.

Slotscènes: TY 16

Deze kritische kijk op mondiale ontwikkelingen kan gedeeltelijk worden teruggevoerd op een andere, door Scandinavië gefinancierde onderneming die in verband stond met het Tanzaniaanse dorpsontwikkelingsprogramma: het filmproject *Tanzania Year 16* van de Canadese filmmaker Gerald Belkin.[18] Het doel van dit project was om een audiovisuele geschiedenis op te nemen die de sociale realiteit in beeld bracht van het Ujamaa-dorpsontwikkelingsprogramma dat 16 jaar nadat Tanzania zijn onafhankelijkheid verwierf, werd uitgevoerd. Tussen 1967 en 1973 brachten de leden van het team meerdere maanden door in verschillende Ujamaa-dorpen, waar ze met draagbare bandrecorders dagelijkse gebeurtenissen en participatieve besluitvormingsprocessen

15
Anne Sæterdal en Thorbjørn Hansen, *Ammerud 1: planlegging av en ny bydel* (Oslo: Norges byggforskningsinstitutt, 1969).

16
Peter Butenschøn en Hans C. Bjønness, *Planlegging i u-land: en seminarrapport om norske arkitekters og planleggeres arbeid i u-land* (Oslo: Arkitekthøgskolen i Oslo, 1977); Hans C. Bjønness, *Utviklings-studier og u-landsemner i undervisning og forskning ved Arkitektavd. NTH* (Trondheim: NTH, 1981), 88.

17
Harald Kristiansen, *Byggforskning i u-land* (Oslo: NBI, 1976); 'Teknologi i U-hjelpen', *Teknisk Ukeblad* 125/15 (1975), 32-33.

18
'NORADs støtte til redigeringsfasen av TY 16' (9 oktober 1973), doos Da-L0140.

and local materials: at the same time as their colleagues were cataloguing Tanzanian houses, Norwegian architects at home were making similar inventories of traditional Norwegian houses and building techniques. These investigations were supported by Christian Norberg-Schulz's phenomenological inquiries into the qualities of space and the emerging currents of eco-philosophy and 'human ecology' of Sigmund Kvaløy.

Although Norwegian architects stemmed from a different sociocultural context, both Tanzanian and Norwegian planners shared a belief in the redemptive promise of the rural. With its long material and cultural traditions and a spirit of self-reliance, the village seemed to hold an antidote to the global homogenisation and interdependence of techno-scientific capitalism. A no vote on EEC membership in 1972 and the effects of the oil crisis the following year turned Norwegian politics inwards. The Tanzanian focus on the rural fit in well with Norway's inward turn, and returning overseas Norwegian experts were eager to contribute with their perspective. For example, Hans Bjønness, a planner with experience in Tanzania, actively shaped narratives about the future of architecture and planning education in Norway.[16] Experience from the 'developing' countries informed a shift towards more interdisciplinary planning, critical of Western industrialism and resource-consuming technology. In 1980, Bjønness, together with deep ecologist Kvaløy, arranged a seminar for architecture students on 'Sustainability and Planning', in which planning experience from Tanzania was amalgamated with emergent global ecological debates. Harald Kristiansen, BRU leader (and, not coincidentally, one of the architects engaged with the Ammerud project), published widely on the subjects of sustainability and appropriate technology and advocated for a more critical approach towards the paradigm of development in Norway and abroad.[17]

It is therefore hard to consider Norwegian architects too naive about the imposed character of developmental aid. Instead, critical lessons from village planning in Tanzania informed the future of Norwegian planning. And while this relationship could still be viewed within the former colonial power dynamics that approached African countries as 'laboratories' of modernity and innovation that helped to (re)construct metropolitan modernity, I argue that, in this case, power dynamics of knowledge transfer was more ambivalent and diffused. Post-1968 Norwegian architects were increasingly critical of the dominant power structures, and experience in rural planning in Tanzania provided them with a platform to begin to chip at the techno-scientific modernist paradigm at home and global capitalism at large.

Media Coda: TY 16

This critical take on global development could be partially traced to another Nordic-financed venture related to the Tanzania villagisation programme – the *Tanzania Year 16* film project by Canadian filmmaker Gerald Belkin.[18] The project aimed to create an audio-visual history of the social reality of the Ujamaa villagisation programme implemented 16 years after Tanzania's independence. Between 1967 and 1973, the team spent several months in Ujamaa villages, filming daily events and participatory decision-making processes with portable tape recorders. The villagers were encouraged to speak critically about their experiences; the tapes were then shown to the villagers on a large screen projector, followed by a discussion which again was filmed.[19]

According to Belkin, this recursive media exercise was designed 'to de-colonise' the image of the rural as something backwards and ignorant in the minds of Tanzanians. By filming the lived reality in Tanzanian villages, it aimed 'to create an awareness of the shared problems facing the Ujamaa movement across the country'.[20] The medium of portable video tapes reflected the spirit of self-reliance: unlike complex and fragile film equipment, anyone could learn to handle the tape recorders quickly, empowering villagers to produce messages from their perspective. Overall, the team collected more than 200 hours of filmed material that reflected the lived reality of the villagisation programme, explained from the perspective of rural dwellers. For example, in

16
Peter Butenschøn and Hans C. Bjønness, *Planlegging i u-land: en seminarrapport om norske arkitekters og planleggeres arbeid i u-land* (Oslo: Arkitekthøgskolen i Oslo, 1977); Hans C. Bjønness, *Utviklings-studier og u-landsemner i undervisning og forskning ved Arkitektavd. NTH* (Trondheim: NTH, 1981), 88.

17
Harald Kristiansen, *Byggforskning i u-land* (Oslo: NBI, 1976); 'Teknologi i U-hjelpen', *Teknisk Ukeblad* 125/15 (1975), 32-33.

18
'NORADs støtte til redigeringsfasen av TY 16' (9 October 1973), box Da-L0140.

19
'Report from Seminar May 14-16, 1973. Tanzania Year 16 – The Belkin Tapes and Their Use in Training, SIDA personnel Training Section', appendix 1, box Da-L0139.

20
Ibid., 9.

opnamen. Dorpelingen werden aangemoedigd om zich kritisch uit te spreken over hun ervaringen; de gemaakte opnamen werden vervolgens ten overstaan van de dorpelingen op een groot scherm geprojecteerd en daarna werd er gediscussieerd, wat ook weer werd gefilmd.[19]

Volgens Belkin was deze zichzelf herhalende mediasessie bedoeld om het beeld van het platteland als achterlijk en onwetend uit de hoofden van de Tanzanianen weg te 'dekoloniseren'. Men hoopte door de geleefde werkelijkheid in Tanzaniaanse dorpen te filmen, 'bewustzijn te creëren van de gemeenschappelijke problemen waar de Ujamaa-beweging in het hele land mee te maken heeft'.[20] Het gebruik van draagbare opnameapparatuur ademde daarnaast de geest van zelfredzaamheid: anders dan met complexe en kwetsbare filmapparatuur kon iedereen snel leren omgaan met bandrecorders en daardoor waren de dorpelingen in staat vanuit hun eigen perspectief berichten op te nemen. In totaal verzamelde het team meer dan 200 uur aan beeldmateriaal dat de realiteit van het dorpsprogramma weergaf vanuit het perspectief van de plattelandsbewoners. Op een van de opnamen vertelt een boer genaamd Rahmadani, die al drie jaar lid is van een collectieve Ujamaa-productie-eenheid, over zijn beslissing om niet naar het dorp te verhuizen. Hij zegt dat 'de geesten aan het land gebonden zijn', wat verklaart waarom veel Tanzanianen niet het land van hun voorvaderen wilden verlaten.[21] Andere opnamen hadden betrekking op onsuccesvolle ontwikkelingsprojecten waarbij beslissingen over de bouw van de dorpen centraal werden genomen, en lokale opvattingen en deskundigheid volledig werden genegeerd, waardoor de beperkte middelen werden verspild.

Scandinavische actoren waren bijzonder geïnteresseerd in het Belkin-project, niet alleen vanwege de meerstemmige culturele productie, maar ook vanwege de pedagogische belofte die het inhield. Van 14 tot 18 mei 1973 hielden Zweedse, Noorse, Deense en Finse nationale ontwikkelingshulporganisaties voor het eerst een gezamenlijk seminar voor hun personeel in het Zweedse Lövudden. Daar werd geëvalueerd hoe het TY 16-filmproject kon worden opgenomen in de opleiding van veldwerkers. De inbreng van de makers van de TY 16-tapes, Gerald Belkin en Johanna Westman, bracht de kritische discussie over de relatie tussen 'donor' en 'ontvanger' die de kern vormt van elk ontwikkelingsproject op gang. Uiteindelijk zou het oorspronkelijke materiaal worden geredigeerd tot 30 uur en opgeslagen in het Nordic Africa Institute in Uppsala. De banden werden ook tijdens andere Scandinavische seminars voor trainingen gebruikt, met de bedoeling deelnemers bewust te maken van de complexe realiteit en de rimpelingen die ontwikkelingswerk in het veld veroorzaken. De opnamen van Belkin, waarin kwesties als gepaste technologie, culturele specificiteit en lokale kennis aan de orde kwamen, vertegenwoordigden een meer *grassroots* visie op buitenlandse hulp. Het TY 16-project liet de Noordse hulpverleners kennismaken met een nieuw kritisch perspectief, dat hun toekomstige werk sterk zou beïnvloeden.

Deze korte blik op de Noorse bijdrage aan het Tanzaniaanse dorpsontwikkelingsprogramma van de jaren 1970 illustreert de interesse in het platteland die de twee landen deelden. En hoewel de Noorse inspanningen bij gebrek aan tastbare resultaten nauwelijks succesvol genoemd kunnen worden, beïnvloedden de ervaringen in Tanzania de reeds verschuivende opvatting van planning in Noorwegen en bood het architecten aldaar een platform om zich teweer te stellen tegen steeds sterker door kapitalisme aangedreven binnenlandse ontwikkelingen. Het project van Belkin heeft aangetoond dat het begrip 'platteland' goed op een scala van politieke agenda's paste; op het platteland leken antwoorden te vinden te zijn op de vele vragen waarmee de wereld na 1973 werd geconfronteerd. Dit specifieke geval van Noors-Tanzaniaanse samenwerking illustreert zo niet alleen de tekortkomingen van ontwikkelingswerk, maar ook de complexe aard van de internationale osmose van ideeën, waarbij projecten in het buitenland (vaak onbedoelde) effecten hebben in eigen land.

Vertaling: InOtherWords, Maria van Tol

19 'Report from Seminar May 14-16, 1973. Tanzania Year 16 – The Belkin Tapes and Their Use in Training, SIDA Personnel Training Section', appendix 1, doos Da-L0139.

20 Ibid., 9.

21 Transcriptie van opnamen in ibid., 15-30.

one tape, farmer Rahmadani, a member of a Ujamaa collective production unit for three years, talks about his decision not to relocate to the village. According to him, 'the land had spirits', which explained why many Tanzanians did not want to resettle from the land of their grandfathers.[21] Other recordings addressed unsuccessful development projects, where centralised decisions on village construction entirely disregarded the opinions and local know-how and wasted limited resources.

Nordic actors were particularly interested in the Belkin project, not only because of its polyphonic cultural production but also because of its pedagogic promise. Between 14 and 18 May 1973, Swedish, Norwegian, Danish and Finnish national agencies for development aid held the first joint educational staff seminar in Lövudden, Sweden, to evaluate how the TY 16 film project could be incorporated into the training of the outgoing personnel. With the input from the project's creators, Gerald Belkin and Johanna Westman, TY 16 tapes set up the critical discussion on the relationship between 'donor' and 'recipient' at the core of any development project. Ultimately, original materials were edited down to 30 hours and stored at the Nordic Africa Institute in Uppsala. The tapes were used for educational purposes in further Nordic staff training seminars, intended to increase participants' awareness of the complex realities and rippling effects of the on-the-ground developmental work. Addressing questions of appropriate technology, cultural specificity and local know-how, the Belkin tapes provided a different grassroots perspective on foreign aid. The TY 16 project thus introduced a new critical perspective for Nordic aid workers that percolated into their future work.

This brief insight into the Norwegian contribution to the Tanzanian villagisation programme in the 1970s illustrates the shared interest in the rural between the two countries. And while the Norwegian contribution could hardly be called successful in the absence of tangible results, on-the-ground experience from Tanzania impacted the changing planning narratives in Norway and provided architects with a platform to challenge the increasingly capitalist-driven domestic development. As the Belkin project showed, the notion of the rural fit well into a wide range of political agendas, and seemed to hold answers to the many anxieties of the post-1973 world. This particular case of Norwegian-Tanzanian cooperation illustrates not only the shortcomings of development work, but also the complex nature of the international osmosis of ideas, where projects abroad have rippling (and often unintentional) results at home.

21
anscripts of tapes in ibid., 15-30.

‘En nu is het een bruisende gemeenschap van 37 mensen!’

Behoud door regeneratie in Nicodemus, Kansas

Janna Bystrykh in gesprek met Angela Bates en JohnElla Holmes

Landbouw en grond waren het fundament onder de nederzettingen die in de loop van de westwaartse tocht over de Great Plains van de VS werden gesticht, zoals Nicodemus in Kansas. Nicodemus werd in 1877 gesticht door Afro-Amerikanen die aan het einde van de wederopbouw na de Burgeroorlog uit Kentucky waren vertrokken; het was de eerste, en is nu de enige zwarte nederzetting in Kansas.[1]

Nicodemus heeft zich gedurende haar lange geschiedenis steeds weten aan te passen aan veranderende maatschappelijke, politieke en economische omstandigheden. De nederzetting werd gesticht als een agrarische *new town*, maar toen er in de jaren 1880 in de buurt een spoorlijn werd aangelegd, stopte die niet in Nicodemus. Dit leidde tot economische neergang, iets dat veel andere steden op de Plains om die reden ook doormaakten. In de jaren 1940 en 1950, toen de beschikbaarheid van landbouwgrond begon af te nemen, veranderde Nicodemus in een forensenstad. In 1996 werd Nicodemus uitgeroepen tot National Heritage Site; drie jaar later richtten de boeren, die geconfronteerd werden met zware discriminatie en zich hadden verenigd om een alternatieve en duurzame toekomst voor de landbouw te ontwikkelen, de Kansas Black Farmers Association (KBFA) op.

In juli 2023 lanceerde het Amerikaanse ministerie van Landbouw (United States Department of Agriculture, USDA) het Discrimination Financial Assistance Program dat is bedoeld om landbouwers en veeboeren bij te staan die door het ministerie van Landbouw waren gediscrimineerd.[2] Door de jaren heen zijn veel zwarte landbouwers en veeboeren, onder wie alle boeren in Nicodemus, hun boerderijen en daarmee hun werk kwijtgeraakt. Dit was het gevolg van een systematische discriminatie door het ministerie, dat met betrekking tot de leenprogramma’s en aanvraagprocedures voor boerenbedrijven, hun aanvragen voor leningen vertraagde of afwees. Tegenwoordig zijn er nog maar een paar kleine stukjes landbouwgrond in het bezit van bewoners of hun nazaten. Het bezit van de grond en de familiaire band met het land spelen een centrale rol in de geschiedenis en ontwikkeling van Nicodemus, en het verlies van de grond is verwoestend gebleken voor de gemeenschap. Het hedendaagse Nicodemus is een gemeenschap die in de dagelijkse praktijk niets meer te maken heeft met het uitgestrekte boerenland van noord-centraal Kansas. De economie van de gemeente drijft op cultureel en agrarisch erfgoed, en men houdt zich bezig met dienstverlening, educatieve activiteiten, agrarisch toerisme en bijdragen aan de gemeenschap. Tegelijkertijd is de ambitie van de gemeenschap om opnieuw een boereneconomie op te bouwen, stevig verankerd en toekomstgericht.

Dit artikel bevat een thematische weerslag van een interview met Angela Bates, een Nicodemus-nazaat, historica, oprichter en uitvoerend directeur van de Nicodemus Historical Society and Museum, dat ik samen met Clemens Driessen heb afgenomen, en een gesprek met JohnElla Holmes, algemeen en uitvoerend directeur van de KBFA, die momenteel in Nicodemus woont.[3] De helderheid waarmee Bates en Holmes in dit gesprek de unieke sociaal-economische omstandigheden uiteenzetten die door de oorspronkelijke kolonisten in Nicodemus werden gecreëerd, is inspirerend. Ze beschrijven Nicodemus als een ‘broedplaats’, een plaats waar een zwarte gemeenschap van meerdere generaties kon gedijen.

De benoeming van Nicodemus tot een National Historic Site, en het werk dat er voortdurend in cultureel en agrarisch erfgoed wordt

1
Kansas: Nicodemus National Historic Site, nps.gov/articles/nicodemus.htm#:~:text=De%20kleine%20stad%20van%20Nicodemus,Mid-west%20na%20de%20Civil%20War (laatst bezocht 20 oktober 2023).

2
‘Financial Assistance Application Process Opens for USDA Farm Loan Borrowers Who Have Faced Discrimination’, usda.gov/media/press-releases/2023/07/07/financial-assistance-application-process-opens-usda-farm-loan (laatst bezocht 20 oktober 2023).

3
De interviews zijn opgenomen in het kader van GREAT PLA/NS (2023), een documentaire ove regeneratieve landbouw en gemeenschapspra tijken op de Great Plains, waar dronebeelden zijn gecombineerd met interviews met boeren, onderzoekers en gemeenschapsleiders.

'And So Now We're At a Bustling Thirty-seven!'

Preservation by Regeneration in Nicodemus, Kansas

Janna Bystrykh in conversation with Angela Bates and Dr JohnElla Holmes

Agriculture and land were the foundation and the draw of many westward expansion settlements across the Great Plains in the United States, including the rural settlement Nicodemus in Kansas. Nicodemus was founded in 1877 by African Americans who left Kentucky at the end of the post-Civil War Reconstruction period; it was the first and today it is the only remaining Black settlement in Kansas.[1]

Throughout its history, Nicodemus has continued to adapt to changing social, political and economic conditions. Established as a new town with an agricultural base, it was bypassed by the railroad in the 1880s, which led to economic decline that many other towns also experienced across the Plains during the planning of the railroad. In the 1940s and 1950s Nicodemus transformed into a commuter town when access to agricultural land began to diminish. Finally, in 1996 Nicodemus became a National Heritage Site, and three years later the Kansas Black Farmers Association (KBFA) was founded in Nicodemus by farmers confronted with deep discrimination, coming together to envision alternative and sustainable agricultural futures.

In July 2023, the United Stated Department of Agriculture (USDA) launched the Discrimination Financial Assistance Program, to assist farmers and ranchers who have faced discrimination by the USDA.[2] Over the years, due to systematic discrimination by the USDA in the farm lending programmes and farm application processes, in the form of delayed or denied loans, many Black farmers and ranchers, including all of the farmers in Nicodemus, have lost their farms and farming practices. With only a few small pockets of agricultural land remaining within the ownership of some of the residents and descendants today. Ownership of farmland and the genealogical connection to the land plays a central role in the history and development of Nicodemus, and the loss of land has been devastating to the community. Contemporary Nicodemus is a community that is detached in its daily practice from the vast agricultural landscape of north-central Kansas. The economy of the town is linked to cultural and agricultural heritage, providing services, educational experiences, agricultural tourism and community work. At the same time, the community's ambition to rebuild a farming-rooted economy is profound, and forward looking.

This article offers a thematic compilation of two conversations: with Angela Bates, a Nicodemus descendant, historian, founder and executive director of the Nicodemus Historical Society and Museum – an interview conducted together with Clemens Driessen; and a conversation with Dr JohnElla Holmes, president and executive director of KBFA, who currently lives in Nicodemus.[3] With inspirational clarity, Bates and Holmes explore in conversation the unique socioeconomic conditions that were created in Nicodemus by the original settlers, describing it as an 'incubator', a place where a Black community of multiple generations could thrive.

The designation of Nicodemus as a National Historic Site and the ongoing cultural and agricultural heritage work is an important precedent for historical towns in rural areas in general. Where the image and future of a town is rooted in the conservation of (national) rural and agricultural heritage, connected to the layered narratives and histories of different communities present in the landscape. What emerges here is a form of rural community regeneration through multidisciplinary conservation and community-focused practices.

From these conversations we understand that this history and contemporary narratives

1
ansas: Nicodemus National Historic Site, ps.gov/articles/nicodemus.htm#:~:tex-=The%20small%20town%20of%20Nicode-ıus,Midwest%20after%20the%20Civil%20/ar (accessed 20 October 2023).

2
'Financial Assistance Application Process Opens for USDA Farm Loan Borrowers Who Have Faced Discrimination', usda.gov/media/press-releases/2023/07/07/financial-assistance-application-process-opens-us-da-farm-loan (accessed 20 October 2023).

3
The interviews were recorded as part of the GREAT PLA/NS short film documentary project (2023) on regenerative agriculture and community practices across the Plains, combining drone footage with on-the-ground interviews with farmers, researchers and community leaders.

gestoken, vormt een belangrijk precedent voor historische gemeenten in landelijke gebieden in het algemeen. Het beeld en de toekomst van de plaats zijn verankerd in de conservering van (nationaal) landelijk en agrarisch erfgoed en verbonden met de gelaagde verhalen en geschiedenissen van de verschillende gemeenschappen. Wat we hier zien is de regeneratie van een plattelandsgemeenschap door middel van multidisciplinaire conservering en op de gemeenschap gerichte activiteiten.

Uit de gesprekken blijkt dat geschiedenis en eigentijdse verhalen de algemene opvatting van wat een kleine plattelandsgemeente feitelijk is, kunnen verbreden. Ze verhelderen wat stedelijk en wat landelijk is, wat het betekent om verschillende vormen van autonomie en identiteit op te bouwen op het platteland en hoe de toekomst van veel mensen is aangetast door vooroordelen, geweld en discriminatie. De interviews benadrukken de noodzaak om zoveel mogelijk perspectieven en geschiedenissen op te nemen in toekomstvisies.

De toekomstvisie voor Nicodemus stoelt op het behoud van erfgoed, waarbij ruimtelijke ordening niet los gezien kan worden van de verhalen die de mensen belangrijk vinden om te vertellen. Het is deze drang om verhalen te vertellen, die de sleutel is tot de regeneratie van plattelandsgemeenschappen.

Erfgoed: we moeten het hele verhaal vertellen

Janna Bystrykh

Nicodemus is sinds 1996 een National Historic Site; verschillende gebouwen vallen onder het National Park System. Kun je ons iets meer vertellen over deze erfgoedlocaties?

Angela Bates

Tegenwoordig bestaat de Nicodemus National Historic Site uit vijf historische gebouwen. Het grootste is het gemeentehuis, dat in 1939 werd gebouwd als een zogenaamd Works Progress Administration-project. Het werd jarenlang gebruikt als gemeenschapscentrum en voor onze Homecoming Emancipation Celebrations.[4] Dan is er nog de oude First Baptist Church, een belangrijk religieus icoon; de onlangs gerestaureerde African Methodist Episcopal Church, die net om de hoek ligt, een blok verderop; de school en ten slotte het St. Francis Hotel en postkantoor tegenover het gemeentehuis. Zachary Fletcher en zijn vrouw Jenny, die hier in het voorjaar van 1877 arriveerden, openden er een postkantoor. Zachary werd de eerste Afro-Amerikaan in de VS met een eigen postkantoor. Het gebouw fungeerde ook als hotel. De postkoets kwam elke dag langs om post op te halen en af te leveren.

Clemens Driessen

Waren de mensen die zich hier vestigden toen de gemeente Nicodemus net was gesticht, vooral geïnteresseerd in landbouw?

AB Na de Amerikaanse Burgeroorlog (1861-1865) en nadat de Afro-Amerikanen waren vrijgemaakt, verschoof de behoefte aan militaire aanwezigheid van het zuiden naar het westen. De regering wilde het Manifest Destiny-project realiseren: het gebied openstellen voor mensen die zich er wilden vestigen en de oorspronkelijke Amerikanen dwingen in reservaten te gaan wonen, wat zij verfoeiden. Ze vochten heel hard om hun onafhankelijkheid te behouden, om hun eigen land te laten voortbestaan en hun grond te behouden. De soldaten die hierheen werden gestuurd, de 9^e^ en 10^e^ Calvary van de Buffalo Soldiers, vochten hier tegen oorspronkelijke Amerikanen en probeerden het veilig te maken voor de kolonisten, de zogenaamde *homesteaders*. Het was aantrekkelijk om als kolonist naar het westen te trekken, het was een manier om land in bezit te krijgen, om 160 *acres* (ongeveer 65 ha) in handen te krijgen. Deze *founding fathers* kwamen uit Kentucky, en ze gingen terug naar Kentucky om meer mensen te vinden die ook naar het westen wilden trekken. Het enige wat die laatste groep hoefde te doen, was een claim indienen en vijf jaar op het land wonen; vervolgens droeg de regering de eigendomspapieren over tegen 25 cent/*acre*. W.R. Hill, een witte speculant, en W.H. Smith, een dominee en *homesteader*, gingen een partnerschap aan en richtten in 1877 op 160 *acres* de Nicodemus Township Company op.

4
Sinds 1878 vindt in Nicodemus elke zomer een Homecoming Emancipation Celebration plaats waarvoor nazaten van de oorspronkelijke stichters vanuit de hele VS naar Nicodemus komen Volgens Bates is dit evenement 'de katalysator' waardoor de uitgebreide en toch hechte meergeneratiegemeenschap van Nicodemus blijft bestaan.

icodemus water tower, possible future location of the National Historic Site Visitor Centre, May 2021/ Watertoren van Nicodemus, mogelijk e toekomstige locatie van het National Historic Site Visitor Centre, mei 2021

can expand the common idea of a small rural town, what is urban and what is rural, what it means to build out different forms of autonomy and identity in a rural landscape, how possible futures for many people have been skewed by preconceptions, violence and discrimination, and the need for inclusion of multiplicity of perspectives and histories in future visions.

The vision for the future of Nicodemus involves certain practices of heritage, whereby spatial planning cannot be seen separate from the stories that people feel are important to tell. Precisely the urge to tell these stories is key to the regeneration of rural communities.

4
ach summer, since 1878, the town hosts the omecoming Emancipation Celebration, drawng descendants from across the United States o Nicodemus. According to Bates this event is he catalyst' for Nicodemus's extended and yet lose multi-generational community.

Heritage: We Need to Tell the Full Story

Janna Bystrykh

Nicodemus is a National Historic Site since 1996, several buildings have been declared as a unit of the National Park System – could you tell us something about the sites that are listed?

Angela Bates

There are five historic buildings that make up Nicodemus National Historic Site today. The biggest one is the Township Hall, which was built in 1939, as a Works Progress Administration project. For years, it was used as a community centre, and for our Emancipation Celebrations.[4] Then there's the old First Baptist Church, a major religious icon; the recently restored African Methodist Episcopal Church, which sits right around the corner a block away; the School; and the St Francis Hotel and post office across the street from the Township Hall. Zachary Fletcher and his wife Jenny arrived in early spring of 1877 and established the post office. Zachary became

De zwarte mensen uit Kentucky waren bereid naar het westen te verhuizen vanwege de Jim Crow-wetten en het geweld dat zij ondervonden. In Nicodemus probeerden we een plek te scheppen die we ons thuis konden noemen en waar we niet werden blootgesteld aan vooroordelen en discriminatie. Ook al bestonden die wetten overal, deze gemeenschap was ten minste de eigen gemeenschap van de stichters. Veel van de mensen die hier kwamen wonen, waren geschoolde arbeiders. Ze hadden hun eigen lapje grond van 160, 80 of 40 *acres* en ze werden zelfvoorzienend. Het werden boeren, ze leerden te boeren zoals de andere boeren hier.

Maar je kunt het niet over *homesteading* en landbouw in het westen hebben en inclusiviteit onbesproken laten. Er vestigden zich hier allerlei kolonisten, niet alleen witte mensen, maar ook Afro-Amerikanen, Chinezen die hier als spoorwegarbeiders naar toe waren gebracht, enzovoort. De keerzijde van dit verhaal is dat het land van de oorspronkelijke Amerikanen werd afgepakt en dat hun verhaal in dit landschap, over migratiepatronen, over het volgen van de buffels, verloren ging. De boeren kwamen, omdat het land van de oorspronkelijke Amerikanen werd afgepakt en de buffels werden gedood. Dat is geen verhaal om trots op te zijn, we moeten het vertellen vanuit het perspectief van de mensen van wie het land werd afgepakt. Dit land was geen agrarisch Utopia waar alles geweldig werd gedaan. De cowboys, de stormloop van hoefdieren, de gevechten met kolonisten en veehouders – dat was echt. We moeten het complete verhaal vertellen en binnen het agrarisch toerisme wordt dat ook gedaan.

JB Angela, je familie bezit landbouwgrond in dit gebied, zie jij jezelf als boer?

AB Het lukte mijn nicht JohnElla om me ervan te overtuigen dat wij toch echt boeren zijn. Ik had het idee dat je, om boer te zijn, op een tractor moet zitten, het land moet bewerken. We hebben inderdaad een boerderij, Bates Farm, van 40 *acres* (ongeveer 16 ha).[5] We verhuren een deel van het land voor de verbouw van tarwe, sorghum en andere gewassen, en een ander deel als weiland. Dit land is sinds het gekoloniseerd werd steeds in het bezit geweest van de bewoners van Nicodemus en hun nakomelingen. Zelf heb ik 25 *acres* (ongeveer 10 ha) ten westen van de stad die ik ook verhuur voor de landbouw en heb overgenomen van familie. Dus ik denk dat ik inderdaad boer ben, zoals JohnElla zegt.

Ik weet nog dat het land van Bates bewerkt werd en dat de boerderijen voornamelijk in handen van verwanten waren. Iedereen had graanwagens, maaidorsers en tractoren. Ik vond het geweldig om op een tractor te rijden, opeengepakt tussen neven en nichten die voor hun ouders aan het werk waren – ik hield van de geur van stof en tarwe.

JB JohnElla, wanneer stopten jouw familieleden met boeren en zochten ze ander werk?

John Ella Holmes

Mijn betovergrootouders Thomas en Zerina Johnson vestigden zich hier; zij waren boeren. Toen mijn grootvader overleed, dreef mijn grootmoeder het postkantoor en zo stapten ze uit de landbouw. Door het verlies van de grond, moest mijn familie overschakelen op ander werk. Mijn moeder ontmoette mijn vader toen hij aan de Webster-dam werkte, met een ploeg uit Mississippi. Ik heb mijn basisschool- en middelbareschooltijd in Topeka doorgebracht. Maar mijn moeder zorgde ervoor, dat we Nicodemus elk jaar bezochten.

Land heeft grote betekenis, het is iets dat intergenerationele rijkdom uitdrukt en dat de vooruitgang van families veiligstelt. Het verlies van land is absoluut verschrikkelijk. Op een gegeven moment waren er zover het oog reikte zwarte gezinnen en zwarte boeren; die wereld bestaat nu eigenlijk niet meer.

JB In 1999 werd Pigford v Glickman geschikt, een rechtszaak die zwarte boeren hadden aangespannen tegen het ministerie van Landbouw wegens discriminatie. Wat was de reactie van de boerengemeenschap in Nicodemus?

JH Er was veel onrust na de schikking; sommige boeren kregen een tegemoetkoming, maar veel van onze boeren ook niet en zij raakten land kwijt. Godzijdank hadden die boeren een

5
De gemiddelde grootte van een boerderij in Graham County, waar Nicodemus zich bevindt, is ongeveer 1.000 *acres*/of 405 ha. Institute for Policy & Social Research, University of Kansas, ipsr.ku.edu/ksdata/ksah/ag/AgAveSize.pdf (laatst bezocht 20 oktober 2023); de gegevens zijn afkomstig van de United States National Agricultural Statistics Service: *2017 Census of Agriculture. Volume 1 Geographic Area Series. Part 16 Kansas State and County Data* (Washington, DC: United States Department of Agriculture National Agricultural Statistics Service, 2019).

gela Bates (centre) with Nicodemus National Historic Site Park Rangers Brendan Oates (left) and LueCreasea Horne (right) in front of the wnship Hall, current location of the Visitor Centre, May 2021/ Angela Bates (midden) samen met Nicodemus National Historic Site Park Rangers endan Oates (links) en LueCreasea Horne (rechts) voor het gemeentehuis (Township Hall), de huidige locatie van het Visitor Centre, mei 2021

the first African American postmaster to run his own post office in the United States. It operated as a hotel as well. The stagecoach mail wagon used to come through every day, picking up and delivering mail.

Clemens Driessen
Back at the start of Nicodemus as a town, were the people who settled here explicitly interested in farming?

AB After the American Civil War (1861-1865), and after African Americans were emancipated, the military need was no longer in the south, but it was here in the West. The government wanted to achieve Manifest destiny – to open the land up for people to settle here, forcing the Indigenous Americans onto reservations – which they resented. They fought very hard to maintain their independence, to keep their own country and to hold on to their land. The soldiers that were sent out here, the Buffalo Soldiers, the 9th and 10th Calvary, were here fighting the Indigenous Americans, trying to make it safe so to speak for those that were coming out to settle, the homesteaders.

Homesteading was the draw for people to come to the West, a way for people to own land, to get the 160 acres (a quarter section, about 65 ha) of land. These founding fathers were from Kentucky, and they went back home to solicit people to come out. All you had to do initially was file a claim, live on the land for five years, and the government would give it to you at 25 cents an acre for the land patent. W.R. Hill – a White town speculator, and W.H. Smith – a Reverend and homesteader, went into partnership and created the Nicodemus Township company on these 160 acres in 1877.

The push for the Black people living in Kentucky were the Jim Crow laws and the violence they were experiencing. In Nicodemus, we were trying to create a place we could call home without the prejudice and discrimination of the Jim Crow laws. Even though these laws existed everywhere, at least in this community they could call it their own community. Many

'This time of year the wheat is green. The whole countryside is green, we've had so much rain. You have the Solomon River, you see the trees associated with the river and tributaries. It's a beautiful place,' Angela Bates, mei 2021/ 'In deze tijd van het jaar is het graan groen. Het hele landschap is groen, we hebben zoveel regen gehad. Je hebt de Solomon-rivier, en de bomen die bij de rivier en zijrivieren horen. Het is een prachtige plek,' Angela Bates, mei 2021

vooruitziende blik en hebben ze de Kansas Black Farmers Association (KBFA) opgericht. Want die schikking had ons echt uit elkaar kunnen spelen. De KBFA en de 40 boeren die voor het eerst bij elkaar kwamen, besloten samen dat ze het in een andere richting zouden gaan zoeken, subsidies zouden aanvragen, duurzaamheid zouden bevorderen door productontwikkeling, gewasbeheersystemen en onderzoek: een visie om vooruit te komen.

Bernard Bates is een van onze erfgoedboeren. Volgens mij is het mede aan hem te danken dat Pigford v Glickman is gevoerd. In 1983 stuurde hij een brief aan de toenmalige president Reagan, en een aan dominee Jesse Jackson van PUSH, waarin hij schreef: 'Bij het USDA zijn ze niet eerlijk. Ik kan geen lening krijgen en mijn buurman aan de andere kant van het hek, die wit is, krijgt wel direct een lening en toegang tot allerlei programma's. En voor zwarte boeren is dat allemaal niet beschikbaar.' Die brief zorgde ervoor dat er voor het eerst iemand naar de oneerlijke gang van zaken bij het USDA keek.

JB Welke beleidsmechanismen zijn er volgens jou in de toekomst nodig in de context van agrarisch en cultureel erfgoed, zoals in Nicodemus?

JH Het beleid en de programma's moeten gericht zijn op het helpen van *grassroots* organisaties. We hebben financiering nodig voor initiatieven die werken met kleine zwarte of BIPOC (Black, Indigenous, and other People of Color) -boerenbedrijven. Ik weet het, onze naam is 'Kansas Black Farmers Association', maar we zijn solidair met alle etnische minderheden die steun nodig hebben.

Er moet iets van zekerheid komen dat alle kleine boeren tezamen gesteund worden. Er moet een programma komen zodat de opvolging op de boerderij is geregeld: als we een *land trust* kunnen oprichten (we werken momenteel aan een subsidieaanvraag daarvoor), zouden we kunnen werken met een

of the people who came were skilled labourers. They had their small 160, 80, or 40 acres, and they became self-sufficient. They became farmers. They learned to farm like other farmers out here.

But you can't talk about homesteading and agriculture in the West unless you're talking about inclusivity. All kinds of people settled here and became homesteaders, not just White people, also African Americans, Chinese workers who were brought as railroad workers and others. The flipside is the loss of the land by the Indigenous Americans, and their story in this landscape, the migratory patterns, following the buffalo. The farmers came because of the land being taken from the Indigenous Americans and often killing the buffalo. We need to not look at this as a great experience, but from the perspective of the people that were having their land taken from them. This land was not an agricultural utopia where everything was happening in a wonderful way. The cowboys, the stampedes, the fights with the homesteaders and the cattlemen – that was real. We need to tell the full story; agricultural tourism includes all of that.

JB Angela, your family owns some farmland in the area, would you consider yourself a farmer?

AB It took my cousin JohnElla to convince me that we were farmers. In my mind to be a farmer, you have to be on a tractor, you have to be processing. The reality is we own a farm, the Bates Farm, of 40 acres (c. 16 ha).[5] We lease the land out for wheat, milo and other crop farming, and a part of the land is used for pasture, for cattle. Since it was homesteaded, this land has stayed with the Nicodemus family, with the descendants. I personally also own 25 acres (c. 10 ha) west of town, that I also lease out for farming, which I bought from my cousins. So, I guess I am a farmer as JohnElla says.

I remember when the Bates land was being farmed, and all the farms were predominantly owned by cousins. Everybody had wheat trucks, combines, tractors. I thought that was the neatest thing to ride on a tractor, squished between cousins, who were driving for their parents – the smell of the dust and wheat.

JB JohnElla, when did your family stop farming and transition to other work?

JohnElla Holmes

My great-great-grandparents Thomas and Zerina Johnson came here, and they farmed. When my grandfather passed away, my grandmother ran the post office, and they kind of transitioned out of farming that way. Because of land loss, my family had to switch to other work. My mother met my father while he was working on the Webster Dam, with a crew out of Mississippi. My elementary and high school years were in Topeka. But my mother made sure that every single year we came back to Nicodemus.

Land is profound, that's how you express generational wealth and secure progress for your families here. Land loss is absolutely devastating. At one point, as far as the eye could see there were Black families and Black farmers, and none of that really exists anymore.

JB The Pigford v. Glickman class action discrimination lawsuit, which was filed by Black farmers against the US Department of Agriculture, was settled in 1999. What was the response in the Nicodemus farming community?

JH There was a lot of trepidation after the settlement, some farmers did receive a settlement, but a lot of our farmers were denied, and they suffered land loss. I thank God that those farmers had the foresight to organise the Kansas Black Farmers Association (KBFA). Because that settlement could have really torn us apart. With the KBFA, and the 40 farmers who first came together, they decided that they would go in a different direction, try to seek grants, find sustainability through product development, crop management systems, do research: a vision to move forward.

Bernard Bates is one of our legacy farmers. I like to give him credit for being one of the farmers that got Pigford v. Glickman started. It would have been 1983, he wrote

5
[Th]e average size of a farm in Graham County, [wh]ere Nicodemus is located, is around 1000 [ac]res, or 405 ha. Institute for Policy & Social [R]esearch, The University of Kansas, ipsr.[ku].edu/ksdata/ksah/ag/AgAveSize.pdf (accessed 20 October 2023); data from United States National Agricultural Statistics Service: *2017 Census of Agriculture. Volume 1 Geographic Area Series. Part 16 Kansas State and County Data* (Washington, DC: United States Department of Agriculture National Agricultural Statistics Service, 2019).

Bates Farm (40 acres/ 16 ha) that extends to include the first green field with the lone tree, beyond the tilled field. Photograph from the 1980s/ Bates Farm (40 acres/ 16 ha) strekt zich uit tot en met het eerste groene veld, met de eenzame boom, verderop het bewerkte veld. Foto uit de jaren 1980

oudere generatie boeren, met kinderen die niet willen boeren. Waarom blijft het land niet beschikbaar zodat wij het kunnen kopen en bewerken? Waarom vormen we geen partnerschappen, zodat zulke mensen opvolgers hebben? We kunnen heel veel dingen doen om BIPOC-boeren te helpen om het land opnieuw te bewerken en bezitten. We kunnen programma's organiseren en begeleiding regelen voor nieuwe boeren, vrouwelijke boeren, hen helpen met het verkrijgen van certificaten en bedrijfsnummers.

Mag ik Gil Alexander even noemen? Gil was absoluut geweldig. Nadat Gil Alexander was overleden (hij was de laatste actieve boer in Nicodemus), kwam zijn neef terug om te proberen de boerderij te redden. Omdat die neef een nieuwe boer was, wilde het USDA hem Gil's boerderijnummer niet geven. Ze zeiden hem dat hij een nieuw boerderijnummer moest aanvragen, maar ze gaven het hem niet. We hebben toen gevraagd of we een mentorprogramma mochten opzetten onder leiding van Bob Adkins, een boer uit de buurt. Dat vond het USDA ook niet goed. Als je geen bedrijfsnummer hebt, krijg je geen hulp van het USDA. Uiteindelijk hebben de banken en dergelijke hun leningen ingetrokken en zag de neef het land stukje bij beetje, *acre* bij *acre*, verdwijnen.

Thuiskomst: onze eigen gemeente

JB Door de jaren heen heeft de in Nicodemus gewortelde gemeenschap zich verspreid over de hele VS. Kun je ons iets vertellen over die uitgebreide Nicodemus-familie?

AB Toen de Union Pacific-spoorlijn Nicodemus links had laten liggen, ontstond het stadje Bogue, dat ongeveer vier mijl ten westen en één mijl ten zuiden ligt, direct ten zuiden van de Solomon-rivier. Dit nieuwe spoorwegstadje, opgericht in 1888, haalde de economische vaart uit de gemeente. Vanaf dat moment begon zowel het inwonerstal als de economie van Nicodemus geleidelijk te krimpen. In de hoogtijdagen woonden hier ongeveer 600 mensen.

a letter to then President Reagan, and to Reverend Jesse Jackson of PUSH, and he says 'USDA they're not being fair. I'm denied a loan and across the fence, my neighbor who is White, can go get a loan and other programs just instantly. And none of that is being provided to these Black farmers.' It was that letter that got anyone to even look at the unfair practices of the USDA.

JB What kind of policy mechanisms do you think are needed moving forward in a rural and cultural heritage context like Nicodemus?

JH Policies and programmes should help grass-roots organisations. We need funding with organisations that are working with those small, Black or BIPOC (Black, Indigenous and other People of Color) farmers. I know that our name says Kansas Black Farmers Association, but we're inclusive with any ethnic minority groups that need the support.

There needs to be something that makes sure that all small farmers together are taken care of. There should be a succession programme, if a land trust is created – we are currently working on a grant application to set up a land trust – we could work with the older farmers whose children are not coming home to farm. Why not leave it where we could purchase it, and continue to farm, or create partnerships in that succession? There are many things that we could do to help BIPOC farmers get back into farming and land ownership. Programming and guidance for new farmers, women farmers, to help them get their certificate and farm number.

May I talk about Gil Alexander for just a second? Gil was absolutely amazing. After Gil Alexander passed away (he was the last active farmer in Nicodemus), his nephew came back to try and save the farm. Because his nephew was a new farmer, the USDA wouldn't give him Gil's farm number. They told him he had to have a new farm number, which he also couldn't get. We asked if we could create a mentorship programme with Bob Adkins (a neighbour farmer). The USDA didn't approve this. Without a farm number, you can't get any USDA help. Ultimately the banks and everybody called in their loans, and his nephew just saw the land go piece by piece, acre by acre.

Homecoming: Our Own Town

JB Over the years the community that is rooted in Nicodemus has spread across the United States, could you tell us about the extended Nicodemus family?

AB When the Union Pacific Railroad line didn't materialise in Nicodemus, the little town of Bogue, which is about four miles west and one mile south, right on the south side of the Solomon River came into existence. This new railroad town, established in 1888, pulled the economic basis out of the town. From that point onward Nicodemus went into gradual decline in population, and economically. In its heyday there were about 600 people living here.

With large families only so many kids can inherit and work the farm after they become adults. Things got tight in the 1940s and 1950s for work, and so especially men would go away during the week and work other jobs. In the 1950s there was an outward migration of my parents' generation. Many of them went to California and Colorado. I grew up in Los Angeles and Pasadena. But our family never lost connection with Nicodemus. We would spend two weeks out of our summer right here. It was like summer camp, it was wonderful. To be able to come here, our own town, I was very proud of that. The Emancipation Celebration is I believe what keeps the town alive, the catalyst for us to come back every year, and it developed in me the desire to want to hold on.

JB How did the tradition of the Nicodemus Homecoming Emancipation Celebration begin?

AB Most of the people that came here were from Kentucky. During slavery, they allowed the enslaved people a weekend off, to have a barbecue, horse races . . . That was usually the first week in August, after the harvest. People brought that experience with them, and the organisation the Benevolent Society, which assisted free and enslaved people. The Benevolent Society started celebrating Emancipation here in Nicodemus on August 1st, which coincided with the emancipation of the enslaved people in the West Indies, and it also coincided with the Colored People's Fair that they had in Kentucky. They organised the first Nicodemus celebration in August of 1878, and we've been having them ever since.

In grote gezinnen kunnen maar een paar van de kinderen de boerderij erven en er werken, als ze volwassen zijn. In de jaren 1940 en 1950 werd het moeilijk om werk te vinden en dus gingen vooral de mannen doordeweeks ergens anders naar toe voor werk. In de jaren 1950 vertrokken veel mensen van de generatie van mijn ouders. Ze gingen vooral naar Californië en Colorado. Ik groeide op in Los Angeles en Pasadena. Maar onze familie verloor nooit de band met Nicodemus. We brachten hier elke zomer twee weken door. Het was net een zomerkamp, geweldig. Dat we hier heen konden, naar onze eigen stad, daar was ik erg trots op. Volgens mij houdt de Homecoming Emancipation Celebration de stad in leven, het is de katalysator waardoor we elk jaar terugkomen, en daardoor groeide er in mij een verlangen naar het voortbestaan van de gemeente.

JB Hoe is de traditie van de Nicodemus Homecoming Emancipation Celebration begonnen?

AB De meeste mensen die zich hier vestigden, kwamen uit Kentucky. Tijdens de slavernij kregen de tot slaaf gemaakten weleens een weekend vrijaf, om te barbecueën of naar de paardenraces te gaan. Dat was meestal in de eerste week van augustus, na de oogst. De mensen brachten zowel die ervaring als de Benevolent Society, een organisatie die vrije en tot slaaf gemaakte mensen bijstond, met zich mee. Hier in Nicodemus begon de Benevolent Society op 1 augustus met de viering van emancipatie, wat samenviel met de vrijmaking van de tot slaaf gemaakte mensen in West-Indië, en het viel ook samen met de Colored People's Fair die ze in Kentucky altijd hielden. Ze organiseerden de eerste Nicodemus Homecoming Emancipation Celebration in augustus 1878 en sindsdien hebben we die altijd op deze dag gehouden.

CD Hoe werd die dag gevierd toen jij opgroeide?

AB Als nazaat waren we opgewonden dat we naar huis gingen om tijd door te brengen met de oma, opa, tantes, ooms, neven en nichten die we het hele jaar niet hadden gezien. Elke zomer telden we de dagen af, onze ouders ook. Wat zouden we koken? Wat zouden we meenemen? Welke danspassen zouden we onze neven en nichten gaan leren?

Het inpakken van de auto was een belangrijke gebeurtenis. Er zijn foto's van mijn vader die de koffers boven op de stationwagen laadt en ze vastzet met een zeil, van mijn moeder die kip bakt en van ons, terwijl we brood smeren en de koelvaten inpakken, één voor water en één die vóór op de auto moest. Dit waren de jaren 1960, de auto kon oververhit raken en we konden niet in een motel overnachten. Dat deden zwarte mensen niet, dat mocht niet.

Op vrijdag- en zaterdagavond was het groot feest in het gemeentehuis. Iedereen danste en we hadden reuzelol, want we waren thuis. Op zondag gingen we naar de kerk. De mensen waren dan al een beetje verdrietig, omdat ze wisten dat iedereen 's-avonds weer zou vertrekken. Na de kerkdienst gingen we naar het gemeentehuis en hielden we een feest, een gemeenschappelijke maaltijd, bijgewoond door honderden mensen.

Regeneratie: deze gemeente werd een broedplaats

JB Nicodemus had op zijn hoogtepunt ongeveer 600 inwoners. Hoe groot is de gemeenschap nu?

JH Toen ik in 2015 terugkwam, waren we met 15 mensen; sindsdien zijn er veel mensen terugverhuisd. We hebben ook een project gedaan dat Tiny Homes heette, om mensen van mijn leeftijd die met vervroegd pensioen kunnen, het rustiger aan kunnen doen, aan te moedigen om terug te keren – ook wij kunnen nog in commissies zitten en de gemeenschap helpen opbouwen. En nu is het dus een bruisende gemeenschap van 37 mensen!

CD Hebben, nu de gemeente weer groeit, alle mensen die hier willen komen wonen een band met Nicodemus?

AB Er is altijd interesse van buitenaf. Als nazaten moedigen we elkaar aan om bezit aan familie te verkopen en we ontmoedigen elkaar om buiten de gemeenschap te verkopen; we willen de samenhang van de relaties en de families hier behouden. Het is een beetje egoïstisch, maar het is een vorm van zelfbehoud. Ik voel me gezegend, omdat ik deel uitmaak van deze familie, deze geschiedenis. Dat is niet voor alle Afro-Amerikanen weggelegd. Nicodemus is uniek, ze is de oudste en enig overgebleven westelijke gemeente die door Afro-Amerikanen is gesticht. Hij is georganiseerd, gepland en gesticht, net als elke andere gemeente die indertijd werd gebouwd en waar mensen werden

ohnElla Holmes in front of her home, which she started renovating in 2015, after moving back to Nicodemus in 2014. 'My home belonged to ny mother in the 1940s. At night I can see the lights of Pelco, Zurich, Damar, 17 miles away. The scenery is gorgeous. A lot of people will come to icodemus and they'll say: "Not much here." Well, they're not looking at it through the right eyes.' May 2021/ JohnElla Holmes voor haar huis dat ze 2015 begon te renoveren, nadat ze in 2014 was terugverhuisd naar Nicodemus. 'In de jaren 1940 was dit het huis van mijn moeder. 's Nachts kan de lichten zien van Pelco, Zürich, Damar, 17 mijl verderop. Het natuurschoon is overweldigend. Veel mensen die naar Nicodemus komen, zeggen: Hier is niet veel te zien." Nou, die kijken niet goed.' Mei 2021

CD What was the celebration like when you were growing up?

AB As descendants we were excited we were going home to see grandma, grandpa, aunts, uncles, cousins that we hadn't seen all year. Every summer we were counting the days, our parents as well. What are we going to cook? What are we going to bring? Which dances are we going to teach our cousins?

Packing the car was a major event. We have photographs of my dad putting suitcases on top of the station wagon, tying them down with a tarp, my mother is frying chicken, and we're buttering bread and packing the coolers, one for the water and one that goes on the front of the car. This is the 1960s, the car may overheat, and you're not going to spend the night in a motel. Black folks didn't do that. We weren't allowed.

On Friday and Saturday night we would have a big party at the Township Hall. Everyone is dancing, and we're having a ball, because we are home. On Sunday we would go to church. People are kind of feeling sad, because we know by this evening everybody is going to be gone. After church we would come down here to the Township Hall and have a feast, a community meal, and there are hundreds of us.

Regeneration: This Town Became an Incubator

JB At the highest point we learned that Nicodemus had around 600 inhabitants. How big is the community today?

JH When I moved back in 2015, we had 15 people, since then, there's been a migration home. We've also done a project called tiny homes, to help encourage those my age and can to do early retirement, scale down, come back – we

opgeroepen om naartoe te verhuizen.[6] De eenklassige school was de eerste in Graham County, Nicodemus de eerste gemeente in dit district. Dat laat zien dat de mensen die naar Nicodemus kwamen, feitelijk de drijvende kracht waren achter de vorming van Graham County.

Behalve dat ze zich hier vestigden en deze gemeente levensvatbaar maakten, hebben zes American football-spelers van de NFL-wortels in Nicodemus; deed de eerste Afro-Amerikaan in de staat die werd gekozen voor een staatsambt, Edward P. McCabe, hier zijn eerste politieke ervaringen op, en was de eerste Afro-Amerikaan die zich in het Congres inzette voor herstelbetalingen, een voorzitter van de Nicodemus Township Company, John Niles.

CD Denk je dat er misschien een speciaal soort zelfvertrouwen is ontstaan, doordat die atleten en politici zich bewust waren van het feit dat ze uit een gemeente kwamen die hun eigendom was?

AB Absoluut, ik denk dat het in ons allemaal zit ingebakken, die geest van vastberadenheid. Deze plek is een broedplaats geworden, de omgeving zelf bood de best mogelijke ondersteuning aan de kinderen die hier opgroeiden.

JB Hoe wil je dat Nicodemus er over 20 jaar voorstaat?

JH We zijn dan weer aan het boeren. Een deel van het land dat Gil moest opgeven, is weer in handen van zwarte boeren, de fabriek is terug, dat zorgt voor banen, en er zijn boeren die harde rode wintertarwe verbouwen. De meisjes van Bates (tegen die tijd zijn het vrouwen) bakken en verkopen lokaal brood.

Ik wil niet dat Nicodemus heel groot wordt, misschien 500 mensen. Ik zou graag een buurtwinkeltje hebben, een benzinestation, een paar restaurants en hotelletjes, zodat mensen hier tijd kunnen doorbrengen, al onze straten zijn geplaveid, de historische plaatsen zijn gerenoveerd en geconserveerd als musea.

Vertaling: InOtherWords, Maria van Tol

6
'De stichters van Nicodemus, net als het merendeel van de gemeenten in het middenwesten [van de VS], hielden zich bezig met grondspecualtie. Hierbij werd onontgonnen grond gekocht, in kavels verdeeld en verkocht aan nieuwkomers. (...) Speculanten speelden een belangrijke rol bij de definitie van de grens van het middenwesten. Om hun investeringen terug te verdienen, adverteerden ze uitgebreid met hun houdstermaatschappijen in het oosten [van de VS] en Europa. (...) Speculanten in grond bepaalden tevens welke delen in het westen agrarisch zouden worden en welke stedelijk.' Kenneth Marvin Hamilton, 'The Settlement of Nicodemus: Its Origins and Early Promotion', in: *Promised Land on the Solomon, Black Settlement at Nicodemus, Kansas* (US Department of Interior National Part Service Rocky Mountain Region, 1986), 1.

still can work in committees and build the community. And so now we're at a bustling 37!

CD As Nicodemus is growing again, do the people who are interested to come and live here all have a connection to Nicodemus?

AB There's always outside interest. As descendants we are encouraging one another to sell to family members, and we kind of dissuade selling outside of the community, we want to keep the cohesiveness of the relationships and the families here. It's kind of selfish, but it's a form of self-preservation. I feel blessed to be a part of this family, this history. This is something that everybody doesn't experience that is African American. Nicodemus is unique, it's the oldest and only remaining western town established by African Americans. It was organised, planned and settled, just like any other town that was being built, where they were soliciting people to come to Nicodemus.[6] The one-room school is the first school district established in Graham County, this became the first township within the county, which speaks to the fact that it was the people that came to Nicodemus that really drove the organisation of the county.

They didn't just settle and make this town viable: six NFL football players have their roots in Nicodemus; the first African American in the state to be elected to a state office, Edward P. McCabe, got his political start here; the first African American pushing for reparations in Congress was a Nicodemus Township Company president, John Niles.

CD Do you think there may have been a special kind of confidence associated with the experience that the athletes and politicians had, knowing that they came from a town that they own?

AB Absolutely, I think it's ingrained in all of us, this spirit of determination. This town became an incubator, the environment itself provided the greatest support system to the kids growing up here.

JB Where would you like Nicodemus to be in 20 years?

JH We're farming again. Some of the land that Gil had to give up, is reclaimed by Black farmers, the mill is coming back, it provides jobs, and we need farmers that are growing hard red winter wheat. The Bates girls, they will be women by then, they are baking and selling local bread.

I don't want it to become very big, maybe 500 people. I'd love to see us with a little convenience store, a gas station, a couple of restaurants and mini hotels, so that people can start being here, all of our streets are paved, historic sites renovated and preserved as museums.

6
he founders of Nicodemus, like the founders ' the vast majority of the towns in the Midest, engaged in townsite land speculation. his is the process by which undeveloped land as purchased, platted into town lots, and then old to newcomers. . . . Speculators played an nportant role in the settling of the Midwest ontier. In order to realize a profit on their inestment, they advertised their holdings widely in the East and in Europe. . . . Land speculators also helped to determine which areas of the West would be rural and which would be urban.' Kenneth Marvin Hamilton, 'The Settlement of Nicodemus: Its Origins and Early Promotion', in: *Promised Land on the Solomon, Black Settlement at Nicodemus, Kansas* (US Department of Interior National Part Service Rocky Mountain Region, 1986), 1.

Village Chatter in Vlaanderen

De ontwikkeling van *pattern language* voor hedendaagse dorpstransformaties

Ward Verbakel

In het dorp Wange wonen ongeveer 250 mensen, in Walsbets 500. De twee maken deel uit van de gemeente Landen, die bestaat uit 13 dorpen rondom een kleine oude stad. De dialoog waar dit artikel over gaat kwam rond 2009 in deze (en andere) Vlaamse dorpen op gang in het kader van twee openbare opdrachten die onder toezicht van de toenmalige Vlaams Bouwmeester werden toegewezen aan het pas opgerichte architectenbureau PLUSOFFICE.[1] Deels bij toeval, deels vanwege een onderliggende interesse in de peri-urbane conditie – en zeker ook vanwege een nieuwe territoriale uitdaging hoe om te gaan met verdichtingsprocessen in losjes aaneengesloten dorpsweefsels in Vlaanderen vanaf begin 2000 – bracht ik tijd door in tientallen dorpen en in gesprek met de bewoners. De beide opdrachten hadden gemeen dat ze voortkwamen uit een worsteling met wat er in dorpen over het algemeen wordt gebouwd, ook al verschilt de intensiteit van de transformatie van dorp tot dorp. Deze gesprekken leidden tot de ontwikkeling van een op dorpen geënte architectuurtaal.

Vlaamse dorpen staan aan het einde van de twintigste eeuw voor uitdagingen, verbonden met de transformaties die ze doormaken. De kwaliteit van de openbare ruimte is verslechterd, primair onder invloed van toenemend verkeer en een stijgende vraag naar parkeerplaatsen. De resulterende verbreding van hoofdwegen onder het functionalistische voorwendsel dat er ruim baan moet zijn voor de steeds groeiende stroom van gemotoriseerde voertuigen, en het gebruik van pleinen en braakliggende terreinen als openbare parkeergelegenheid, hebben weinig plaats overgelaten voor hoogwaardige openbare ruimte. Sociaal-economische verschuivingen hebben het autonome dorp in een woondorp veranderd, zoals Frans Thissen en Maarten Loopmans beschreven. Het dagelijkse dorpsleven is tegenwoordig losgekoppeld van productie- en consumptielogica's die op een meer territoriale, soms internationale schaal opereren, wat het meest zichtbaar is in de verdwijning van lokale winkels en de sluiting van het laatste café.[2] De notie van *een autonoom dorp* is echter sowieso discutabel in dit gebied, dat al eeuwenlang functioneert als een netwerk van stedelijke fragmenten.

In de laatste twee decennia heeft een sterke toename van het aantal meergezinswoningen het *Fremdkörper* van het flatgebouw of de 'jumbovilla' in het dorp geïntroduceerd. Dit proces werd in de hand gewerkt door grondspeculatie in combinatie met een impliciete of vrijblijvende regelgeving, en versterkt door twee decennia van Vlaamse ruimtelijke ordening, waarbinnen verdichting van bestaande stedelijke nederzettingen de voorkeur genoot boven verstedelijking in de open ruimte. Deze nieuwe vorm van architectuur wordt vaak als problematisch voor het dorpsgezicht beschouwd – en inferieur in termen van architectonische kwaliteit – en is onderwerp van een groot aantal pogingen om de kwaliteit van lopende transformaties te bepalen, reguleren en beïnvloeden. De meergezinswoning in het peri-urbane gebied is het middelpunt geworden van het debat tussen bewoners en, bij volmacht, lokale architectuurbeleidsmakers. Men legt hier een hernieuwde interesse in 'kwaliteit' aan de dag,

1
De in 2010 gepubliceerde open oproep 001504 was bedoeld om, via participatieve processen, beeldkwaliteitsplannen voor de 13 dorpen van de gemeente Lommel op te stellen. De in 2011 gepubliceerde open oproep 001909 was bedoeld om 13 beeldkwaliteitsplannen voor de dorpen van Landen en een masterplan voor het centrum van de gemeente te produceren. De korte beschrijvingen van beide open oproepen zowel als de prijsvraaginzendingen kunnen worden ingezien in de onlinedatabase via vlaamsbouwmeester.be/nl/instrumenten/open-oproep/projecten. PLUSOFFICE had de leiding in een aantal grotere samenwerkingsverbanden.

2
Frans Thissen et al., 'Guest Editorial: Changing Villages: What About People?', *Journal of Rural studies* 87 (2021), 423-430.

Village Chatter in Flanders

The Articulation of a Pattern Language for Contemporary Village Transformations

Ward Verbakel

The village of Wange has about 250 inhabitants, while Walsbets has 500. Both are part of the municipality of Landen, which comprises 13 villages and a small old town in the centre. The dialogue described in this article began in these and a number of other Flemish villages around 2009, as part of two similar public commissions awarded to the newly established firm PLUSOFFICE under the guidance of the Flemish Government Architect.[1] Partly by chance, partly because of an underlying interest in peri-urban conditions, and certainly also because of an emerging territorial challenge in dealing with densification processes in the loosely knit village-like fabrics found throughout Flanders at the beginning of the millennium, I found myself spending time in dozens of villages and talking to their inhabitants. What these commissions have in common is that they are born out of a struggle with what is being built in the villages, even if the intensity of the transformation is different in each of them. These conversations have led to the emergence of an architectural language grafted onto the villages.

By the end of the twentieth century, villages in Flanders are facing a few transformation challenges. The quality of the public space has deteriorated, mainly due to the impact of increasing traffic and parking requirements. The successive widening of the main road under the functionalist pretext of facilitating the ever-increasing flow of motorised vehicles, and the use of squares and fallow land for public parking, leave little room for quality public space. Socioeconomic shifts have transformed the autonomous village into a residential one, as described by Frans Thissen and Maarten Loopmans, dissociating everyday life in the village from production and consumption logics that operate on a more territorial, sometimes international scale, most visible in the decline of local trade and the closure of the last café.[2] Although the notion of an *autonomous village* is questionable in a territory that has operated for centuries as a network of urban fragments.

In the last two decades, a sharp increase in the number of multifamily houses built in villages has introduced the apartment building or 'jumbovilla' as an alien element. This process has been driven by land speculation in combination with an implicit or loose regulatory system, and has been exacerbated by two decades of spatial planning in Flanders, which advocated the densification of existing urban settlements rather than further sprawl into open space. Often perceived as problematic for the village image – and inferior in terms of architectural quality – these new architectural forms are the subject of many attempts to capture, regulate and influence the quality of the ongoing transformation. The multifamily house in the peri-urban area has become the focus of debate among residents and, by proxy, local architecture policymakers, a remarkable new interest in 'quality' for a country that, 55 years ago, was proclaimed by Renaat Braem to be the ugliest country in the world.[3] For the inhabitants, the concern for quality may be rooted in a conservative reflex that the peri-urban environment entails, but also in an awareness of the disruptive force that these recent transformations are having

1
[Th]e Open Call 001504 that was published in [2]010, called for a participatory process to pro[d]uce Image Quality Plans for the 13 villages of [th]e municipality of Lommel. 001909 of 2011 [ai]med for a process to produce 13 village Im[a]ge Quality Plans for the villages of Landen [a]nd a master plan for the municipality's centre. [B]oth Open Calls' brief descriptions and compe[ti]tion entries can be consulted in the online [d]atabase vlaamsbouwmeester.be/en/instruments/open-call/projects. PLUSOFFICE was the lead team in a number of large collaborative constellations.

2
Frans Thissen et al., 'Guest Editorial: Changing Villages: What About People?', *Journal of Rural Studies* 87 (2021), 423-430.

3
Since Renaat Braem's observation, a recent gradual (and incomplete) institutionalisation of architectural policy and design governance at the Flemish and municipal scale has taken place. See: Renaat Braem, *Het Lelijkste Land Ter Wereld* (Leuven: Davidsfonds. Horizonreeks 9, 1968); Maarten Liefooghe and Maarten Van Den Driessche, *More Than a Competition: The Open Call in a Changing Building Culture* (Antwerp: Vlaams Architectuurinstituut, 2021).

die opmerkelijk is voor inwoners van een land dat 55 jaar geleden door Renaat Braem werd uitgeroepen tot het lelijkste land ter wereld.[3] Wat de bewoners betreft, zijn de zorgen over kwaliteit niet alleen geworteld in een conservatieve reflex die eigen is aan de peri-urbane conditie, maar ook in een besef van de ontwrichtende kracht die recente transformaties in de dorpen genereren.[4] In een reeks krantenartikelen over de Vlaamse bouw-*woede* sluit Ine Renson zich aan bij deze observatie en onderbouwt ze deze exponentiële dynamiek met data die aantonen dat het aantal appartementengebouwen dat de afgelopen tien jaar in dorpen is gebouwd, het aantal nieuwe eengezinswoningen overtreft.[5] Deze schaalvergroting, gerationaliseerd als gevolg van een aantoonbare of vermeende marktvraag, is niet alleen een kwestie van grotere dichtheid (welke dichtheid is waar passend?), maar ook van een drastische morfologische en typologische verschuiving in het dorpsweefsel (welke architectuur is hier nodig?). Dit fenomeen, dat wordt aangeduid met het neologisme 'appartementisering', heeft geleid tot hogere gebouwen, langere aaneengesloten gevels en diepere plattegronden met weinig daglicht of buitenruimte. De architectuur van deze gebouwen is volgens zowel bewoners als degenen die er tegenaan moeten kijken, in veel gevallen armoedig en ontbeert fundamentele kwaliteit. Een goed voorbeeld zijn de problematische plinten met hun blinde muren, almaar dezelfde garagedeuren of slaapkamerramen op de begane grond waarvan de rolluiken om privacy- en geluidsredenen permanent naar beneden zijn gelaten.

Gemeenten op zoek naar woorden

Het verhaal van hedendaagse dorpstransformaties in Vlaanderen valt onder te verdelen in een groot aantal ruimtelijke, maatschappelijke en economische hoofdstukken, maar het hoofdstuk over architectonische schaal is waarschijnlijk het belangrijkste. Vanwege de budgettaire beperkingen die landelijke en peri-urbane gebieden ervaren, komen openbare projecten steeds minder vaak voor. Ze vragen immers om relatief grote investeringen (mensen, tijd, geld en politiek). Wanneer het niet mogelijk blijkt om met eigen openbare projecten een stedenbouwkundige visie en standaard te vestigen, dan richten deze gemeenten zich meestal op het kaderen van particuliere initiatieven. De meeste dorps-stedenbouwprojecten die PLUSOFFICE in de loop der jaren heeft begeleid, vertrouwden op particuliere initiatieven als een belangrijke manier om een samenhangende visie te realiseren, een vorm van stedenbouw op basis van afzonderlijke architectuurprojecten.[6]

In dit artikel introduceer ik het concept *Village Chatter* om zowel het formele aspect van dorpen, met hun specifieke vocabulaire, als het onderwerp kwaliteitsbeheer, met hun conversaties die gebruik maken van dit vocabulaire, te beschrijven. Aan de architectuur in dorpen vallen formele patronen af te lezen die schaaloverschrijdend zijn, vergelijkbaar met de patronen van Christopher Alexander's *pattern language* (klein en groot, organisatorisch, relationeel, enzovoort).[7] Dergelijke patronen zijn zichtbaar in het materiaalgebruik of in kleine details, in de inrichting van een kamer, de vorm van een dak, een opeenvolging van tuinen, de manier waarop straten al dan niet een rooilijn hebben of de toegankelijkheid van achtertuinen. Als we van een ogenschijnlijk ongeordende *Chatter* overstappen op complexere, onderling verbonden patronen, vormen die een taal die ik *Village Chatter* noem en die betekenis krijgt door de onderlinge verbondenheid van de patronen. Het is niet de taal, die de architectuur produceert; de ontwerper heeft nog werk te verzetten. Nikos Salingaros legt het als volgt uit:

Het is niet zo, dat patronen het ontwerp bepalen. Maar doordat ze beperkingen opleggen, elimineren ze een groot aantal mogelijkheden, terwijl ze toch ruimte laten voor een oneindig aantal mogelijke ontwerpen. Het beperken van mogelijkheden is in de praktijk

3
Sinds de observatie van Renaat Braem heeft er op Vlaams en gemeentelijk niveau recentelijk een geleidelijke (en onvolledige) institutionalisering van architectuurbeleid en ontwerpregie plaatsgevonden. Renaat Braem, *Het Lelijkste Land Ter Wereld* (Leuven: Davidsfonds. Horizonreeks 9, 1968); Maarten Liefooghe en Maarten Van Den Driessche, *More Than a Competition: The Open Call in a Changing Building Culture* (Antwerpen: Vlaams Architectuurinstituut, 2021).

4
De verschuivende notie van 'dorp' wordt vaak benaderd in termen van verlies, wat leidt tot een conservatieve reflex in het discours en de investeringspolitiek. Dit strookt niet altijd met recentere begrippen zoals het 'residentiële' of 'genetwerkte' dorp. Zie ook: Maarten Loopmans en Frans Thissen, 'Het Vlaamse Platteland als Woondorpennetwerk', *Lokaal* 4 (2015), 52-53.

5
Ine Renson, 'We zijn onze dorpen in ijltempo aan het verknoeien', *De Standaard*, 23 november 2019.

6
Dit stedelijke proces van stapsgewijze transformatie van het gebied wordt door verschillende auteurs beschreven. Zie: Marc Antrop, 'Landscape change: Plan or Chaos?', *Landscape and Urban Planning* 41 (1998), 155-161; Bruno De Meulder, et al., 'Patching up the Belgian Urban Landscape', *OASE* 52 (1999), 78-113.

7
Christopher Alexander et al., *A Pattern Language: Towns, Buildings, Construction* (New York: Oxford University Press, 1977).

essel, 2016: a stark contrast in density between a renovated farm house and an apartment building/ Kessel, 2016: de sterk verschillende dich-
eden van een gerenoveerde boerderij en een appartementengebouw

on the villages.[4] In her newspaper article series on the Flemish building *rage*, Ine Renson echoes this observation and highlights the exponential dynamics with data that prove how in villages the number of apartments being erected has surpassed the construction of single-family houses in the last decade.[5] Rationalised by a proven or perceived market demand, a scale-up is not only a matter of increased density (what density is suitable where?), but also a drastic morphological and typological shift in the village fabric (what architecture is needed here?). Labelled with the neologism 'appartementisering', which can be translated as 'apartmentilisation', this phenomenon has led to taller buildings, longer uninterrupted façades and deeper floor plans with little daylight or outdoor space. More often than not, the architecture of these buildings is poor and lacks basic quality, both for those who live in them and for those who perceive them as part of the village fabric. The problematic plinths are a case in point, with their blind walls, repetitive garage doors or ground-floor bedroom windows that require the shutters to be permanently lowered for privacy and noise reasons.

Municipalities Looking for Words

The story of contemporary village transformations in Flanders encompasses many spatial, social and economic subtopics, but

4
ne shifting notion of *village* is often addressed terms of loss, leading to a conservatist reflex discourse and investment politics. This does ot always align with more recent notions such s the *residential* or *networked village*. See lso: Maarten Loopmans and Frans Thissen, let Vlaamse Platteland als Woondorpen-etwerk', *Lokaal* 4 (2015), 52-53.

5
Ine Renson, 'We zijn onze dorpen in ijltempo aan het verknoeien', *De Standaard*, 23 November 2019.

Oplinter, 2020: loose-knit urban fabric in the Gete River valley/ Oplinter, 2020: los stedelijk weefsel in de Gete-vallei

immers een essentieel onderdeel van een ontwerpmethodiek.[8]

Village Chatter voorziet in een *pattern language* voor dorpsontwikkeling, maar welke woorden beschrijven de gewenste architectonische eigenschappen het best? Hoe maak je onderscheid tussen kritische reflectie op de verdiensten van een bepaald project en de esthetische voorkeur van hen die het project beoordelen? In het volgende zal ik uiteenzetten op welke manier de woordenschat van *Village Chatter* is afgeleid van empirische observaties, en dat het performatieve aspect van *Village Chatter* – het gebruik van deze taal op manieren die onze maatschappelijk geconstrueerde werkelijkheid veranderen – via het benoemen van dorpspatronen en dorpse eigenschappen tijdens vergaderingen en in beleidsdocumenten of in andere maatschappelijke situaties, een onmisbaar onderdeel van de praktijk is.

Van vormen van *Chatter* naar een dorpstaal

Het uitgangspunt voor *Village Chatter* was de observatie van de architectonische 'taal' die door het dorp wordt 'gesproken' en de oplossingen voor terugkerende problemen. *Chatter* moet het, als een taal zonder dominante stem of enkelvoudige stijl, niet hebben van grote betekenissen en kan door velen tegelijk worden gesproken. De taal vereist geen compleet script of syntax, want zij is intrinsiek meervoudig.

Om het verschil tussen auteursarchitectuur, *Chatter* en chaos te verduidelijken, kan een uitstapje naar de literatuur zinvol zijn. Roland Barthes, die in de jaren 1970 over het onderscheid tussen de literaire begrippen 'oeuvre' en 'tekst' schreef, legt in zijn werk uit hoe de taal deze allebei kan voortbrengen, maar dat ze op verschillende manieren talig functioneren.[9] Een *oeuvre* veronderstelt een auteur, een intentie, en sluit zich dicht rondom het *signifié*, de referent of het mentale concept waarnaar een

8
Salingaros beschrijft de effectiviteit van Alexander's *pattern language* met betrekking tot het aanleveren van strategieën die inspelen op de complexe behoeften en wensen van de inwoners in zowel gebouwen als stedelijke omgevingen. Nikos Salingaros, 'The Structure of Pattern Languages' *ARQ – Architectural Research Quarterly* 4 (2000), 149-161.

9
Roland Barthes, *The Rustle of Language*, vertaling Richard Howard (Oxford: Blackwell, 1986).

architectural scale arguably plays a crucial role among them. In the context of the budgetary constraints experienced by rural and peri-urban municipalities, public projects are less frequent and require relatively large investments of resources (human, time, financial, political). When leading by example is not an option, these municipalities tend to focus on framing private initiatives at the architectural scale to advance larger urbanist visions. Most of the village urbanism projects that PLUSOFFICE has accompanied over the years rely on private initiatives as one of the most important means to realise a coherent vision, an urbanism constructed through individual architectural projects.[6]

In this article I would like to advance the concept of Village Chatter in order to capture both the formal aspect of villages in terms of a specific vocabulary and the quality management aspect of architectural conversations using this vocabulary. From the architecture practiced in villages, formal patterns begin to emerge from observations that cross scales, not unlike the patterns of an Alexandrian pattern language (small and large, organisational, relational, etcetera).[7] These patterns may focus on materiality or small scale details, the organisation of a room, the shape of a roof, a sequence of gardens, the (dis)alignment of streets, or backyard entrances. As we move from seemingly unstructured chatter to more complex interrelated patterns, the patterns form a language that I call *Village Chatter*. It gains meaning through the interconnectedness of the patterns. This language does not produce architecture on its own. The designer still has work to do. Nikos Salingaros explains:

> *The patterns do not determine the design. By imposing constraints, they eliminate a large number of possibilities while still allowing an infinite number of possible designs. The narrowing of possibilities is, after all, an essential part of a practical design method.*[8]

The *Village Chatter* offers an architectural language for village urbanism, but what vocabulary describes the architectural quality sought? How can we distinguish between critical reflection on the merits of a given project and the aesthetic preferences of those evaluating it? In what follows I will explain how the vocabulary of *Village Chatter* was derived from empirical observations, and how the performative aspect – the use of language in ways that change our socially constructed realities – of naming village patterns and qualities in meetings, policy documents or other social situations, is an indispensable aspect of the practice.

From Forms of Chatter to a Village Vocabulary

My starting point for the vocabulary of *Village Chatter* is the observation of the architectural forms 'spoken' by the village and the solutions formulated to recurring problems. As a language without a dominant voice or singular style, chatter is not explicitly sensical and can be spoken simultaneously by many, it does not require a complete script or syntax, but is inherently plural.

To clarify the difference between authored architecture, chatter and chaos, a detour into literature may be helpful. Writing in the 1970s on the distinction between the literary notions of *oeuvre* versus *text*, Roland Barthes explains how language can produce both, yet operates in different ways.[9] The *oeuvre* requires an author, an intention and closes upon the signified, as fact or as hidden message. *Text* receives its plurality not from the ambiguity of its contents, but from repetitive and performative action. He calls it the stereographic plurality of the signifiers that weave it. Such a use of language is like a fabric that evokes multiple sensory aspects and properties. Its meaning is intertextual, responding to multiple external meanings and experiences. *Village Chatter*, as proposed here, can be conceptualised in terms of Barthes' definition of text, which takes formal aspects and weaves them into a field of patterns, abolishing the distance between reading and writing. The chatter referred to is simultaneously spoken and created. It could function like the

6
is urban process of incremental transformaon of the territory is described by several auors. See: Marc Antrop, 'Landscape change: an or Chaos?', *Landscape and Urban Planng* 41 (1998), 155-161; Bruno De Meulder, al. 'Patching Up the Belgian Urban Landape', *OASE* 52 (1999), 78-113.

7
Christopher Alexander et al., *A Pattern Language: Towns, Buildings, Construction* (New York: Oxford University Press, 1977).

8
Salingaros writes about the effectiveness of the Alexandrian pattern language in providing strategies that address the complex needs and desires of occupants in architectural and urban settings. See: Nikos Salingaros, 'The Structure of Pattern Languages', *ARQ – Architectural Research Quarterly* 4 (2000), 149-161.

9
Roland Barthes, *The Rustle of Language*, translated by Richard Howard (Oxford: Blackwell, 1986).

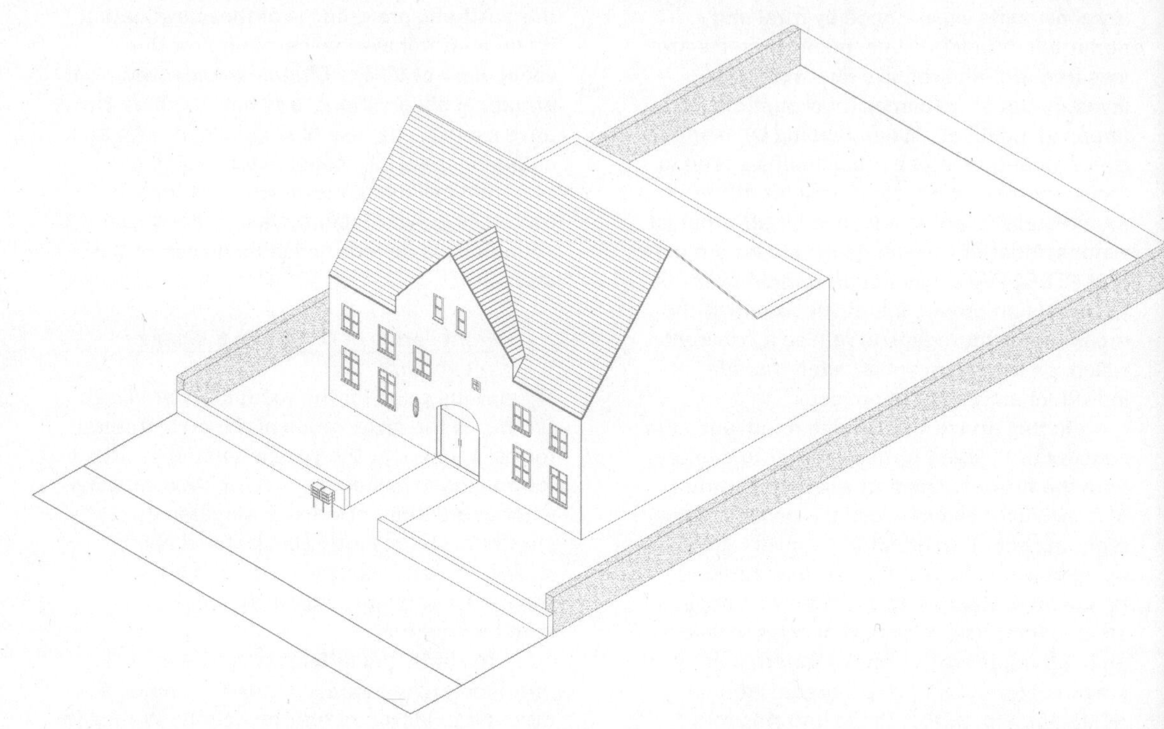

A model that often recurs in multifamily housing in Flanders is the jumbo fermette, which refers to the formal language of the farm, but applied to a volume on steroids/ Een model dat vaak terugkomt bij meergezinswoningen in Vlaanderen is de jumbo-fermette, die verwijst naar de vormentaal van de boerderij, maar dan toegepast op een volume op steroïden.

betekenaar verwijst, zij het als feit of als verborgen boodschap. *Tekst* ontleent zijn meervoudigheid niet aan de dubbelzinnigheid van zijn inhoud, maar aan zijn repetitiviteit en zijn performativiteit. Barthes noemt dit de stereografische pluraliteit van verwevende *signifiants*. Taal die op deze manier wordt gebruikt, is als een weefsel dat verschillende zintuiglijke belevingen oproept. De betekenis is intertekstueel en verwijst naar verschillende externe betekenissen en ervaringen. Mijn voorstel voor *Village Chatter* kan worden geconceptualiseerd in lijn met Barthes' definitie van *tekst*, waarbij formele aspecten worden verweven tot een geheel van patronen, en waarbij de afstand tussen lezen en schrijven wordt opgeheven. De *Chatter* zoals hier voorgesteld, wordt gelijktijdig gesproken en gecreëerd. Het is een taal die zou kunnen functioneren als een generatieve grammatica die, zoals Chomsky schreef, met behulp van een vaste set regels nieuwe vormen en ideeën kan voortbrengen.[10]

De empirische methode van het observeren van talloze formele oplossingen om het onderliggende patroon te begrijpen, is de eerste stap om van *Chatter* een taal te maken die zowel een woordenschat heeft, als regels om woorden met elkaar te verbinden. In veel dorpen, in Vlaanderen zowel als elders, zijn dorpsweefsels heterarchisch van aard: de 'vormen die ze spreken' missen een leesbare hiërarchie en zijn slechts losjes met elkaar verbonden.[11] Om kort stil te staan bij deze heterarchische aard en losse dispositie leent

10
Noam Chomsky en Nirmalangshu Mukherji, *The Architecture of Language* (New Delhi: Oxford University Press, 2000).

11
Zie voor meer informatie over de heterarchie als een niet-hiërarchisch maatschappelijk organisatiemodel: Pierre Clastres, *Society against the State: Essays in Political Antropology* (Oxford: Blackwell, 1977).

erview of recent apartment buildings built in the Campine villages of Olen and Malle/ Overzicht van recent gerealiseerde partementengebouwen in de Kempense dorpen Olen en Malle

generative grammar described by Chomsky, which, with a fixed set of rules, can generate new forms and ideas.[10]

The empirical method of observing many formal solutions in order to grasp the underlying pattern, is a first step from chatter to a language that has both a vocabulary and rules for how to link them. In many Flemish cases, as often elsewhere, village fabrics are heterarchical in nature: the 'forms they speak' lack a readable hierarchy, and are only loosely knit together.[11] To reflect briefly on this heterarchical nature and loose-knit disposition, the village of Westmalle serves as an example. On the map you can see the old street village in the centre, the ribbon development to the south, several residential lots from the 1980s and 1990s, agricultural fields that have become urban blocks, factories and institutional sites; and in black: the apartment blocks, mostly built in the last two decades.

Toolbox

The publication of *Toolbox dorpse architectuur* (Toolbox village-like architecture) in 2021 is the latest iteration and probably the most comprehensive attempt yet to distil a vocabulary, explore the relationships between elements and grasp architectural aspirations in contemporary Flemish villages.[12] It was developed by Ar-Tur, a cultural organisation pertaining to architecture that is active in the Campine region, and myself as part of my doctoral research at OSA KU Leuven. After PLUSOFFICE's

10
ɔam Chomsky and Nirmalangshu Mukher- *The Architecture of Language* (New Delhi: ‹ford University Press, 2000).

11
On heterarchy as a non-hierarchical societal organization model, see: Pierre Clastres, *Society against the State: Essays in Political Antropology* (Oxford: Blackwell, 1977).

12
Ward Verbakel and Edith Wouters, *Toolbox dorpse architectuur* (Mechelen: Public Space, 2021).

Overview of recent apartment buildings built in the Campine villages of Olen and Malle/ Overzicht van recent gerealiseerde appartementengebouwen in de Kempense dorpen Olen en Malle

het dorp Westmalle zich als voorbeeld. Op de kaart van Westmalle zien we het oude straatdorp in het centrum, de nieuwere lintbebouwing in het zuiden, verschillende verkavelingen uit de jaren 1980 en 1990, landbouwgrond waarop bouwblokken zijn verrezen, fabrieken en institutionele voorzieningen; de voornamelijk in de afgelopen twee decennia opgetrokken appartementengebouwen zijn zwart gemarkeerd.

Toolbox

De publicatie *Toolbox dorpse architectuur* uit 2021 is de meest recente en waarschijnlijk meest uitgebreide poging tot nu toe om uit hedendaagse Vlaamse dorpen een vocabulaire te distilleren, de relaties tussen elementen te verkennen en architectonische ambities vast te leggen.[12] De tekst werd ontwikkeld door Ar-Tur, een culturele organisatie op het gebied van architectuur die actief is in de Kempen, en door ondergetekende, als onderdeel van zijn proefschrift aan de OSA KU Leuven. Na PLUSOFFICE's aanvankelijke ervaringen met dorpen, zette het denken over dorpse architectuur in de academische wereld door en begon het een rol te spelen in een breder debat met Belgische sociaal-culturele actoren, zoals de Landelijke Gilden, de Plattelandsacademie, Ar-Tur en A+ Architecture. Vijftien jaar en ongeveer 100 dorpen later begint er uit het gesprek over dorpse architectuur een potentieel vocabulaire te groeien, waarmee de transformatie van dorpsweefsels kan worden verkend en geïnterpreteerd, zodat het opnieuw betekenis kan krijgen.

De 'dorpse architectuur' in de titel van *Toolbox* dient als een overkoepelende aanduiding voor zowel de formele patronen als de

12
Ward Verbakel en Edith Wouters, *Toolbox dorpse architectuur* (Mechelen: Public Space, 2021).

erview of recent apartment buildings built in the Campine villages of Olen and Malle/ Overzicht van recent gerealiseerde partementengebouwen in de Kempense dorpen Olen en Malle

initial experiences with villages, the reflection on village-like architecture continued to develop in academia and as part of a broader debate with sociocultural actors such as the Landelijke Gilden, the Plattelandsacademie, Ar-Tur and A+ Architecture in Belgium. Fifteen years and about 100 villages later, the conversation around village-like architecture is beginning to formulate a potential vocabulary that can examine, interpret, and reinject meaning into transforming village fabrics.

In the toolbox's title 'Village-like Architecture' serves as an umbrella term for formal patterns and a collective vocabulary. The toolbox consists of *figures* and *tactics* illustrated by a wide selection of built projects of a distinguishing quality. Most of the *figures* in the toolbox such as the *breedbeeldflat* (wide-screen flat), *rijmaskerade* (row masquerade) and *hofwonen* (courtyard dwelling) are codified practical solutions, recurrent Alexandrian patterns. The *tactics* sometimes share organisational characteristics: *achterom lopen* (walking around the back), *doorprikken met trage wegen* (pierce with slow routes) or *deelplekken toevoegen* (add shared spaces). A few of the tactics, such as *dansende daken* (dancing roofs) and *detailleren op ooghoogte* (detailing at eye level), explicitly belong to the domain of formal architectural language. In hindsight, Nikos Salingaros presented an important theoretical reference that clarifies the dialectic relation between form and pattern within an architectural language. Nikos Salingaros's *Two Languages of Architecture* explains how formal design rules on their own are inadequate to produce a good working environment: a pattern also embodies social aspirations. The toolbox tactic of *walking around the back*, as applied in the Spoortuin housing project in Puurs, demonstrates how the small promenade from the side gate, through the courtyard, the shared garden and up the stairs to the three front doors is

collectieve woordenschat. *Toolbox* bevat *figuren* en *tactieken* die zijn geïllustreerd met een groot aantal gebouwde projecten van hoge kwaliteit. De meeste *figuren* in *Toolbox*, bijvoorbeeld de *breedbeeldflat*, *rijmaskerade* en *hofwonen* zijn gecodificeerde praktische oplossingen: terugkerende patronen op de manier van Alexander's *pattern language*. De *tactieken* delen in sommige gevallen bepaalde organisatorische eigenschappen, bijvoorbeeld *achterom lopen*, *doorprikken met trage wegen* of *deelplekken toevoegen*. Enkele tactieken, zoals *dansende daken* en *detailleren op ooghoogte*, behoren uitdrukkelijk tot het domein van de formele architectuurtaal. Achteraf gezien introduceerde Nikos Salingaros een belangrijke theoretische referentie, die de dialectische relatie tussen vorm en patroon binnen een architectuurtaal verduidelijkt. Salingaros legt in *Two Languages of Architecture* uit hoe formele ontwerpregels op zich onmogelijk een goede werkende omgeving kunnen produceren, omdat patronen ook sociale ambities vertegenwoordigen. Een van de tactieken uit *Toolbox*, *achteromlopen*, die bijvoorbeeld is toegepast in het woningbouwproject Spoortuin in het dorp Puurs, laat zien hoe een korte wandeling, vanaf een zijtoegang, door een hof, door een gemeenschappelijke tuin en dan een trap op naar drie voordeuren, is geïnspireerd op de (voormalige) dorpse gewoonte om niet via de formele voordeur op bezoek te komen, maar achterom te lopen, een teken van vertrouwdheid, informaliteit en sociale relaties. Het precieze ontwerp van deze opeenvolging, de formele uitkomst van het patroon, is slechts een van de mogelijke antwoorden.[13] Hierdoor kunnen nostalgische of neotraditionalistische stijlen worden vermeden, terwijl het belang van lokaal vernaculair gebruik, historische tradities en de karakteristieken van gebouwde ensembles wel degelijk wordt erkend. Dit overdenkende hadden we de *figuren* met hun formele aspecten explicieter kunnen onderscheiden van de *tactieken* in *Toolbox* – misschien een idee voor een toekomstige versie van het boek. Wat *Toolbox* aanbrengt moet allereerst worden opgevat als een *pattern language*, met op slechts enkele momenten een verwijzing naar een repertoire van gebruikte (of te gebruiken) vormen. We luisteren naar de architectuur van dorpen alsof het geroezemoes is: de naam *Village Chatter* is niet denigrerend bedoeld. Het voorstel is om een open *pattern language* te bedenken die welbewust experimenteel is, een taal die zijn gebruikers aanmoedigt om hem door te ontwikkelen, aan te passen aan gedeelde ambities en met nieuwe typen en figuren te verrijken.

Dialoog binnen kwaliteitsregie

Toolbox bevat ook een beschouwing over de verschillende rollen die verschillende actoren spelen, over noodzakelijke dialogen en de verhalen achter enkele succesvolle projecten. Dit brengt ons bij het derde aspect van *Village Chatter*: het is een performatieve taal die regie over ontwerp mogelijk maakt. *Toolbox* is gepubliceerd, getoond en getest tijdens verschillende workshops met lokale belanghebbenden en wordt door veel bestuurders gebruikt. De geteste dialoog biedt een op maat gemaakte, praktische methode voor het bespreken en aansturen van de architectonische kwaliteit van dorpstransformaties.

Twee dorpsstedenbouwprojecten uit de praktijk van PLUSOFFICE (voor de dorpen van de gemeente Nijlen en voor de Gete-vallei) die voorafgingen aan de totstandkoming van *Toolbox*, hadden precies te maken met ontwerpregie over nieuwe (appartementen)gebouwen in dorpen. Het Nijlense afdelingshoofd Ruimte, Maarten Horemans, drijvende kracht achter de opdracht voor het Beeldkwaliteitsplan Nijlen, formuleerde op een bepaald moment als volgt zijn frustraties en wensen: 'We zijn het moe om tijd te steken in het motiveren van vergunningsweigeringen.'[14] Hij benadrukte van meet af aan dat Nijlen betere voorstellen wilde aantrekken. Het voor Nijlen ontwikkelde plan werd bekroond met de prijs van de Vlaamse Vereniging voor Ruimte en Planning (VRP) in 2018 en werd dankzij Horemans' proactieve communicatie met zijn collega's een referentieproject voor soortgelijke gemeenten. Het Beeldkwaliteitsplan Nijlen bevat verschillende door PLUSOFFICE ontwikkelde strategieën. Deze lopen uiteen van het geven van het goede voorbeeld (doordat openbare projecten de lat hoog leggen), het uitvoeren van speculatief ontwerpend onderzoek (het ontwikkelen van een visie die tot de verbeelding spreekt of het

13
Nikos Salingaros, *A Theory of Architecture* (Solingen: Umbau-Verlag, 2008).

14
Zie voor een resumé van het volledige gesprek tussen het Nijlense afdelingshoofd Ruimte, Maarten Horemans, en Ward Verbakel: Ward Verbakel, *Dorpen Na De Betonstop: Beeldkwaliteitsplan Nijlen* (Mechelen: Public Space, 2019), 86-91.

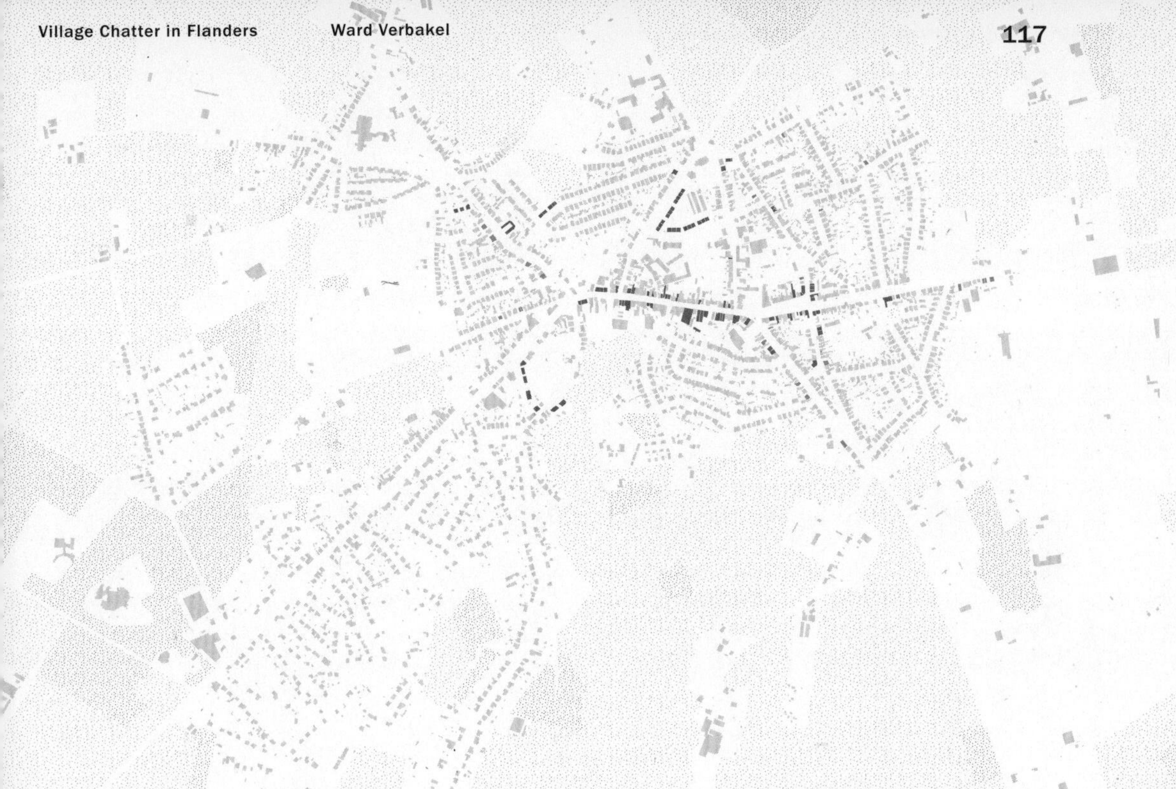

ap of the apartment buildings erected in the last two decades in Westmalle/ Kaart met daarop de appartementengebouwen die de afgelopen ee decennia in Westmalle zijn opgetrokken

inspired by the (former) custom in villages of visiting each other not through the formal entrance of the front door, but by walking around the back, a sign of familiarity, informality and social relations. The exact design of this sequence, the formal outcome of the pattern, is only one of many possible answers.[13] This allows us to move away from nostalgic or neo-traditionalist styles and still recognise the importance of local vernacular practices, historical traditions and the characteristics of built ensembles. Taking this fully into account, the formal aspects of the *figures* in our toolbox could have been more explicitly distinguished from the *tactics* – perhaps a consideration for a future iteration of the toolbox. Above all, what the toolbox brings to the fore should be understood as a pattern language, with only a few instances denoting a repertoire of forms (to be) used. Listening to the architecture of villages, like a murmur: *Village Chatter* is not a demeaning term. It is proposed as an open-ended pattern language, inherently experimental, inviting those who use it to evolve it, to adapt it to shared aspirations, and to produce new types and figures.

Dialogue as a Practice for Quality Governance

The toolbox also includes a reflection on the distinct roles played by different actors, necessary dialogues and stories behind a few successful projects. This brings us to the third aspect of *Village Chatter*: a performed language that enables design governance. The toolbox has been published, exhibited, and tested in several workshops with local stakeholders and is used by many administrators. The tested dialogue provides a tailored and practical method for discussing and guiding the architectural quality of village transformation at the architectural scale.

13
kos Salingaros, *A Theory of Architecture* olingen: Umbau-Verlag, 2008).

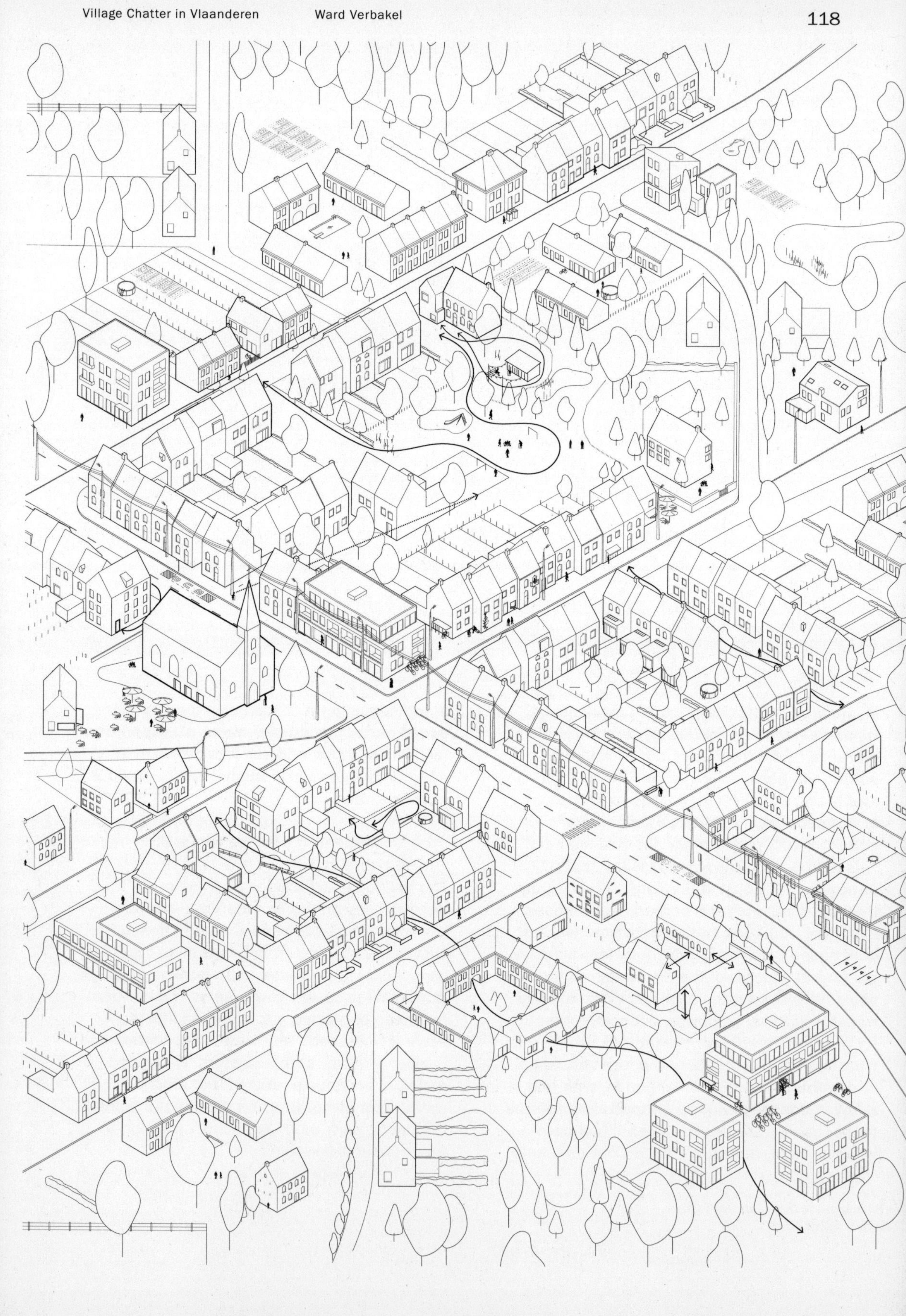

onen

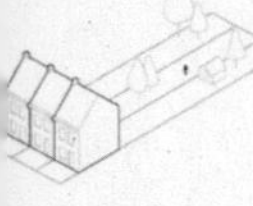

askarade

kske

bohuis

arsligger

elingwonen

erlingwonen

hofwonen

binnenstraat

breedgevelflat

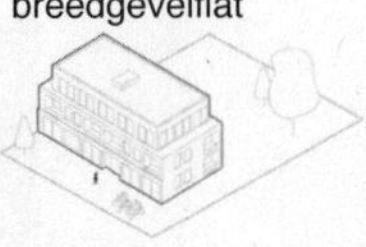

buurschap

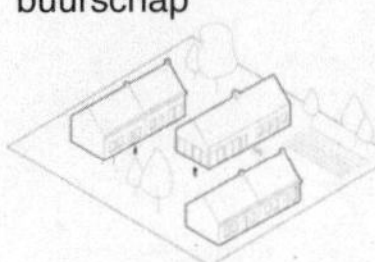

erfwonen

tetriswonen

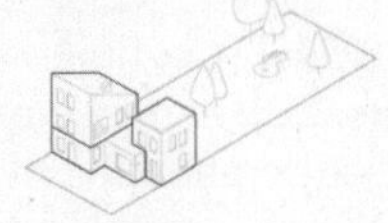

parkwonen

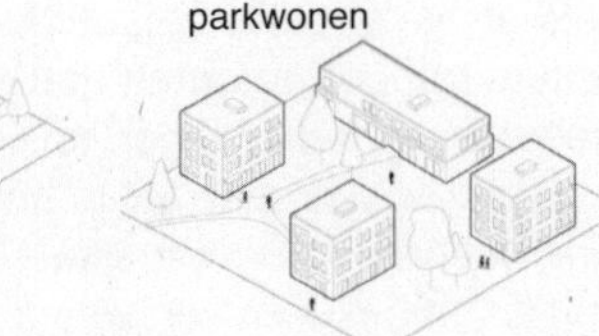

open ruimte versterken

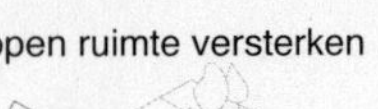

zichtassen vrijlaten

flirten met de rooilijn

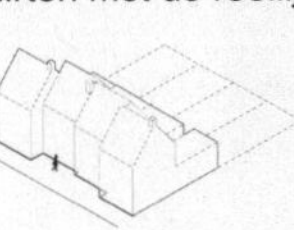

doorprikken met voetwegen

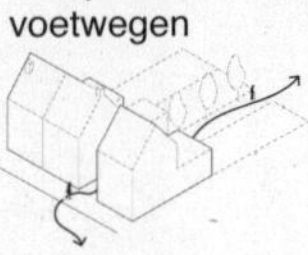

buitenruimte delen

rustplekken voorzien

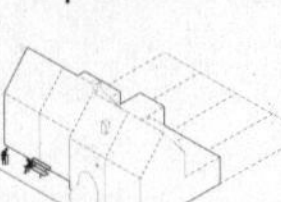

meer buurten minder rijden

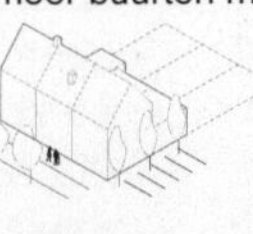

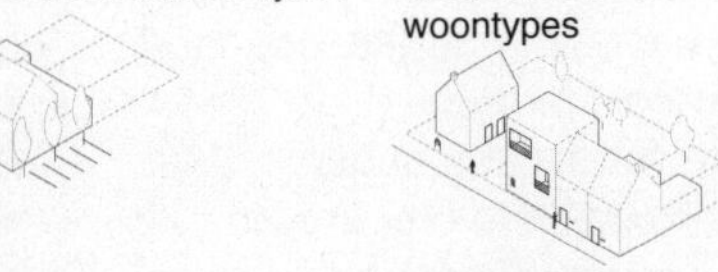

achterom lopen

binnenkomen via gedeelde buitenruimte

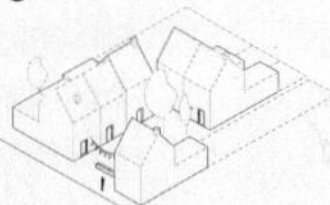

beschut binnenkomen

verzachten van eigendomsgrenzen

verlevendigen van dorpsplinten

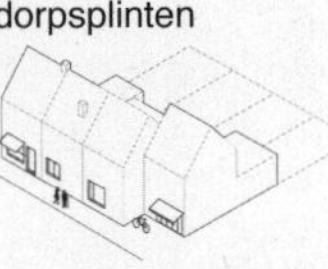

toe-eigening mogelijk maken

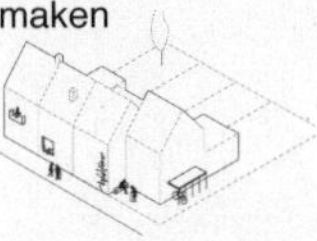

fietsinclusief ontwerpen

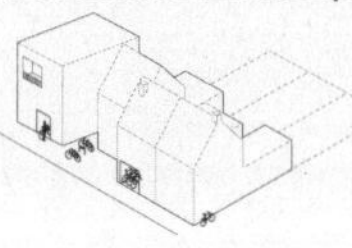

deelplekken toevoegen

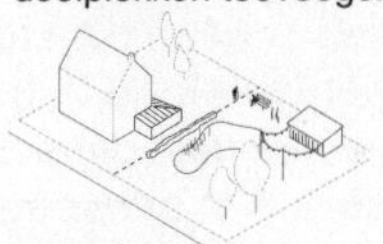

diversifiëren van woontypes

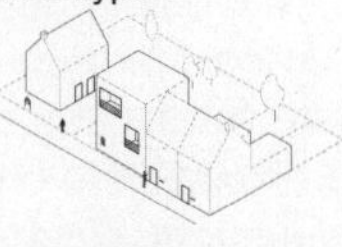

erfgoederen integreren

dorpse bakens herprogrammeren

erfgoederen integreren

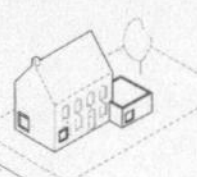

maat houden

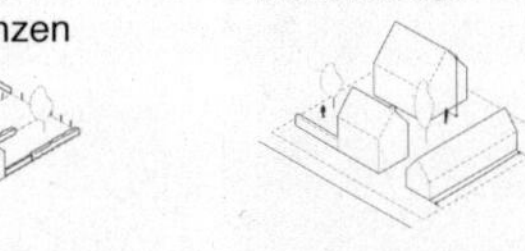

buitensequenties schrijven

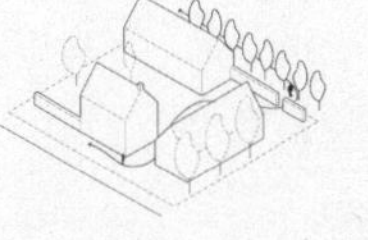

dorpse functies verweven

daken doen dansen

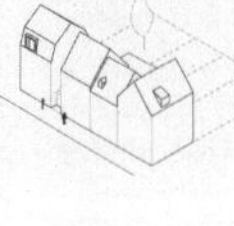

detailleren op ooghoogte

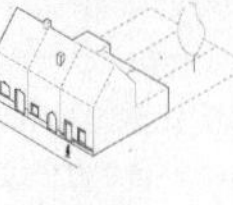

streekeigen materialen toepassen

poëzie van dorpse archetypes

verview of the figures and tactics that make up the Toolbox Village-like Architecture/
verzicht van de figuren en tactieken in *Toolbox dorpse architectuur*

PLUSOFFICE, collective housing project, Spoortuin, Puurs, 2020/ PLUSOFFICE, collectief woningbouwproject Spoortuin, Puurs, 2020

potentieel van een locatie verkent door een voorbeeld te ontwikkelen waartegen toekomstige projecten kunnen worden afgezet), handelend optreden (een lokale overheid die actief het juiste type project begeleidt of aantrekt) en tot slot het veranderen van het bredere culturele discours over de manier waarop ontwikkelingen in de ruimtelijke, maatschappelijke, economische en culturele context passen.

Vooral dat laatste vereist een ander soort dialoog met de discipline in bredere zin, een dialoog die niet lineair is. Wachten tot het perfecte project zich aandient lijkt niet de gewenste kwaliteit op te leveren, zelfs niet in een context als die van Nijlen, dat over een uitgebreid bestemmingsplan en bouwbesluit beschikte. Het ontbreekt de resulterende *voorschriftarchitectuur* – die de regels tot in de puntjes volgt – aan ambitie, reflectie en een kritische houding ten opzichte van de benodigde woningtypen of architectonische expressie. Vooral in het geval van meergezinswoningen in dorpen waar stedelijke voorzieningen zeldzaam zijn, is de ruimte die de collectieve dimensie faciliteert, cruciaal voor de levensvatbaarheid van een project. Dit aspect, dat vaak wordt genegeerd, is inherent aan het appartementengebouw. Oplossingen worden al te gemakkelijk geformuleerd als gestapelde, gestandaardiseerde driekamerappartementen met kleine balkonnetjes en minimale gangen en entrees, die zelden een royaal voorportaal of een overmaatse gang hebben waar men elkaar kan ontmoeten. Na het bekijken van verschillende lopende voorontwerpprojecten en aanvullend ontwerpend onderzoek werd een aantal mogelijke oplossingen op een rij gezet. Ze werden onder de titels *Het Einde van de Verkaveling* en *Dorpsvriendelijke Gevels* gegroepeerd als reeksen geïllustreerde ontwerpprincipes die kunnen helpen bij het structureren van evaluatieprocessen of het begeleiden van ontwerpprocessen.[15] Het veranderen van lokale praktijken en dialogen vereist de krachtige en

15
PLUSOFFICE en de gemeente Nijlen, *Beeldkwaliteitsplan Nijlen: Dorpskernvernieuwing voor een verneveld Vlaanderen* (2017).

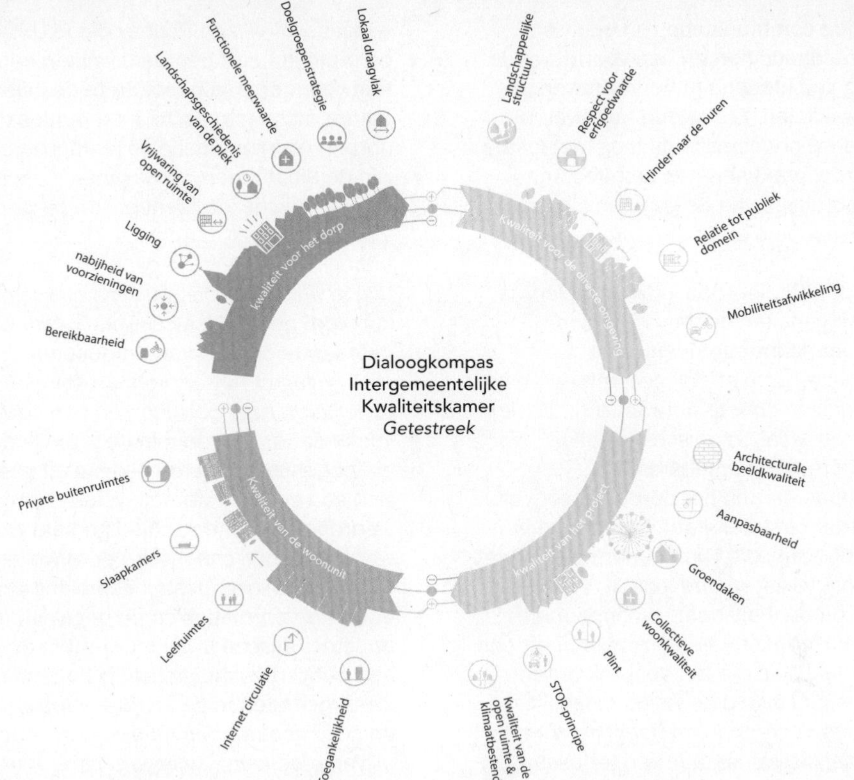

LUSOFFICE and Voorland, dialogue compass for the evaluation of building permits in villages in the Gete River valley/ PLUSOFFICE en Voorland ialoogkompas voor de beoordeling van bouwvergunningen in de dorpen in de Gete-vallei, 2020

The toolbox is preceded by two specific village urbanism projects in PLUSOFFICE's practice (for the villages of the municipality of Nijlen and the Gete valley) that deal specifically with the design governance of new (apartment) buildings in villages. The head of Nijlen's planning and urbanism department, Maarten Horemans – the driving force behind the commissioning of the Village Image Quality plan – at some point formulated a frustration and a desire: 'We are tired of spending time motivating why we refuse permits.'[14] He was emphasising their eagerness to attract better proposals from the outset. The plan developed for Nijlen won the Vlaamse Vereniging voor Ruimte en Planning (VRP) Planning Award 2018 and, thanks to Horemans's active communication with his colleagues, became a reference project for similar municipalities. In this Image Quality Plan Nijlen, PLUSOFFICE proposes several strategies, ranging from leading by example (public projects that set the bar), speculative research by design (developing a vision that captures the imagination or explores the potential of a site as a framework against which future projects can be compared), action (a local government that actively guides or attracts the right type of project), and finally changing the broader cultural discourse about how developments fit into the context, spatially, socially, economically and culturally.

The latter in particular requires a different kind of dialogue with the wider field, one that is not linear. Waiting for the perfect project to be submitted does not seem to produce the desired quality, even in a context like that of Nijlen, which had a complete zoning and building code. The resulting *prescription architecture* – which follows to the limit what is allowed – lacks ambition, reflection and a critical attitude towards the required housing types or architectural expressions. Particularly in the case of multi-family housing in villages, where nearby urban facilities are rare, the

14
or a summary of the full conversation between he municipality of Nijlen's head of spatial planing Maarten Horemans and Ward Verbakel, ee: Ward Verbakel, *Dorpen Na De Betonstop: eeldkwaliteitsplan Nijlen* (Mechelen: Public pace, 2019), 86-91.

anticiperende communicatie van een visie, effectieve hulpmiddelen en een voortdurende uitwisseling van ideeën om het raamwerk te helpen ontwikkelen. Er volgden nog twee workshops om deze principes in dialoog met lokale ontwikkelaars, praktiserende architecten, vertegenwoordigers van de gemeenschap, provinciale planners en andere professionals te testen en aan te passen.

PLUSOFFICE heeft de in Nijlen geleerde lessen vervolgens ten behoeve van een opdracht voor de Intergemeentelijke Kwaliteitskamer Gete-streek gecombineerd om ontwerpprincipes door te ontwikkelen, die een discussie over architectonische kwaliteit kunnen initiëren. Het resulterende Dialoogkompas, waarin het derde aspect van *Village Chatter* centraal staat, is verdeeld in vier schaalniveaus: die van het dorp als geheel, de directe omgeving van de locatie, de projectlocatie zelf en de individuele wooneenheid. Deze eenvoudig uitziende hiërarchie biedt een belangrijke leidraad die het gesprek ordent, waardoor gelijktijdige discussies mogelijk zijn over kwesties variërend van daglicht in slaapkamers of de juiste oriëntatie van terrassen, tot kwesties als de integratie in plaats van sloop van gebouwen met erfgoedwaarde of het gebrek aan visie op collectief niveau. Dit roept op zijn beurt weer grotere vragen op, zoals: Hebben we meer dichtheid nodig? Wat betekent het om in een semilandelijke omgeving in dicht op elkaar gestapelde eenheden te wonen? Welk idee van het dorp proberen we te beschermen of te introduceren? Deze impliciete ideologische patronen moeten expliciet deel gaan uitmaken van de discussie om zo een betekenisvollere uitwisseling tussen de betrokken actoren tot stand te brengen.

Village Chatteren

Hoewel de bovenstaande voorbeelden voornamelijk over meergezinswoningbouw gaan, gaat het gesprek over dorpsarchitectuur ook over individuele huizen, vernieuwing of hergebruik van scholen, kloosters, fabrieken en kerken, culturele en sociale infrastructuur, landschappen en tuinen, de openbare ruimte, enzovoort. *Village Chatter* is een reactie op de strijd om een gedeelde ambitie voor lopende dorpstransformaties te identificeren, daar overeenstemming over te bereiken en naar een gemeenschappelijk *Leitbild* of toekomstbeeld toe te werken. *Village Chatter* biedt een van de mogelijke paden om de kwaliteit van de architectonische productie te verbeteren. De verschillende versies van *Village Chatter* die PLUSOFFICE in de praktijk heeft beproefd, wisten een prototaal voor dorpsarchitectuur te destilleren uit de talloze architectonische interventies die al in dorpen voorkomen. Zoals hierboven besproken zijn de dichtheden, typologieën en schalen van gebouwde interventies in veel peri-urbane Vlaamse dorpen in transitie. De architectonische uitdaging die hiermee gepaard gaat, is om een taal te vinden die nieuwe dynamieken met elkaar kan verbinden alsook zinvolle relaties met de bestaande context kan produceren.

Village Chatter probeert formele aspecten te vertalen naar patronen en een collectief vocabulaire, waardoor in de praktijk een dialoog mogelijk wordt. Tijdens dit gesprek kan zich een gedeeld waardesysteem ontvouwen, waardoor een onderscheid gemaakt kan worden tussen chaotische en zinvolle *Village Chatter*. De toegepaste bespreking van dorpstransformaties en de begeleiding van hun architectonische kwaliteit werkt in de geest van een *pattern language*. Het is de ambitie van deze meerstemmige en meervoudige architectonische gebaren om nieuwe dorpsbeelden te blijven produceren. *Village Chatter* is een poging om tot een dialoog te komen op de dunne scheidslijn tussen het bieden van voldoende woorden om over kwaliteit te kunnen praten, en tegelijkertijd een open systeem toe te staan dat kan blijven evolueren. Dit open systeem moet ook in staat zijn de veranderende behoeften en waarden op te nemen van degenen die de dorpsruimte met elkaar delen, of als werkveld voor hun architectonische praktijk of als leefomgeving. Village Chatter is gebaseerd op meerdere sterke referentieprojecten die de afgelopen tien jaar in dorpen in heel Vlaanderen zijn gebouwd en op de talloze discussies over daadwerkelijke bouwvergunningen. *Village Chatter* biedt een kans om van ‘goed voorbeeld’ naar ‘gangbare praktijk’ te evolueren.

Vertaling: InOtherWords, Maria van Tol

space that facilitates the collective dimension becomes crucial to the viability of a project, a dimension that is often ignored but which is inherent in apartment buildings. The answer is too readily formulated as stacked standardised two-bedroom flats with tiny terraces and minimum width corridors or entrance spaces, but almost never a generous front porch or oversized hallway that invites encounter. After reviewing several ongoing preliminary design projects and additional research by design, possible solutions were identified. They were grouped into sets of illustrated design principles titled *Het Einde van de Verkaveling* (The end of the allotment) and *Dorpsvriendelijke Gevels* (Village-friendly façades), which can help structure an evaluation process or can guide the design process itself.[15] Changing local practice and discourse requires a strong and pre-emptive communication of a vision, powerful tools and a continuous exchange of ideas to help develop the framework. Two workshops followed to test and adjust these principles in dialogue with local developers, practising architects, community representatives, provincial planners, and other professional actors.

Combining the experiences from Nijlen, PLUSOFFICE further developed some of the design principles that can structure a discussion about architectural quality in a commission for the Intergemeentelijke Kwaliteitskamer Getestreek (intermunicipal design review panel). The resulting compass for dialogue brings the third aspect of *Village Chatter* to the fore. The compass is structured on four scales: the village as a whole, the immediate surroundings of the site, the project site and the individual housing unit. Simple as it may seem, this hierarchy acts as an important guide that structures the conversation, allowing simultaneous discussion of everything from daylight in bedrooms or the good orientation of terraces to concerns such as the integration rather than demolition of heritage buildings or the lack of vision at the collective level. This in turn raises larger questions such as: Do we need more density? What does it mean to live in densely packed units in a semi-rural context? What idea of the village are we trying to protect or install? These implicit ideological patterns need to become explicit parts of the discussion in order to create a more meaningful exchange between the actors involved.

15
PLUSOFFICE and Nijlen municipality, *Beeldkwaliteitsplan Nijlen: Dorpskernvernieuwing voor een verneveld Vlaanderen* (2017).

Village Chattering

While the examples above focus mainly on multi-family housing projects, the chatter of village architecture also includes individual houses, the renewal or reuse of schools, convents, factories and churches, cultural and social infrastructure, landscapes and gardens, public space, etcetera. Responding to the struggle to identify and agree on a shared aspiration for ongoing village transformations and to work towards a common *Leitbild* or guiding image, *Village Chatter* offers one possible and partial path towards a more qualitative architectural production. The different iterations of *Village Chatter* in the course of PLUSOFFICE's practice distil a proto-language for village-like architecture from numerous architectural interventions already practiced in villages. As discussed above, the density, typology and scale of built interventions is in evolution throughout the peri-urban Flemish village. The architectural challenge that comes with it, is to find a language that can link the new dynamics and still produce meaningful relationships with the existing context.

Village Chatter attempts to translate the formal aspects of architecture into architectural patterns and a collective vocabulary, enabling a practice of dialogue. In this dialogue, a shared value system can emerge that allows the distinction between chaotic chatter and meaningful village chattering. The practical way of discussing and guiding the architectural quality of village transformations works as a pattern language. It is the aspiration of these multivocal and plural architectural gestures to continue to produce new village imaginaries. *Village Chatter* is an attempt at dialogue on the fine line between providing enough vocabulary to start talking about quality, while allowing for an open-ended system that can evolve and incorporate the changing needs and values of those who share the village space as a place of architectural practice or as a living environment. Derived from several strong reference projects built in villages throughout Flanders over the last decade, and from numerous discussions on current building permits, *Village Chatter* offers a potential way to evolve from best practice to common practice.

Pastorale Potemkin-dorpen

Het Noord-Zweedse dorp opnieuw uitgevonden

Helena Andersson

De negen provincies van het landsdeel Norrland beslaan de meest noordelijke 60 procent van Zweden, maar herbergen slechts 11 procent van de bevolking van het land. Terwijl het beeld dat mensen van oudsher van Norrland hebben, uiteenloopt van een hoorn des overvloeds vol uitgestrekte bossen, adembenemende bergen en mineraalrijke grond tot een verarmd, ontvolkt niemandsland, geldt het tegenwoordig als het epicentrum van een groene transitie. Er stromen volop investeringen naar deze regio, waar 'groene' industrie in het komende decennium naar verwachting honderdduizend banen zal opleveren. Dit veroorzaakt een snel stijgende vraag naar infrastructuur, huisvesting en integratie van de beroepsbevolking op de lange termijn.

De investeringen veroorzaken ook een verschuiving in de focus binnen architectuur en stedenbouw. Ruimtelijke deskundigen hebben niet alleen oog voor slimme masterplannen, milieuvriendelijk vervoer en torenhoge houten constructies, maar zien de formule van het noordelijke dorp daarnaast als een kans voor de toekomst. In dit artikel wordt nader bekeken hoe twee prominente voorbeelden – de dorpen Duved en Robertsfors – opnieuw worden uitgevonden vanwege hun potentieel om voorop te lopen bij grote maatschappelijke transformaties. Dit wordt vanuit drie perspectieven beschreven: dat van het *project*, oftewel de actoren en de organisatie; dat van het *prototype*, oftewel de innovatieve initiatieven die binnen het organiserende kader genomen worden, en dat van het *model*, oftewel de mogelijke toepasbaarheid buiten het dorp. In de resulterende caleidoscopische beelden tekent zich de rol af van de 'avant-garde' van stedelijke en maatschappelijke ontwikkelingen in Zweden – en mogelijk daarbuiten.

Project Duved

Duved is gelegen in het pittoreske middenwesten van Zweden, op een steenworp afstand van Åre, het populairste skigebied van het land. Het is een toeristische bestemming die behoefte heeft aan permanente inwoners en die de woningbouw moet stimuleren – momenteel betaalt slechts 30 procent van de huiseigenaren lokale belastingen.[1] In 2017 huurde het gemeentelijke vastgoedbedrijf, Årehus, een creatief directeur in om een plan uit te werken om van Duved een trendsettende, zelfvoorzienende gemeenschap met een dorps karakter te maken, als aanvulling op het drukkere, op vrijetijdsbesteding gerichte Åre. Het idee sloeg aan en ontwikkelde zich vervolgens tot het *Duvedmodellen*, kort voor het 'Duved-model voor lokale gemeenschappen 2.0'. Dit was een zogenaamde 'pilot voor toekomstige stedenbouw' die werd gefinancierd door private partijen en met behulp van institutionele subsidies, bijvoorbeeld in de vorm van een Vinnova Challenge-Driven Innovation Programme ter waarde van 1 miljoen euro. Een reeks van 'parallelle innovatieprocessen' rond de thema's bestuur, huisvesting, zelfvoorziening, leefomgeving en digitalisering, die door zowel enthousiaste dorpelingen als zogenaamde 'creatievelingen' is geïnitieerd, zal naar verwachting niet alleen de 'lokale democratie' en de 'volksgezondheid' verbeteren, maar ook daadwerkelijk een 'wereldwijde omkering in de posities' van de stad en het platteland teweegbrengen.[2] Het symbolische hoogtepunt van het project wordt de Duved-tentoonstelling die in 2025 zal plaatsvinden, als een echo van een baanbrekend evenement dat in 1930 in Stockholm plaatsvond, dat als voorloper van de functionalistische verzorgingsstaat kan gelden.

Prototype Duved

Duved's meest mediagenieke initiatief is het ontwerp voor het *Drivhuset* (de kas), een door Shigeru Ban ontworpen broeikas annex culturele ruimte en 'filosofisch icoon'.[3] Op de

1 Mia Wahlström en Sarah Bragée, *Lokalekonomisk analys för Duved* (Gotenburg: Tyréns, 2021).

2 Website Duvedmodellen, duvedmodellen.se (laatst bezocht 10 oktober 2022); Jan Åman, lezing gedurende de MTF Labs in Aveiro, 10 oktober 2022.

3 Website Arvet, arvet.se/duved (laatst bezocht 8 november 2023).

Pastoral Potemkins

(Re-)imagining the Swedish Northern Village

Helena Andersson

Norrland's nine provinces occupy the northernmost 60 per cent of Sweden's land mass, yet house but 11 per cent of its population. While historically the image of Norrland has oscillated from a cornucopia of endless forests, breathtaking mountains and soils bursting with minerals, to an impoverished, depopulated no-man's land, it is currently being revalued as the epicentre of a green transition. Investments are flooding into the region where 'green' industries are projected to create 100,000 jobs in the coming decade, inducing a sudden demand for infrastructure, housing and long-term integration of the labour force.

With these resources comes a shift in focus in architecture and urban planning. Alongside smart master plans, eco-friendly transport and soaring timber structures, spatial practitioners are taking an interest in the northern village as a format for the future. This article examines how two prominent examples – Duved and Robertsfors – are being (re)imagined as vessels with the potential to spearhead greater societal transformation. These projections are filtered through three lenses: the *project*, or the actors and organisation; the *prototype*, or the innovative initiatives undertaken within the organisational framework; and the *model*, or the scalable applicability beyond the village. The results are kaleidoscopic images in which we can observe the state of the 'avant-garde' in urban and societal development in Sweden and possibly beyond.

Project: Duved

Duved is located in Sweden's picturesque Midwest, a stone's throw from the country's most beloved ski resort Åre. It is a tourist destination in need of attracting permanent residents and stimulate housing construction – only 30 per cent of homeowners currently pay local taxes.[1] In 2017, municipal real estate company Årehus hired a creative director to elaborate on Duved's capacity to become a trendsetting, self-sustaining community whose residential village feel complements the busier, leisure-oriented Åre. The narrative took flight and has subsequently evolved into *Duvedmodellen*, short for 'The Duved Model for Local Communities 2.0', a so-called 'pilot for future urban planning' funded by private partners and institutional grants such as a Vinnova Challenge-Driven Innovation Programme worth 1 million euros. Structured around the themes of governance, housing, self-provision, living environment and digitisation, a series of 'parallel innovation processes' prompted by enthusiastic villagers and so-called top 'creatives' alike, are expected to generate not only 'local democracy' and 'good health', but an actual 'global positional switch' between town and country.[2] The project's symbolic culmination will be the Duved Exhibition in 2025, echoing the seminal 1930 Stockholm Exhibition that prefigured the functionalist welfare state.

Prototypical Duved

The most mediatised of Duved's initiatives is the design for the *Drivhuset* (the Hothouse), a greenhouse-slash-cultural space and 'philosophical icon'[3] designed by Shigeru Ban. Saturated renderings portray villagers flocking around origami-like sculptures and tending to an abundant tomato harvest in a Meccano of self-assembled timber frames. Awaiting construction permits in tomorrow's 'green village-city' are also the 'Duved 5': five variations on prefab tenement houses devised by, among others, Farshid Moussavi as affordable, locally-produced prototypes for the Swedish housing market.[4] Furthermore, Årehus has financed the launch of *Trädgården* (the Garden), a fine-dining restaurant committed to 'folk food' based on a zero-waste, hyper-local food system.[5] Visiting architecture schools have researched questions of food provision, reuse

1 Mia Wahlström and Sarah Bragée, *Lokalekonomisk analys för Duved* (Gotenburg: Tyréns, 2021).

2 Duvedmodellen website, duvedmodellen.se (accessed 10 October 2022); Jan Åman, lecture at MTF Labs Aveiro, 10 October 2022.

3 Arvet website, arvet.se/duved/ (accessed 8 November 2023).

4 Karin Berggren, 'Framtiden föds i.byn', *Arkitektur* 7 (2022), 36.

5 Duved Framtid website, duvedframtid.se/berattelsen/roasted-cauliflower-garlic-dip-ka2tl-bldpc (accessed 8 November 2023).

kleurige afbeeldingen zijn dorpelingen afgebeeld die zich verzamelen rond origami-achtige sculpturen en zich bezighouden met een overvloedige tomatenoogst in een Meccano-achtige constructie van zelf geassembleerde houten delen. Ook in afwachting van door de 'groene dorpse stad' van morgen af te geven bouwvergunningen, zijn de zogenaamde 'Duved 5': vijf versies van een prefab appartementengebouw, betaalbare, lokaal geproduceerde prototypen voor de Zweedse huizenmarkt, ontworpen door, onder anderen, Farshid Moussavi.[4] Daarnaast heeft Årehus de lancering gefinancierd van *Trädgården* (de tuin), een restaurant voor fijnproevers dat 'volksvoedsel' serveert en zich op een afvalvrij, hyperlokaal voedselsysteem baseert.[5] Er is door externe architectuurscholen onderzoek gedaan naar kwesties als voedselvoorziening, hergebruik en flexibele huisvesting.[6] *Smart village* is terecht gekomen in academische rapporten en speelde een rol bij de ontwikkeling van praktische vernieuwingen zoals het *Duved Demokrativerktyg* (democratisch instrument voor Duved): een applicatie voor mobiele telefoons die een dorpsbijeenkomst simuleert door middel van interactieve aanduidingen op een kaart.[7]

Het grote aantal lokale initiatieven draagt ongetwijfeld bij aan de algemene opwinding, maar het beeld van een door de gemeenschap gestuurd 'innovatiecluster' houdt bij nadere inspectie geen stand. Tot op heden zijn er geen inwoners betrokken geweest bij het ontwerp van de *Drivhuset* (de kas) en stagneert de realisatie ervan door zorgen over financiering en eigenaarschap. De betaalbaarheid van de Duved 5 is te danken aan royale kortingen van leveranciers. Hun relevantie wordt echter betwist, omdat de behoefte aan huizen voor gezinnen en ruime appartementen groter is dan de behoefte aan kleine eenheden en ateliers.[8] Tot slot is het onwaarschijnlijk dat het concept van de Trädgården (de tuin), hoe aantrekkelijk ook, zal overleven als de gemeentelijke financiering wordt ingetrokken, en is het verband tussen het academische onderzoek naar het Duved-model en de interventies die in de praktijk plaatsvonden, op zijn best zwak.

Model Duved

Afgezien van de particuliere initiatieven is het Duved-model in de kern een 'innovatief samenwerkingsplan',[9] dat bedoeld is om dorpen te helpen om hun 'afwijkende dichtheid en snelheid' en unieke nabijheid van burgers en autoriteiten te mobiliseren[10] in een transitie van 'nieuw openbaar bestuur' naar 'lokaal netwerkbestuur'.[11] Kleine gemeenschappen maken zo de realisatie van *Folkhemmet 2.0* (volkshuisvesting 2.0.) mogelijk: een stelsel dat trekken vertoont van de naoorlogse verzorgingsstaat, maar dan gebaseerd op een socialistisch-kapitalistische 'middenweg'. Gevormd door het hedendaagse discours over netwerkbestuur en het naoorlogse sociale corporatisme versterkt deze achtergrond dan ook het beeld van het Duved-model als primair een privaat-publiek investeringsmodel. Het feit dat de dorpsraad van Duved 7 procent van de zogenaamde 'gouden aandelen' in de lokale ontwikkelingsmaatschappij Duved Framtid AB in bezit heeft – wat betekent dat de raad een beslissende stem heeft bij mogelijke bestuursgeschillen – verhult in feite de onderliggende commerciële belangen van zowel het gemeentelijke Årehus als de betrokken private investeerders. Recente beschuldigingen van belangenverstrengeling en niet-naleving van de wet op openbare aanbestedingen tegen Årehus wijzen erop dat het potentieel van de bestuurskamer als locatie voor gemeenschapsparticipatie twijfelachtig blijft.[12]

In 2022 werd het 'dorp van de toekomst' gepresenteerd tijdens het New European Bauhaus Festival in Brussel.[13] Het op het didactische cirkeldiagram van het Bauhaus geïnspireerde logo van het Duved-model was in feite een vooraankondiging van de opname van Duved in dit project van de EU, dat erop gericht is de gebouwde omgeving 'samen mooi en

4
Karin Berggren, 'Framtiden föds i.byn', *Arkitektur* 7 (2022), 36.

5
Website Duved Framtid, duvedframtid.se/berattelsen/roasted-cauliflower-garlic-dip-ka2tl-bldpc (laatst bezocht 8 november 2023).

6
Kungliga Tekniska högskolan (KTH), master woningbouw: Project 4: 'Circular Duved' (onder leiding van Erik Stenberg en Frida Rosenberg), 2021-2022; Arkitekthögskolan vid Umeå universitet, zomercursus 'Duved – the Rural Village as a Catalyst for Future Societies' (onder leiding van Sara Thor), 2021.

7
Daniel Koch, *Digitalisering och landsbygdsutveckling* (Stockholm: KTH, 2022).

8
Sophie Adolphson Jörby, *Duvedmodellen: Boverkets utvärdering av steg 2* (Karlskrona: Boverket, 2022).

9
Björn Hellström, *Duvedmodellen för lokalsamhällen: slutrapport steg 2* (Stockholm: Vinnova, 2020).

10
Björn Hellström, seminar tijdens de stadsbeurs H22, 8 juni 2022.

11
Paula Westerberg, 'Därför ska landsbygden visa vägen för staden', *Dagens Nyheter*, 27 november 2021.

12
Een in 2023 uitgevoerde interne audit bracht weliswaar ernstige administratieve tekortkomingen aan het licht, maar geen criminele activiteiten.

13
Paneldiscussie 'Urban Meets Rural: Place-Based Strategies for the New European Bauhaus', Festival of the New European Bauhaus, Brussel, 11 juni 2022.

and flexible housing.[6] The *smart village* is explored in both academic reports and hands-on novelties such as the *Duved Demokrativerktyg* (Duved democracy tool): a smartphone app simulating a continuous village meeting through interactive map pins.[7]

Undeniably, the sheer number of local initiatives contribute to an overall buzz, but the image of a community-driven 'innovation cluster' holds up poorly under closer examination. To date, villagers have not participated in the conception of the Drivhuset, whose realisation is stalled by concerns of funding and ownership. The Duved 5 owe their affordability to generous supplier discounts, and their pertinence is disputed since the need for family-friendly detached houses and large apartments outweighs that for small units and ateliers.[8] Finally, Trädgården's concept is exemplary but unlikely to survive should the municipal funds subside, and the links between Duvedmodellen's academic research and on-site interventions appear weak at best.

The Duved Model

Individual ventures aside, Duvedmodellen's core is an 'innovative collaboration plan',[9] which supposedly helps villages mobilise their 'different type of density and speed'[10] and unique proximity to authority in a transition 'from New Public Management to local network governance'.[11] Small communities will thus bring about *Folkhemmet 2.0* (All People's Home 2.0): a rehash of the post-war welfare state founded on a socialist-capitalist 'middle way'. Indeed, this background of contemporary network governance discourse and post-war social corporatism consolidates the image of Duvedmodellen as primarily a private-public investment model. Duved Village Council's 7 per cent of so-called 'golden shares' in the local development company Duved Framtid AB – meaning that they hold a casting vote in potential board disputes – effectively obscures the underlying commercial interests of both municipal Årehus and its affiliated private investors. Nonetheless, recent accusations of conflicts of interest and failure to conform to the Public Procurement Act levelled against Årehus indicate that the boardroom's potential as a site for community participation remains debatable.[12]

In 2022, the 'village of the future' was presented at the New European Bauhaus Festival in Brussels.[13] Indeed, Duvedmodellen's logotype, inspired by the classic Bauhaus didactical wheel, did prefigure its absorption into the Union's project for making our built environment 'beautiful, sustainable, together'. However, despite intentions to make Duved an example for Europe, the final report on 'organisation for local development' penned by urban consultants Tyréns questions Duvedmodellen's scalability and transferability.

The report states that the slim organisation and considerable private capital are hardly compatible with democratic public administration.[14] These findings are mirrored in another report, signed by the National Board of Housing, Building and Planning, in which interviewees struggle to explain what Duvedmodellen is, does and wants, and illustrate how top-down processes are dressed up as bottom-up initiatives: 'We consider Duved Framtid to be just another exploiter', and 'some experts from Stockholm came to tell us about Duved – I thought we were the experts'. Most damningly, the report concludes that Duvedmodellen 'gives an illusion of civic participation' that could 'mislead and thwart development' and 'undermine trust in societal processes overall'.[15]

Nevertheless, one study undertaken by KTH researchers Ann Legeby and Christina Pech does identify a local social infrastructure of valuable places as well as areas for improvement, and presents an analysis with possibly broader applicability. Contradictory priorities of local stakeholders are brought to light, as well as the fact that binary urban planning

6
TH School of Architecture, master studio ousing: Project 4: 'Circular Duved' (led by Erik enberg and Frida Rosenberg), 2021-2022; meå School of Architecture, summer school uved – the Rural Village as a Catalyst for ture Societies' (led by Sara Thor), 2021.

7
aniel Koch, *Digitalisering och landsbygdsut-eckling* (Stockholm: KTH, 2022).

8
ophie Adolphson Jörby, *Duvedmodellen: overkets utvärdering av steg 2* (Karlskrona: overket, 2022).

9
Björn Hellström, *Duvedmodellen för lokalsamhällen: slutrapport steg 2* (2020)

10
Björn Hellström, seminar at H22 city fair, 8 June 2022.

11
Paula Westerberg, 'Därför ska landsbygden visa vägen för staden', *Dagens Nyheter*, 27 November 2021.

12
An internal audit performed in 2023 revealed serious administrative shortcomings, but no criminal actions.

13
Panel discussion: 'Urban Meets Rural: Place-Based Strategies for the New European Bauhaus', Festival of the New European Bauhaus, Brussels, 11 June 2022.

14
Mia Wahlström and Madeleine Almqvist, *Organisation för lokal utveckling i Duved* (Gotenburg: Tyréns, 2022).

15
Adolphson Jörby, *Duvedmodellen*, op. cit. (note 8), 8, 9, 21.

duurzaam' te maken. Ondanks de intentie om van Duved een voorbeeld voor heel Europa te maken, plaatste het door stedenbouwkundig adviesbureau Tyréns opgestelde eindrapport over 'organisatie voor lokale ontwikkeling' vraagtekens of het Duved-model wel kan worden opgeschaald en ergens anders toegepast.

Het rapport stelt dat de kleine organisatie en de aanzienlijke inzet van privékapitaal nauwelijks verenigbaar zijn met democratisch openbaar bestuur.[14] Deze bevindingen komen ook terug in een ander rapport, ondertekend door het ministerie voor huisvesting, bouw en planning, waaruit blijkt dat de geïnterviewden moeite hebben om uit te leggen wat het Duved-model is, doet en wil. Hun reacties illustreren dat er hiërarchische processen worden vermomd als door de bevolking geopperde initiatieven: 'We zien Duved Framtid als weer zo'n uitbuiter' en 'Er kwamen een paar deskundigen uit Stockholm om ons over Duved te vertellen – en ik dacht dat wij de deskundigen waren'. Het meest vernietigend is de conclusie van het rapport dat het Duved-model 'de illusie van burgerparticipatie wekt' en daardoor 'ontwikkelingen de verkeerde kant op kan sturen en kan tegengaan' en 'het vertrouwen in maatschappelijke processen in het algemeen kan ondermijnen'.[15]

Desalniettemin wijzen KTH-onderzoekers Ann Legeby en Christina Pech in hun studie niet alleen op de aanwezigheid van een lokale sociale infrastructuur van waardevolle plekken, maar ook op gebieden die voor verbetering vatbaar zijn; hun analyse is mogelijk breder toepasbaar. De studie brengt de tegenstrijdige prioriteiten van lokale belanghebbenden aan het licht, evenals het feit dat te specifiek gedefinieerde stedenbouwkundige categorieën vaak de meervoudige functie van plekken in kleine gemeenschappen over het hoofd zien. Van belang in de studie is dat de invloed van stedelijke normen op de manier waarop 'kwaliteit van leven' wordt geëvalueerd, wordt erkend; het rapport concludeert dat de relatief beperkte toegang van Duved tot huisvesting, diensten en handel moet worden gezien in de context van Duved's ligging in de wijdere Åre-regio, omdat het dorp anders zijn landelijke karakter en bestaansrecht zou kunnen verliezen.[16]

Project Robertsfors

Robertsfors staat er minder rooskleurig op en is, toegegeven, representatiever voor de omstandigheden in 'het noorden'. Zowel de korte documentaire *Diamond People* (Sara Jordenö, 2016) als de alternatieve film *Inside the Diamond* (Viktor Johansson, 2020) laten een gemeenschap zien die langzaam krimpt, en worstelt met de sluiting van de grootste werkgever, fabrikant van synthetische diamanten Element Six, in 2016. Vijftig jaar geleden was het kleine fabrieksstadje aan de Oostzee echter een ware hype, vergelijkbaar met Duved vandaag de dag.

In 1971 nodigde leraar, gemeentesecretaris, liefhebber van ambachten en zelfbenoemde ambassadeur van Robertsfors Erik 'Jonscha' Johansson zichzelf uit om op de Stockholmse hogeschool voor kunst, ambacht en design Konstfack het recent opgerichte gemeentebedrijf Byalaget AB (de dorpsraad BV) te promoten. Byalaget AB verstrekte opdrachten aan freelancekunstenaars en ambachtslieden om ontwerpen te maken die lokaal zouden worden geproduceerd en in het hele land in warenhuizen verkocht. Zijn visie – enerzijds zijn stokpaardje, anderzijds een poging om de ontvolking tegen te gaan – verleidde een groep studenten ertoe om hem te vergezellen naar het noorden, en Byalaget groeide al snel uit tot een bedrijf met 35 werknemers. Vier afgestudeerden lieten de hoofdstad achter zich om het kunstcollectief Robertsforsgruppen op te richten; later zouden er van heinde en verre afgestudeerde kunststudenten op deze groep afkomen. Dankzij Jonscha's middelen en connecties was de groep in staat ambachtelijke workshops, muziekverenigingen en sportteams op te zetten, en volgden er uiteindelijk grotere openbare opdrachten en tentoonstellingen. Ondanks het succes kon de commerciële vraag naar ambachtelijke producten de slinkende plattelandssubsidies echter niet compenseren en uiteindelijk ontgroeiden de jonge kunstenaars hun plattelandscoöperatie. In de jaren 1980 betekende de ontbinding van zowel Byalaget als de Robertsforsgruppen het einde van de renaissance van Robertsfors.[17]

Op dit moment staat Robertsfors op het punt een halte te worden aan een nieuwe spoorlijn die de grootste steden van Norrland

14
Mia Wahlström en Madeleine Almqvist, *Organisation för lokal utveckling i Duved* (Gotenburg: Tyréns, 2022).

15
Adolphson Jörby, *Duvedmodellen*, op. cit. (noot 8), 8, 9, 21.

16
Ann Legeby en Christina Pech, *Kartläggning av platsens betydelse* (Stockholm: KTH, 2022).

17
Johannes Samuelsson, *Robertsforsgruppen* (Umeå: uitgegeven in eigen beheer, 2020).

categories often overlook the multifunctional performativity of place in a small community. Significantly, the study recognises the influence of urban norms on how 'quality of life' is evaluated, concluding that Duved's relatively limited access to housing, services and commerce must be contextualised within the greater Åre area, or the village risks losing its rural character and *raison d'être.*[16]

Project: Robertsfors

The image of Robertsfors is less rosy and admittedly more representative of conditions 'up north'. Both documentary short *Diamond People* (Sara Jordenö, 2016) and arthouse film *Inside the Diamond* (Viktor Johansson, 2020) portray a slowly declining community grappling with the 2016 shutdown of its largest employer, synthetic diamond manufacturer Element Six. Fifty years ago, however, the tiny mill town by the Baltic Sea was enjoying a veritable hype on par with Duved's today.

In 1971, teacher, municipal business secretary, handicraft enthusiast and self-appointed Robertsfors ambassador Erik 'Jonscha' Johansson invited himself to the Stockholm art school Konstfack to promote the newly launched municipal company Byalaget AB (The Village Council Ltd), commissioning designs from freelance artists and craftsmen to be manufactured locally and sold in department stores nationwide. His vision – at once passion project and anti-depopulation effort – compelled a group of students to join a guided tour up north, and Byalaget soon grew to engage 35 people. Four graduates left the capital to form the art collective Robertsforsgruppen, later reinforced by design school alumni from far and wide. Supported by Jonscha's resources and connections, the group launched craft workshops, music associations and sports teams, and eventually received larger public commissions and exhibitions. Success notwithstanding, the market demand for artisanal goods failed to compensate for dwindling rural subsidies, and the young artists ultimately grew out of their rural co-op. Come the 1980s, the dissolution of both Byalaget and Robertsforsgruppen marked the end of the Robertsfors renaissance.[17]

Today, as Robertsfors is set to become a stop on a new railway connecting Norrland's largest cities, cultural practitioners are invited to partake in a second village revival. In 2022, upon solicitation of the municipality, the Statens centrum för arkitektur och design and the Riksantikvarieämbetet (National Heritage Board) launched an open call for creative teams to devise strategies for transforming a disused nineteenth-century stable into 'a vibrant public space that strengthens the site's and the community's existing values'. The loosely formulated brief, modest budget and six-month timeframe suggest that the project is intended to inspire future actors and investors rather than physically rehabilitate the site. Consisting of an architect, an antiquarian, an artist-scenographer and a photographer, the selected team has regional roots and shared experience from projects 'where culture has been the gathering force in a community planning process'.[18] A press photo portrays the team, which also calls itself Robertsforsgruppen, posing confidently in front of the same cinder stone wall as its eponymous predecessor. The name is considered a 'floating notion' rather than a specific constellation, and few project goals are set. Instead, a 'place for people's doing over time' is expected to emerge through 'site activations'. A cultured yet low-brow attitude emphasising documentation and community participation permeates the group's social media presence, where exhibitions, film screenings and village meetings at the mills are interwoven with archive clippings and current events.

Prototypical Robertsfors

Whereas today's Robertsforsgruppen picks up a legacy, their predecessors actually set an example. Byalaget proposed an innovative model for local artisanal production in an age when government was actively subsidising large-scale urban industry and the relocation of workers from north to south. Jonscha also sought to establish a branch of the Konstfack or the Malmsten woodworking school on the former mill grounds – a radical project that attracted a number of collaborators but failed to materialise before the mills were sold off and educational policy became geographically centralised. Another brainchild of Jonscha's

16
n Legeby and Christina Pech, *Kartläggning platsens betydelse* (Stockholm: KTH, 2022).

17
Johannes Samuelsson, *Robertsforsgruppen* (Umeå: self-published, 2020).

18
Maja Hallén et al., *Gemensamt görande – för allmänt bruk* (Open call application, 2022).

met elkaar verbindt en worden cultuurmakers uitgenodigd om deel te nemen aan een tweede dorpsrevival. In 2022 lanceerden het Statens centrum för arkitektur och design en het Riksantikvarieämbetet (nationale toezichthouder op cultureel erfgoed) op verzoek van de gemeente een open oproep aan creatieve teams om strategieën te ontwikkelen voor de transformatie van een in onbruik geraakt, negentiende-eeuws stallencomplex in 'een levendige openbare ruimte die de bestaande waarden van de locatie en de gemeenschap versterkt'. De losjes geformuleerde opdracht, het bescheiden budget en het tijdsbestek van zes maanden suggereren dat het project eerder bedoeld was om toekomstige actoren en investeerders te inspireren dan om de locatie fysiek te rehabiliteren. Het geselecteerde team, dat bestond uit een architect, een antiquair, een kunstenaar-scenograaf en een fotograaf, had regionale wortels en ervaring met projecten 'waar cultuur de drijvende kracht was in een proces van gemeenschapsplanning'.[18] Op een persfoto staan de leden van het team, dat zich ook Robertsforsgruppen noemde, terwijl ze zelfverzekerd poseren voor dezelfde muur van sintelblokken als hun gelijknamige voorgangers. De naam wordt eerder beschouwd als een 'vrij zwevend concept' dan als een verwijzing naar een specifieke samenstelling, en er worden maar weinig projectdoelen gesteld. In plaats daarvan zal naar verwachting 'de activering van locaties' 'in de loop der tijd verblijfsplekken voor mensen' opleveren. Deze beschaafde, maar onpretentieuze houding, die de nadruk legt op documentatie en gemeenschapsparticipatie, is ook alomtegenwoordig op de sociale media van de groep, waar aankondigingen van tentoonstellingen, filmvertoningen en dorpsbijeenkomsten in de fabrieken worden afgewisseld met archiefknipsels en nieuwsberichten.

Prototype Robertsfors

Terwijl de tegenwoordige leden van de Robertsforsgruppen voortbouwen op een erfenis, gaven hun voorgangers het goede voorbeeld. Byalaget AB kwam met een innovatief voorstel voor lokale ambachtelijke productie in een tijd waarin de overheid de grootschalige stedelijke industrie en de verplaatsing van arbeiders van noord naar zuid actief subsidieerde. Jonscha probeerde daarnaast een filiaal van de Konstfack of de Malmstense houtbewerkingsschool op het voormalige fabrieksterrein te vestigen – een radicaal project dat een aantal samenwerkingspartners aantrok, maar niet kon worden gerealiseerd voordat de fabrieken verkocht werden en het onderwijsbeleid geografisch gecentraliseerd. Een ander geesteskind van Jonscha was 'Robertsfors as Sweden' (1978), een reizende tentoonstelling waarin Robertsfors werd neergezet als het typische Zweedse dorp. De tentoonstelling, die werk van de beroemde fotograaf Sune Johnsson en kunstwerken van de Robertsforsgruppen bevatte, reisde vier decennia lang de wereld rond en keerde in 2020 terug naar Robertsfors – toen meer als een tijdcapsule dan als een actuele tentoonstelling.[19]

Wat het lot van de afzonderlijke initiatieven ook moge zijn geweest, de algehele visie verdient lof, omdat deze niet alleen in het verleden, maar ook tegenwoordig nog tot actie kan inspireren. De huidige Robertsforsgruppen is misschien beter toegerust om Jonscha's ideeën uit te voeren dan de vorige: de gemeente neemt tegenwoordig gebouwen over die door particuliere bedrijven zijn verlaten, overheidsgelden worden naar het noorden overgeheveld en digitalisering belooft het verre Noorden dichterbij te brengen dan ooit. De vraag is of de belofte om 'iets nieuws toe te voegen, maar niet op een dominante manier' genoeg zal zijn om echt het verschil te maken.

Model Robertsfors

Afgezien van slimme marketing en ingewikkelde publiek-private, landelijk-stedelijke en cultureel-industriële samenwerkingsverbanden lijken Jonscha's interventies eerder het resultaat van een pragmatische intuïtie dan van een kant-en-klare strategie. Wat er terecht zal komen van de ambitie van de huidige Robertsforsgruppen om een 'gemeenschap-gestuurd beheermodel voor cultureel erfgoed' te realiseren, moeten we afwachten, aangezien het project nog gaande is.[20] Wel zijn er al afzonderlijke

18
Maja Hallén et al., *Gemensamt görande – för allmänt bruk* (inzending naar aanleiding van een open oproep, 2022).

19
De tentoonstelling, gefinancierd door het Svenska Institutet en Västerbotten-museum, kwam voort uit een ontmoeting tussen Jonscha en een bezoekende Nederlandse ambassadeur, en was oorspronkelijk bedoeld als een eenmalige culturele uitwisseling tussen Robertsfors en Amersfoort. De tentoonstelling was echter tientallen jaren onderweg en was zowel in Beijing als in Daar-es-Salaam te zien, terwijl de omvang ervan geleidelijk afnam. Sune Jonsson's 'teruggekeerde foto's' zijn te zien in het Sune Jonsson Centrum för dokumentärfotografi in het Västerbotten-museum.

20
Hallén et al., *Gemensamt görande*, op. cit. (noot 18).

was 'Robertsfors as Sweden' (1978), an itinerant exhibition promoting Robertsfors as the quintessential Swedish village. Featuring pictures by renowned photographer Sune Johnsson as well as works of art by Robertsforsgruppen it toured the world for four decades before returning home in 2020 – now a time capsule rather than a timely display.[19]

Regardless of the fate of the individual initiatives, the overall vision is redeemed by its capacity to inspire action not only in its own time, but in ours. Today's Robertsforsgruppen might be better equipped to realise Jonscha's ideas, as the municipality has reacquired buildings abandoned by private businesses, government funds are being reallocated up north, and digitisation promises to bring the remote North closer than ever. The question is whether their pledge to 'add new in a non-dominant way' will suffice to break actual ground.

The Robertsfors Model

Clever marketing and intricate public-private, rural-urban and cultural-industrial partnerships aside, Jonscha's interventions appear less as a ready-made strategy than the result of pragmatic intuition. What will become of today's Robertsforsgruppen's ambitions for a 'community-driven cultural heritage site management model'[20] remains to be seen, as the project is ongoing. Nevertheless, separate attempts at a Robertsfors Model with universal transferability have been made. Back in 2003, a group of community planners and environmental consultants boldly declared that 'by 2025 the county of Västerbotten, through the pilot municipality of Robertsfors, will be a pioneer of sustainable development'.[21] This prompted an eponymous participatory systems approach to development based on a set of sustainability principles aiming to let 'humans', 'nature' and 'society' thrive within planetary boundaries. These principles, rather than reactions to current conditions, are treated as future success indicators to be reached by way of present action. The model was then globally repackaged as a Municipal Partnership Programme involving hundreds of 'eco-municipalities'.[22]

Twenty years later, an almost complete lack of mention of the Robertsfors Model in policy documents indicates that it was short-lived and non-impactful. A 2005 review concluded that while the eco-municipality network did afford a sense of 'being part of a bigger picture', the model itself failed to bring about meaningful practical or political applications, and was deemed too reliant on tacit knowledge and local enthusiasts to be repeatable elsewhere. Moreover, villagers were confused by the abstract 'success indicators': 'Why not have a smaller goal: to be the least bad? I don't know what's more sustainable about being 10,000 vs. 7,000 inhabitants', as put by a local businessman.[23] A prophetic statement given that today, although Robertsfors still aims to be 'Sweden's best municipality', the sight is set for 2030 and the population goal has been lowered to 7,500 – a number not seen since the Jonscha heydays. When a so-called Robertsfors Model is referenced today, it serves to soften the blow of losing the diamond factory and 'remove obstacles to growth'.[24]

Projecting Images

A key explanation for the glaring discrepancies between village visions and realities is neoliberal regional politics, which since the late 1980s, rather than mitigating the effects of urbanisation through rural subsidies and support, puts pressure on regions to generate their own growth. Competing for limited tax incomes, investments and exposure, municipalities are forced to supplement administrative duties with a new role as 'engines and dynamos' that 'shape visions of the future' and contribute to 'a more positive image' of themselves.[25]

19
nded by the Swedish Institute and Västerbot-n Museum, the exhibition originated from a eeting between Jonscha and a visiting Dutch nbassador and was initially intended as a e-off cultural exchange between Robertsfors d Amersfoort. However, it remained en route decades, showing up in Beijing as well as ar-es-Salaam, while gradually diminishing scope. The returning photographs by Sune nsson can be found at the Sune Jonsson ntre for Documentary Photography at the sterbotten Museum.

20
llén et al., *Gemensamt görande*, . cit. (note 18).

21
Yury Kazhura, Paulo Bento Maffei de Souza and Heather Worosz, *Sustainable Community Development in the Baltic Sea Region* (Master thesis) (Karlskrona: Blekinge Institute of Technology, 2005).

22
Torbjörn Lahti and Sara James, *The Eco-Municipality Model for Sustainable Community Change: A Systems Approach to Creating Sustainable Communities* (2005), web.archive.org/web/20080807163009/http://www.wisconsinplanners.org/Ecomunicipalities/EcoMunicipalitySynopsis.pdf (accessed 8 November 2023).

23
Kazhura, Bento Maffei de Souza and Worosz, *Sustainable Community Development*, op. cit. (note 21).

24
Robertsfors Municipality website, robertsfors.se/2015/02/16/februari-robertsforsmodellen/ (accessed 8 November 2023).

25
Sustainable Vision for Robertsfors (Robertsfors: Robertfors Municipality, 2016).

pogingen gedaan om een Robertsfors-model te creëren dat universeel toepasbaar is. Al in 2003 verklaarde een groep sociale planners en milieuadviseurs stoutmoedig dat 'de provincie Västerbotten tegen 2025 dankzij de pilotgemeente Robertsfors een pionier op het gebied van duurzame ontwikkeling zal zijn'.[21] De groep stuurde aan op een gelijksoortige aanpak aan de hand van participatieve systemen, gebaseerd op een reeks duurzaamheidsprincipes, om zo 'mensen', 'natuur' en 'maatschappij' te laten gedijen binnen planetaire grenzen. Deze principes werden niet gezien als reacties op de toenmalige omstandigheden, maar als toekomstige succesindicatoren die door middel van handelen in het hier en nu konden worden bereikt. Dit model werd vervolgens wereldwijd gepresenteerd als een gemeentelijk partnerschapsprogramma waar honderden 'ecogemeenten' bij betrokken waren.[22]

Twintig jaar later suggereert het bijna volledig ontbreken van vermeldingen van het Robertsfors-model in beleidsdocumenten dat het een kort leven beschoren en weinig invloedrijk is geweest. In een evaluatie uit 2005 werd geconcludeerd dat het netwerk van ecogemeenten de deelnemers weliswaar het gevoel gaf 'deel uit te maken van een groter geheel', maar dat het model zelf geen zinvolle praktische of beleidstoepassingen voortbracht en te sterk afhankelijk werd geacht van onuitgesproken kennis en lokale enthousiastelingen om elders te kunnen worden herhaald. Bovendien vonden de dorpelingen de abstracte 'succesindicatoren' maar verwarrend: 'Waarom geen bescheidener doel: om de minst slechte te zijn? Ik weet niet wat er duurzaam is aan 10.000 in plaats van 7.000 inwoners,' zo zei een lokale zakenman.[23] Een profetische uitspraak voor wie bedenkt dat Robertsfors vandaag de dag nog steeds 'de beste gemeente van Zweden' wil worden, maar pas in 2030 en dat het optimale bevolkingsaantal is bijgesteld naar 7.500 – een aantal dat sinds de hoogtijdagen van Jonscha niet meer is geteld. Wanneer er vandaag de dag naar een zogenaamd Robertsfors-model wordt verwezen, dient dit om de klap van het verlies van de diamantfabriek te verzachten en om 'obstakels voor groei weg te nemen'.[24]

Projecties

Een belangrijke verklaring voor de flagrante discrepantie tussen de visie voor het dorp en de werkelijkheid ligt in het neoliberale regionale beleid, waarbij regio's sinds het eind van de jaren 1980 onder druk zijn gezet om hun eigen groei te genereren en de gevolgen van de verstedelijking niet worden verzacht door middel van plattelandssubsidies of steun. In de strijd om de beperkte belastinginkomsten, investeringen en zichtbaarheid zagen gemeenten zich genoodzaakt om hun administratieve taken aan te vullen met nieuwe taken. Ze fungeren sindsdien als 'motoren en dynamo's' die 'toekomstvisies ontwikkelen' en bijdragen aan een 'positiever beeld' van zichzelf.[25] Cultureel geograaf Ståle Holgersen definieert deze cyclus – waarin op politiek, commercieel en industrieel niveau geproduceerde beelden worden gebruikt om middelen aan te trekken die vervolgens 'doorsijpelen' naar de massa – als een voortdurende *productie* en *distributie* van steden (of dorpen). Zo bezien wordt *het beeld zelf* een distribuerende infrastructuur, en zolang de productie blijft plaatsvinden, verandert er alleen iets in de distributie – dat wil zeggen, in de vorm en inhoud van individuele projecten.[26] Het resulterende *projectisme*, dat kortweg kan worden omschreven als 'neoliberale liefdadigheid', reflecteert dat de systemische achterstand van plattelandsgebieden niet wordt aangepakt, maar dat van hen wordt verwacht dat ze bewijzen dat ze een tijdelijke stimulans waard zijn. Wat betreft de effecten van deze liefdadigheid tonen studies van suburbane projecten ten behoeve van gemeenschapsontwikkeling aan dat ze 'bijdragen aan stedelijke bestuursregimes die democratische spelletjes spelen om de participatie van de lokale bevolking te bevorderen en die te kalibreren van conflict-gestuurd naar consensus-gericht', waardoor 'slechte omstandigheden ontstaan

21
Yury Kazhura, Paulo Bento Maffei de Souza en Heather Worosz, *Sustainable Community Development in the Baltic Sea Region* (doctoraalscriptie) (Karlskrona: Blekinge Institute of Technology, 2005).

22
Torbjörn Lahti en Sara James, *The Eco-Municipality Model for Sustainable Community Change: A Systems Approach to Creating Sustainable Communities* (2005), web.archive.org/web/20080807163009/http://www.wisconsinplanners.org/Ecomunicipalities/EcoMunicipalitySynopsis.pdf (laatst bezocht 8 november 2023).

23
Kazhura, Bento Maffei de Souza en Worosz, *Sustainable Community Development*, op. cit. (noot 21).

24
Website gemeente Robertsfors, robertsfors.se/2015/02/16/februari-robertsforsmodellen (laatst bezocht 8 november 2023).

25
Sustainable Vision for Robertsfors (Robertsfo gemeente Robertsfors, 2016).

26
Ståle Holgersen, 'Stoppa projektism!', *Stockho mstidningen* 1 (2019), 9-11.

Cultural geographer Ståle Holgersen defines this cycle, in which images crafted on political, trade and industry levels are employed to attract resources that then 'trickle down' to the masses, as a continuous *production* and *distribution* of cities (or villages). Through this lens, the *image* becomes itself a distributive infrastructure, and as long as the production remains unchallenged, change occurs only within the distribution – that is, in the form and content of individual projects.[26] The resulting *projectism* can poignantly be defined as 'neoliberal charity', reflecting how rural areas are expected to prove themselves worthy of provisional boosts rather than addressing their systemic disadvantage. As for the effects of this charity, studies on suburban community development projects reveal that these 'contribute to urban regimes of governance that, through democratic games, engage the participation of locals and calibrate their activities from conflict-driven to consensus-oriented', thereby creating 'poor conditions for critical voices in the urban periphery'.[27] Particularly in the case of Duved, the image of the project *is* the project, judged not by its coherence, quality or likeness to (future) reality, but rather by its capacity to project *other images*. Confusion and frustration among the villagers indicate that Duved's image is being produced neither by nor for them.

Pastoral Potemkins

Duvedmodellen's imagery embodies the grandiose mashups of UN Sustainability Goals and new public management theory, also known as 'vision documents', which Swedish municipalities have been drafting for decades. It is thus no wonder that the project sells. Government institutions allocate funds *a priori* based on a project's perceived coherence with a predetermined framework. This funding incentivises private partnerships, which in turn embellish new project applications, especially because having once been granted funding an actor is more likely to receive it again, creating a self-affirming logic of *le projet pour le projet*. Duvedmodellen's particularly severe case of projectism can be partially attributed to the choice of Jan Åman, a seasoned urban development project leader, as its main storyteller. In 2008, he imagined the city of Östersund as the seat of the New World Bank.[28] In 2015, he relaunched the Stockholm suburb of Upplands Väsby as 'a model for all the world's municipalities'.[29] When curating the exhibition 'The Forests of Venice' at the 2016 Biennale, he lauded the host city was as a 'realised' utopia.[30] A few years later, Duved is being branded as 'the Williamsburg of Åre Valley',[31] and Åre itself is positioning itself as the 'Davos of the North'.[32]

As one would expect in a project cycle of infinite postponement, the interchangeability of place and scale implies that preconceived images are being applied to sites rather than produced with or of them. Significantly, Duvedmodellen's problem formulations are based on a generalised idea of the declining northern village, while its proposed solutions depend on Duved being a thriving tourist destination in one of Sweden's youngest, fastest growing and most entrepreneurial municipalities.[33] Furthermore, even if used for stylistic effect, allusions to the city indicate the need to acquire urban traits to become truly relevant; there is no mention that villagers pride themselves with being 'non-Åre'.[34] This pervasive sense of disconnect forebodes how the project looting tour will move on as soon as financing dries up, leaving Duved behind as a graveyard of abandoned ideas.

Then again, will Robertsfors do better? While painted in different styles, the images of the two villages betray a common subject matter: sites where cherry-picked doers converge to further their tax-subsidised careers until the next opportunity knocks. Nevertheless, Jonscha's Robertsfors did create a momentary 'positional switch' when bringing the village gospel to the city, offering the freshly graduated artists not only a project, but a purpose.

26
Ståle Holgersen, 'Stoppa projektism!', *Stockholmstidningen* 1 (2019), 9-11.

27
Nazem Tahvilzadeh and Lisa Kings, 'Att göra kaos: Om förortspolitiken som urban styrregim och demokratiskt spel', *ARKIV* 9 (2018), 104.

28
Rolf van den Brink, 'Carnegie, Schori och McLaren bygger bank i Östersund', *Dagens Media*, 7 July 2008.

29
Väsby promotion, Testlab: 'Väsby Bo15 Labs', 14 October 2010.

30
Svenska Institutet, 'Trä, skog och urbanitet lyfter svensk arkitektur på Venedigbiennalen', *Via TT*, 26 April 2016.

31
Duved Podcasten 11 (2023).

32
Åre Business Forum website, arebusinessforum.se (accessed 8 November 2023).

33
Wahlström en Bragée, *Lokalekonomisk*, op. cit. (note 1).

34
Koch, *Digitalisering*, op. cit. (note 7).

voor kritische stemmen in de stedelijke periferie'.[27] Met name in het geval van Duved *is* het beeld van het project in feite het project en dat wordt niet beoordeeld op samenhang, kwaliteit of overeenstemming met de (toekomstige) werkelijkheid, maar eerder op het vermogen ervan om *andere beelden* te genereren. De verwarring en frustratie van de inwoners geven aan dat het beeld van Duved niet door of voor hen wordt geproduceerd.

Pastorale Potemkin-dorpen

De beeldvorming rondom het Duved-model is gebaseerd op de grandioze mix van VN-duurzaamheidsdoelen en nieuwe openbare managementtheorieën die ook terugkomt in de 'visiedocumenten' die de Zweedse gemeenten al tientallen jaren produceren. Het is dus geen wonder dat het project verkoopt. Overheidsinstellingen wijzen *a priori* fondsen toe op basis van de veronderstelde samenhang van een project met een vooraf bepaald kader. Deze financiering stimuleert de totstandkoming van private partnerschappen die op hun beurt nieuwe projectaanvragen fraai in de verf zetten, vooral omdat een partij die eenmaal financiering heeft ontvangen, deze waarschijnlijk opnieuw zal ontvangen, waardoor een zichzelf versterkende logica van *le projet pour le projet* ontstaat. Het bijzonder zware geval van projectisme, waarvan bij het Duved-model sprake is, kan deels worden toegeschreven aan de keuze voor Jan Åman, een doorgewinterde stedenbouwkundig projectmanager, als belangrijkste spreekbuis. In 2008 stelde hij voor de stad Östersund tot zetel van de Nieuwe Wereldbank te maken.[28] In 2015 lanceerde hij de Stockholmse buitenwijk Upplands Väsby als 'een voorbeeld voor alle gemeenten ter wereld'.[29] Tijdens de organisatie van de tentoonstelling 'The Forests of Venice' voor de biënnale van Venetië van 2016 prees hij de gaststad aan als een 'gerealiseerde' utopie.[30] Enkele jaren later wordt Duved aanprezen als 'het Williamsburg van de Åre-vallei'.[31] Åre zelf positioneert zich als 'Het Davos van het Noorden'.[32]

Zoals te verwachten valt in een projectcyclus die wordt getekend door oneindig uitstel, impliceert de inwisselbaarheid van plaats en schaal dat er voorgekookte beelden worden toegepast op locaties, in plaats van dat zulke beelden samen met de plaats of van de plaats worden geproduceerd. Het is veelzeggend dat de probleemstellingen van het Duved-model gebaseerd zijn op een algemene notie van het in verval rakende noordelijke dorp, terwijl de voorgestelde oplossingen ervan uitgaan dat Duved een bloeiende toeristische bestemming is in een van de jongste, snelst groeiende en meest ondernemende gemeenten van Zweden.[33] Bovendien sturen verwijzingen naar de stad erop aan, zelfs als ze alleen gebruikt worden voor een bepaald stilistisch effect, dat het nodig is om stedelijke kenmerken over te nemen om echt relevant te worden; er wordt geen melding gemaakt van het feit dat de inwoners van Duved er trots op zijn dat hun dorp juist 'geen Åre' is.[34] Dit volledige gebrek aan connectie is de voorbode van de manier waarop deze projectplundertocht verder zal trekken, zodra de financiering opdroogt en Duved achterblijft als een begraafplaats van verworpen ideeën.

Het is overigens nog maar de vraag of Robertsfors het beter zal gaan doen. Hoewel ze op verschillende manieren worden afgeschilderd, verraadt de beeldvorming omtrent de twee dorpen een gemeenschappelijk thema: plaatsen waar uitverkoren aanpakkers samenkomen om hun, met belastinggeld gefinancierde carrière voort te zetten tot zich een betere kans voordoet. Toch slaagde het Robertsfors van Jonscha erin kortstondig een 'omwisseling van de posities' van de stad en het platteland teweeg te brengen. Het dorp gaf het goede voorbeeld aan de stad en pas afgestudeerde kunstenaars werd niet alleen een project, maar ook een doel aangeboden. Leven in een dorp werd een daad van verzet die aansloot bij de contemporaine roep om collectivisme, anti-autoritarisme en een 'niet-provinciale lokale erfgoedbeweging'.[35]

Hoewel de oprichting van een baanbrekend kunstenaarscollectief niet per se een strategisch doel was, suggereren Jonscha's activiteiten een diepgaand begrip van de culturele praktijk zelf, als een ambacht in artistieke,

27
Nazem Tahvilzadeh en Lisa Kings, 'Att göra kaos: Om förortspolitiken som urban styrregim och demokratiskt spel', *ARKIV* 9 (2018), 104.

28
Rolf van den Brink, 'Carnegie, Schori och McLaren bygger bank i Östersund', *Dagens Media*, 7 juli 2008.

29
Promotiemateriaal voor de wijk Väsby. Testlab: 'Väsby Bo15 Labs', 14 oktober 2010.

30
Svenska Institutet, 'Trä, skog och urbanitet lyfter svensk arkitektur på Venedigbiennalen', *Via TT*, 26 april 2016.

31
Duved Podcasten 11 (2023).

32
Website Åre Business Forum, arebusinessforum.se (laatst bezocht 8 november 2023).

33
Wahlström en Bragée, *Lokalekonomisk*, op. cit. (noot 1).

34
Koch, *Digitalisering*, op. cit. (noot 7).

35
Voorwoord redactie, *Västerbotten* 2 (1979), 7.

Village life became an act of resistance, tapping into contemporary calls for collectivism, anti-authoritarianism and a 'non-provincial local heritage movement'.[35] Although the establishment of a trailblazing artist collective was no strategic goal per se, Jonscha's actions suggest a profound understanding of cultural practice itself as a craft in the artistic, political and economic sense. While a Duvedmodellen 2.0 is highly unlikely, the present iteration of Robertsforsgruppen is a testament to their predecessors' powerful collective imaginary. Today's mild and mindful approach is sympathetic enough, but equally demonstrative of a cash-strapped society trying to uphold culture through one-off interventions rather than tenacious political work. The chronic difficulties in securing long-term funding for non-profitable activities relegate such endeavours to the project grant loop, whereas 'culture-driven growth' remains a euphemism for gentrification. Current Robertsforsgruppen member Johannes Samuelsson admits to having projects 'hi-jacked by rich people',[36] just as 40 years earlier ceramicist Jonas Lundqvist confessed to 'so-called fancy folk' being his main patrons.[37] Today, the 'fancy folk' are well-settled in Duved, where property prices are on par with the wealthy areas of Stockholm, and they will probably arrive at Robertsfors's new railway station before we know it.

Having compared Duved and Robertsfors, it is clear that although both villages have acted as stepping stones for individual initiatives and entrepreneurs, neither will be the cornerstone of an imminent societal shift. Evidently, the rural renaissance will not depart from the next development project, but from collective visions at once radically local and unapologetically universal. Subsequently, the responsibility of policymakers and spatial practitioners is not to provide villages with images and doers, but with the productive and distributive infrastructure to actually imagine and do.

35
litor's foreword, *Västerbotten* 2 (1979), 73.

36
hannes Samuelsson, 'Projekt överallt', *ockholmstidningen* 1 (2019), 12-14.

37
s quoted in: Samuelsson, *Robertsforsgruppen*, op. cit. (note 17), unpaginated.

politieke en economische zin. Hoewel een Duved-model 2.0. hoogst onwaarschijnlijk is, getuigt de huidige versie van de Robertsforsgruppen van de krachtige collectieve verbeelding van de leden van de vorige editie. De milde en bedachtzame aanpak van tegenwoordig is weliswaar sympathiek, maar ook tekenend voor een maatschappij die krap bij kas zit en cultuur probeert te ondersteunen door eenmalige interventies in plaats van door aanhoudende politieke inzet. Chronische problemen bij het verkrijgen van langetermijnfinanciering voor niet-winstgevende activiteiten veroordelen zulke inspanningen tot de vicieuze cirkel van de projectsubsidies, terwijl 'cultuurgeleide groei' een eufemisme blijft voor gentrificatie. Johannes Samuelsson, een van de leden van de huidige Robertsforsgruppen, geeft toe dat er projecten worden 'gekaapt door rijke mensen'.[36] Veertig jaar eerder gaf keramist Jonas Lundqvist al toe dat zijn belangrijkste opdrachtgevers tot 'het zogenaamde chique volk' behoorden.[37] Vandaag de dag is dat 'chique volk' aardig ingeburgerd in Duved, waar de prijzen van onroerend goed net zo hoog zijn als in de duurdere wijken van Stockholm, en die hoge prijzen zullen voor we het weten het nieuwe treinstation van Robertsfors bereiken.

Als we Duved en Robertsfors met elkaar vergelijken, is duidelijk dat beide dorpen weliswaar als springplank hebben gediend voor individuele initiatieven en ondernemers, maar dat ze niet de hoeksteen zullen zijn van een op handen zijnde maatschappelijke omwenteling. Het is duidelijk dat de renaissance van het platteland niet zal worden teweeggebracht door alweer een ontwikkelingsproject, maar door collectieve visies die zowel radicaal lokaal, als onvoorwaardelijk universeel zijn. Het is dan ook niet de verantwoordelijkheid van beleidsmakers en ruimtelijke professionals om dorpen te voorzien van beelden en doeners, maar van de productieve en distribuerende infrastructuur om te kunnen verbeelden en doen.

Vertaling: InOtherWords, Maria van Tol

36
Johannes Samuelsson, 'Projekt överallt', *Stockholmstidningen* 1 (2019), 12-14.

37
Zoals geciteerd in: Samuelsson, *Robertsforsgruppen*, op. cit. (noot 17), z.p.

Helena Andersson is a Swedish practising architect and writer based in Paris, France. Her goal as a critic is to replace useless illusions with useful insights. Without formal connections to the present article's objects of study, previous experience from similar development projects in the Swedish North has informed her view on sustainability storytelling, rural renaissances and 'projectism' alike.
Helena Andersson is een Zweedse architect en schrijver, woonachtig in Parijs. Haar doel als critica is om nutteloze illusies te vervangen door bruikbare inzichten. Zonder formele connecties met de studieobjecten van dit artikel, heeft eerdere ervaring met soortgelijke ontwikkelingsprojecten in het Zweedse Noorden haar kijk op verhalen over duurzaamheid, rurale heroplevingen en 'projectisme' gevormd.

Hanna Bystrykh is an architect and researcher based in Rotterdam. Her experience extends to the design and implementation of complex urban projects, museum transformations, experimental educational efforts, and more recently installations on the transformations of rural and natural landscapes. Since January 2022, she is head of the Master's Programme in Architecture at the Amsterdam Academy of Architecture, where she is developing a climate-focused architecture curriculum. Bystrykh is part of the 2024 International Architecture Biennale Rotterdam (IABR) curatorial team.
Hanna Bystrykh is architect en onderzoeker, gevestigd in Rotterdam. Haar ervaring omvat het ontwerp en de uitvoering van complexe stedelijke projecten, museumtransformaties, experimenteel onderwijs, en meer recent installaties over de transformatie van rurale en natuurlijke landschappen. Sinds januari 2022 is ze hoofd van de masteropleiding Architectuur aan de Academie van Bouwkunst in Amsterdam, waar ze doende is een klimaatgericht architectuurcurriculum te ontwikkelen. Bystrykh maakt deel uit van het curatorenteam van de Internationale Architectuur Biënnale Rotterdam 2024 (IABR).

Gregory E. Cartelli is a researcher and PhD candidate in the History and Theory of Architecture at Princeton University. He holds a Masters of Environmental Design from the Yale School of Architecture, a BA in Photography from Bard College, and is based in Brooklyn, New York.
Gregory E. Cartelli is een onderzoeker en promovendus in architectuurgeschiedenis en -theorie aan Princeton University. Hij behaalde een master in omgevingsontwerp aan de Yale School of Architecture, een bachelor in fotografie aan Bard College; hij woont in Brooklyn, New York.

Giuseppe Cosentino has a PhD in Architectural and Urban Composition and is an adjunct professor at the University of Florence, where he teaches Architectural Design. He focuses on modern and contemporary Italian architecture and on the relationship between design and place, landscape and art. He is the author of the volume: *Paesaggi interni: BBPR, Albini e Helg, Gardella: I negozi Olivetti a New York Parigi e Düsseldorf.* His writings and projects are published in academic journals and edited volumes.
Giuseppe Cosentino heeft een doctoraat in architectonische en stedenbouwkundige compositie en is adjunct-hoogleraar aan de Universiteit van Florence, waar hij architectonisch ontwerp doceert. Hij richt zich op moderne en hedendaagse Italiaanse architectuur en op de relatie tussen ontwerp en plek, landschap en kunst. Hij is auteur van het boek *Paesaggi interni: BBPR, Albini e Helg, Gardella: I negozi Olivetti a New York Parigi e Düsseldorf.* Zijn teksten en projecten zijn gepubliceerd in academische tijdschriften en publicaties.

Stefan Devoldere is professor and dean of the Faculty of Architecture and Arts at Hasselt University. He was editor-in-chief of the Belgian architectural review *A+*, curated several international art and architecture exhibitions and was involved in the Belgian contribution to the Venice Architecture Biennale in 2008, 2010 and 2012. As deputy and acting Flemish Government Architect, and as president of the Stadsatelier in Ostend and in Hasselt, he directed several projects that used design research as a policy preparation tool, the subject matter of his current research.
Stefan Devoldere is hoogleraar en decaan van de faculteit Architectuur en Kunst aan de UHasselt. Hij was hoofdredacteur van het Belgische architectuurtijdschrift *A+*, curator van verschillende internationale kunst- en architectuurtentoonstellingen, en betrokken bij de Belgische bijdrage voor de architectuurbiënnale van Venetië in 2008, 2010 en 2012. Als adjunct en waarnemend Vlaams Bouwmeester, en als voorzitter van het Stadsatelier in Oostende en Hasselt, stuurde hij verschillende trajecten aan die ontwerpend onderzoek inzetten als beleidsvoorbereidend instrument, een materie waarnaar hij onderzoek doet.

Agim Kërçuku is an architect and urbanist with a PhD in Urbanism from the Università IUAV di Venezia. Since December 2022, he has been an assistant professor in Planning and Urban Policies at the Politecnico di Milano. His present research activity focuses on the process of urban shrinkage and the spatial implications of population aging. He published *Shrinking Cities in Reunified East Germany* (2023) and edited, with other authors, *Territory in Crisis: Architecture and Urbanism Facing Changes in Europe* (2015) and *Spatial Tensions in Urban Design. Understanding Contemporary Urban Phenomena* (2021).
Agim Kërçuku is architect en stedenbouwkundige. Hij heeft een doctoraat in stedenbouw van de Università IUAV di Venezia en is sinds december 2022 universitair docent Planning and Urban Policies aan de Politecnico di Milano. Zijn huidige onderzoeksactiviteit richt zich op het proces van stedelijke krimp en de ruimtelijke implicaties van vergrijzing. Hij publiceerde *Shrinking Cities in Reunified East Germany* (2023) en redigeerde, samen met andere auteurs, *Territory in Crisis: Architecture and Urbanism Facing Changes in Europe* (2015) en *Spatial Tensions in Urban Design: Understanding Contemporary Urban Phenomena* (2021).

Maarten Liefooghe is associate professor in Architecture Theory, History and Criticism at Ghent University. His research revolves around historical and contemporary encounters between objects, practices, institutions and discourses of architecture, art, exhibition making and preservation. His doctoral research was into the architecture of artist museums. Current research is concerned with heritage discourses and with contemporary architecture culture: architecture exhibitions, competition culture, and notions and policies of 'architectural quality'.
Maarten Liefooghe doceert Architectuurtheorie, -geschiedenis en -kritiek aan de Universiteit Gent. Zijn onderzoek betreft historische en hedendaagse interacties tussen architectuur, kunst, erfgoed en tentoonstellingen, als objecten, praktijken, instellingen en discoursen. Zijn promotieonderzoek betrof de architectuur van kunstenaarsmusea. Huidig onderzoek

betreft het discours rond erfgoed en hedendaagse architectuurcultuur: architectuurtentoonstellingen, prijsvraagcultuur en architectuur(kwaliteits)beleid.

Nikos Magouliotis is an architecture historian and post-doctoral researcher at ETH Zurich/gta, in the Chair of Prof Dr Maarten Delbeke. His research focuses on the history and historiography of architecture in the eighteenth and nineteenth centuries with a particular focus on the vernacular, both as a theoretical construct and as a historical reality. Nikos has published in magazines such as *San Rocco*, *ARCH+* and *Cartha*, as well as academic journals such as *Architectural Histories, Future Anterior, The Journal of Architecture* and *Architecture Beyond Europe*.
Nikos Magouliotis is een architectuurhistoricus en postdoctoraal onderzoeker aan ETH Zürich/gta, binnen de leerstoel van prof. Maarten Delbeke. Zijn onderzoek richt zich op de geschiedenis en de geschiedschrijving van architectuur in de achttiende en negentiende eeuw, met een bijzondere aandacht voor het vernaculaire: als theoretisch construct en als historische werkelijkheid. Magouliotis publiceerde in magazines als *San Rocco, ARCH+* en *Cartha*, en verder in academische tijdschriften als *Architectural Histories, Future Anterior, The Journal of Architecture* en *Architecture Beyond Europe*.

Sereh Mandias is a writer, researcher and educator based in Rotterdam. Her work focuses on the way architecture engages with contemporary culture and society. She works as a lecturer and researcher at the Chair of Interiors Buildings Cities at Delft University of Technology, as a visiting lecturer at the Rotterdam and Amsterdam Academies of Architecture and as an editor at the platform for public debate De Dépendance. She is a member of the editorial board of *OASE* and cofounder of the Dutch architecture podcast *Windoog*.
Sereh Mandias is schrijver, onderzoeker en docent, gevestigd in Rotterdam. Haar werk richt zich op de manier waarop architectuur zich verhoudt tot de hedendaagse cultuur en samenleving. Ze werkt als docent en onderzoeker bij de leerstoel Interiors Buildings Cities aan de TU Delft, als gastdocent aan de Rotterdamse en Amsterdamse Academies van Bouwkunst en als redacteur bij platform voor publiek gesprek De Dépendance. Ze is lid van de redactie van *OASE* en medeoprichter van de Nederlandstalige architectuurpodcast *Windoog*.

Maryia Rusak is a postdoctoral fellow (2022-2024) at the Chair of the History and Theory of Urban Design at ETH Zurich. Her current project investigates the Nordic architecture of foreign aid in postcolonial Africa, focusing on the pragmatic economic rationale behind architectural production. Before joining gta, Rusak completed her PhD at the Oslo School of Architecture and Design. She holds an MArch in Sustainable Urban Planning and Design from KTH in Stockholm, and a BA from Princeton University. Rusak is particularly interested in the histories of everyday objects and webs of bureaucratic institutions.
Maryia Rusak is postdoctoraal onderzoeker (2022-2024) aan de leerstoel Geschiedenis en Theorie van het Stadsontwerp aan ETH Zürich. Haar huidige project onderzoekt de Scandinavische architectuur in postkoloniaal Afrika, waarbij ze zich richt op de pragmatische economische beweegredenen achter deze buitenlandse hulpverlening in de vorm van architectuurproductie. Voordat ze bij gta begon, voltooide Rusak haar PhD aan de Oslo School of Architecture and Design. Zij heeft een MArch in Sustainable Urban Planning and Design van de KTH in Stockholm en een BA van Princeton University. Rusak is vooral geïnteresseerd in de geschiedenis van alledaagse objecten en bureaucratische netwerken.

Ward Verbakel holds degrees in Civil Engineering Architecture (KU Leuven) and Urban Design (GSAPP Columbia University). As co-founder of the Belgian practice PLUSOFFICE, he works on various construction and design research projects ranging from the productive city, transitional processes and village urbanism to public buildings and housing projects. He's currently coordinating the urban project Master's Studios at KU Leuven and is conducting doctoral research on the practice of Village Urbanism. He previously taught at GSAPP Columbia University, New York, and is president of the artistic board of *A+* magazine in Belgium.
Ward Verbakel is ingenieur-architect (KU Leuven) en master in Urban Design (GSAPP Columbia University). Als medeoprichter van het Belgische bureau PLUSOFFICE werkt hij aan uiteenlopende bouwopdrachten en ontwerpend onderzoek, gaand van de productieve stad, transitieprocessen en dorpenstedenbouw tot openbare gebouwen en woningbouwprojecten. Hij coördineert de masterateliers stadsontwerp bij KU Leuven en doet doctoraal onderzoek naar de praktijk van dorpenstedenbouw. Eerder gaf hij les aan GSAPP Columbia University (New York). Hij is voorzitter van de artistieke raad van het architectuurtijdschrift *A+*.

Nikos Magouliotis

It Takes a Village to Make a Nation: The 'Village Suisse' at the Exposition Nationale de Genève (1896)

The village has always been a utopian locus of national-romantic imaginaries. This is where the heart of the nation supposedly beats louder, and where one should return to find its long-lost unity. Throughout the long nineteenth century, many nation-building projects have followed this narrative. But how can such ideological mechanisms work in Switzerland, a country famous for its pluralism of languages, religious denominations and regional architectural traditions? In 1896, for the Swiss National Exhibition in Geneva, a 'Village Suisse' was built, a composite exhibition village with an almost impossible task: it had to represent all the different Swiss cantons in all their cultural diversity, and at the same time unite them in something that symbolised national unity.

Zonder dorp geen natie: 'Village Suisse' op de Exposition Nationale de Genève (1896)

Het dorp is altijd een utopische plaats geweest in nationaal-romantische voorstellingen. Hier zou het hart van de natie harder kloppen en hiernaar zou men moeten terugkeren om een lang verloren eenheid te vinden. Gedurende de negentiende eeuw hebben veel projecten voor natievorming dit narratief gevolgd. Maar hoe kunnen zulke ideologische mechanismen werken in Zwitserland, een land dat bekend staat om zijn pluralisme van talen, religieuze overtuigingen en regionale bouwtradities? In 1896 werd een 'Village Suisse' gebouwd voor de Zwitserse Exposition Nationale de Genève, een samengesteld tentoonstellingsdorp, belast met een bijna onmogelijke taak: de verschillende Zwitserse kantons in hun culturele diversiteit vertegenwoordigen en ze tegelijkertijd samenbrengen in iets dat de nationale eenheid symboliseerde.

Gregory E. Cartelli

Elemental Villages: Architectural Ethnography and the Decline of a Geographic Regionalism in France

By 1946, belief in the village-type in France as an immutable and permanent marker of French identity had become destabilised. Not from the advance of urbanisation or industrialisation, but rather as an unintended effect of the ethnographic-architectural study of rural forms. The *Enquête d'architecture rurale* (EAR) was a unique model of interdisciplinary collaboration, mixing the technocratic impulses of France's wartime bureaucracy with the traditional symbolism of Pétainiste politics, the conservational practices of a modernising ethnography, and the representational specificity of technical illustration. This article illustrates how, in its attempt to define village typologies through ethnographic taxonomies and architectural drawings, the survey's results revealed that rather than a typological model, the only empirical conclusion that could be discerned from rural form was its inability to be delineated according to cultural-geographic boundaries.

Elementaire dorpen: Architectonische etnografie en de neergang van het geografisch regionalisme in Frankrijk

Tegen 1946 was het geloof in het dorpstype in Frankrijk als een onveranderlijk en permanent merkteken van de Franse identiteit gedestabiliseerd. Niet door de oprukkende verstedelijking of industrialisering, maar eerder als een onbedoeld effect van het etnografisch-architectonisch onderzoek naar plattelandsvormen. De *Enquête d'architecture rurale* (EAR) was een uniek model van interdisciplinaire samenwerking. Het vermengde de technocratische impulsen van de Franse bureaucratie in oorlogstijd met de traditionele symboliek van de Pétain-politiek, de conservatiepraktijken van een moderniserende etnografie en de specificiteit van technische illustratie als weergavemedium. Dit artikel illustreert dat de resultaten van het onderzoek, in een poging om dorpstypologieën te definiëren aan de hand van etnografische taxonomieën en architectuurtekeningen, onthulden dat de enige empirische conclusie die uit de plattelandsvormen kon worden getrokken, niet zozeer een typologisch model was, als wel het onvermogen om ze af te bakenen volgens cultureel-geografische grenzen.

Giuseppe Cosentino

La Martella, an Architecture of Feeling: Ludovico Quaroni's Translation of the Sassi Cave City into an Ideal Rural Village

In 1951, the Italian National Institute for Urban Planning (INU), under the direction of Adriano Olivetti, commissioned architect Ludovico Quaroni to build a new settlement in La Martella for the people evicted from the Sassi of Matera, who were living in poverty in houses dug out of the rock. This project was an important experiment for post-war Italian architecture, as it used anthropological studies as a basis for urban planning, leading to the proposal of a modern rural village. Seventy years after its inception, it is important to examine the social, political and architectural impact of La Martella, both today and from a historical perspective.

La Martella, een architectuur van het gevoel: Ludovico Quaroni's vertaling van de grotwoningen van de Sassi naar een ideaal-dorp

In 1951 gaf het Italiaanse Nationaal Instituut voor Stedenbouw (INU), onder leiding van Adriano Olivetti, aan architect Ludovico Quaroni de opdracht een nieuwe nederzetting te bouwen in La Martella voor de bewoners van de Sassi van Matera, die in armoede leefden in grotwoningen. Dit project was een belangrijk experiment voor de naoorlogse Italiaanse architectuur, vanwege het gebruik van antropologische studies als basis voor stedelijke planning, wat leidde tot een voorstel voor een modern plattelandsdorp. Zeventig jaar na de bouw is het belangrijk om de sociale, politieke en architectonische effecten van La Martella te onderzoeken, zowel vandaag als vanuit een historisch perspectief.

Agim Kërçuku

The Village Performs: Representations and Realities of the Villages of Socialist Albania

***Shoqa nga Fshati* (Companion from the village, 1980) is a film by Piro Milkani set in the 1970s. It tells the story of Teta Olga's journey from an arrogant attitude towards the village to a companion who fights for the foundations of its modernisation. This transformation is fundamental to understanding how, for the Albanian socialist ideology, modernisation and villages went hand in hand. The corpus of films produced by Kinostudio between 1954 and 1990 allows us to understand the aesthetic, narrative and spatial structure of a process of invention. These films tell of the intense process of conquest, of idyllic and pastoral life, and of the emancipation, equality and freedom of its inhabitants. Furthermore, the observation of what remains of the actual places used for the scenes in the films allows us to describe them beyond the idyllic socialist narrative and to trace the post-socialist transformations.**

Een glansrol voor het dorp: Representatie en realiteit in de dorpen van het socialistische Albanië

Shoqa nga Fshati (Metgezel uit het dorp, 1980) is een film geregisseerd door Piro Milkani, die zich afspeelt in de jaren 1970. De film brengt het verhaal van Teta Olga, wier aanvankelijk arrogante houding tegenover het dorp verandert in een kameraadschap, waarmee ze vecht voor de modernisering van het dorp. Deze verschuiving is fundamenteel om te begrijpen dat voor de Albanese socialistische ideologie, modernisering en dorpen hand in hand gaan. Het corpus aan films dat Kinostudio tussen 1954 en 1990 produceerde, helpt ons de esthetiek, het narratief en de ruimtelijke structuur te begrijpen van een proces van fictieve verbeelding. Deze films vertellen over een intensief proces van verovering, over het idyllische en pastorale leven en over de emancipatie, gelijkheid en vrijheid van de dorpelingen. Door bovendien te kijken wat er vandaag overblijft van de plekken die werden gebruikt voor de scènes in de films, krijgen we een beeld van de dorpen voorbij het idyllische socialistische verhaal en zien we de post-socialistische transformaties die erop volgden.

Maryia Rusak

Countercultural Ujamaa: Norwegian Planning Lessons from a Tanzanian Village

The case of Tanzania's 1970s villagisation programme, which sought to translate a new socialist ideology of self-reliance into built form, offers a unique counternarrative to the dominant post-war stories of urbanisation. The majority of the population was to move to collective villages, which were to provide the economic and political basis for 'ujamaa socialism'. The villagisation programme required new expertise: through development aid networks, Scandinavian architects were tasked with turning Tanzania's ambitious political visions into reality. The article examines Norwegian involvement in Tanzanian rural planning and traces the unexpected effects of this work on Norwegian planning and development policy after 1968.

Het Ujamaa-alternatief: Wat de Noorse planning leerde van het Tanzaniaanse dorp

Het dorpsontwikkelingsprogramma van Tanzania uit de jaren 1970, dat een nieuwe socialistische ideologie van zelfredzaamheid in gebouwde vorm wilde vertalen, biedt een uniek tegenverhaal voor de heersende naoorlogse geschiedenis van verstedelijking. De meerderheid van de bevolking zou verhuizen naar collectieve dorpen, die de economische en politieke basis moesten vormen voor het 'Ujamaa socialisme'. Het dorpenprogramma vereiste nieuwe expertise: via ontwikkelingshulpnetwerken kregen Scandinavische architecten de taak om ambitieuze Tanzaniaanse politieke visies in realiteit om te zetten. Het artikel onderzoekt de Noorse betrokkenheid bij de Tanzaniaanse plattelandsplanning en traceert de onverwachte effecten van dit werk op de Noorse planning en ontwikkelingspolitiek na 1968.

Janna Bystrykh

'And So Now We're at a Bustling Thirty-seven!': Preservation by Regeneration in Nicodemus, Kansas

Nicodemus was founded in 1877 by African Americans as the first and only remaining Black settlement in Kansas. Throughout its history, Nicodemus has adapted to changing social, political and economic conditions. Founded as a new town with an agricultural base, Nicodemus became a commuter town in the 1940s and 1950s as land ownership declined due to racist policies. Finally, in 1996, Nicodemus became a National Heritage Site. The article tells the story of Nicodemus through interviews with Angela Bates, Nicodemus descendant, historian, founder and executive director of the Nicodemus Historical Society and Museum, and Dr JohnElla Holmes, president and executive director of the Kansas Black Farmers Association. What emerges from the interviews is a form of rural community regeneration through multidisciplinary preservation and community-based practices. The vision for the future of Nicodemus involves certain practices of heritage, where spatial planning cannot be seen in isolation from the stories that people feel are important to tell.

'En nu is het dus een bruisende gemeenschap van 37 mensen!': Behoud door regeneratie in Nicodemus, Kansas

Nicodemus werd in 1877 gesticht door Afro-Amerikanen, en was de eerste en vandaag de enige overgebleven zwarte nederzetting in Kansas. Gedurende de geschiedenis heeft Nicodemus zich aangepast aan de veranderende sociale, politieke en economische omstandigheden. Nicodemus werd opgericht als een nieuw landbouwdorp, maar veranderde in de jaren 1940 en 1950 in een forensenplek toen toen grondbezit terugliep door racistisch beleid. Uiteindelijk werd het dorp in 1996 uitgeroepen tot een nationale erfgoedsite. In het artikel wordt het verhaal van Nicodemus verteld aan de hand van interviews met Angela Bates, afstammeling van Nicodemus, historica, oprichter en directeur van Nicodemus Historical Society and Museum en dr. JohnElla Holmes, voorzitter-directeur van de Kansas Black Farmers Association. Ze bieden een vorm van herstel aan de plattelandsgemeenschap, via multidisciplinair behoud en gemeenschapsgerichte initiatieven. De visie voor de toekomst

an Nicodemus omvat bijvoorbeeld de
org voor erfgoed, waarbij ruimtelijke
rdening niet los wordt gezien van de
erhalen die mensen belangrijk vinden
m te vertellen.

Ward Verbakel

***Village Chatter* in Flanders: The Articulation of a *Pattern Language* for Contemporary Village Transformations**

The notion of *Village Chatter* explores a potential language for village architecture, emerging from a contextual practice in numerous Flemish villages. With private initiatives and individual architectural projects as agents of village transformation, there is a need for an adaptive architectural language to navigate modern complexities and the rise of multi-family housing in Flemish villages. PLUSOFFICE's engagement with public commissions and dialogue within villages laid the foundation for a toolbox for village-like architecture, published in 2021. This article reframes the toolbox and proposes the notion of *Village Chatter*, which functions as a pattern language that includes formal aspects, a shared vocabulary and a practice of dialogue. It resonates with the loose-knit nature of village fabrics and signifies an open-ended architectural conversation that is inherently experimental, inviting village developments to align with shared value systems.

Village Chatter in Vlaanderen: De ontwikkeling van *pattern language* voor hedendaagse dorpstransformaties

Het begrip *Village Chatter* verkent een mogelijke taal voor dorpsarchitectuur, voortkomend uit een gevoeligheid voor de context in verschillende Vlaamse dorpen. Met private initiatieven en individuele architectuurprojecten als dragers van de transformatie van het dorp, is er behoefte aan een adaptieve architectuurtaal om te navigeren tussen moderne complexiteit en de opkomst van meergezinswoningen in Vlaamse dorpen. PLUSOFFICE's betrokkenheid bij openbare opdrachten en zijn dialoog met de dorpen legde de basis voor een *toolbox* over dorpse architectuur die in 2021 werd gepubliceerd. Dit artikel bindt de toolbox in een nieuw kader en presenteert het begrip *Village Chatter*, bedoeld als een *pattern language* die formele aspecten, een gedeelde woordenschat en de toepassing van dialoog omvat. Dit begrip resoneert met de losse aard van dorpsweefsels en staat voor een open architectonisch gesprek dat intrinsiek experimenteel is en uitnodigt om dorpsontwikkelingen af te stemmen op gedeelde waardesystemen.

Helena Andersson

Pastoral Potemkins: (Re-)imagining the Swedish Northern Village

Norrland – Sweden's northernmost region – has recently been designated as the epicentre of a green transition and is currently being flooded with industry, investment and so-called innovation. As historically disadvantaged Norrland becomes a test bed for sustainable forms of the future, spatial practitioners are (re)discovering the northern village as a physical, social and political space. This article compares how two radically different examples – the ski resort of Duved and the former mill town of Robertsfors – are (re-)imagined as having the potential to spearhead a power shift between rural and urban, and how the accompanying village visions obscure the growth imperative of neoliberal regional policy and replace long-term political strategy with short-sighted 'projectism'.

Pastorale Potemkin-dorpen: Het Noord-Zweedse dorp opnieuw uitgevonden

Norrland, de meest noordelijke regio van Zweden, is onlangs aangewezen als epicentrum van een Groene Transitie en wordt momenteel overspoeld met industrie, investeringen en zogenaamde innovatie. Terwijl het in het verleden achtergestelde Norrland een proeftuin wordt voor duurzame formules voor de toekomst, zijn ruimtelijke professionals het noordelijke dorp aan het (her)ontdekken als een fysieke, sociale en politieke ruimte. Dit artikel vergelijkt hoe twee radicaal verschillende voorbeelden – de skiresort Duved en het voormalige fabrieksstadje Robertsfors – worden (her)verbeeld met het potentieel om een machtsverschuiving tussen landelijk en stedelijk teweeg te brengen, en hoe de bijbehorende dorpsvisies het groei-imperatief van neoliberaal regionaal beleid verdoezelen en politieke langetermijnstrategie vervangen door kortzichtig 'projectisme'.

Independent Peer-Reviewed Journal for Architecture, published by the OASE Foundation/ Onafhankelijk Peer-Reviewed architectuurtijdschrift, uitgegeven door de stichting OASE

OASE is made possible with the support of the Creative Industries Fund NL, the Van Eesteren, Fluck & Van Lohuizen Foundation, and the associated universities and institutions.

OASE wordt mede mogelijk gemaakt met de steun van het Stimuleringsfonds Creatieve Industrie, de Van Eesteren, Fluck & Van Lohuizen Stichting en de geassocieerde universiteiten en instellingen.

creative industries fund NL

stimuleringsfonds creatieve industrie

EFL STICHTING

OASE foundation/ stichting
p/a Sandra Mellaart
Baljuwplein 70
3033 XD Rotterdam
the Netherlands
info@oasejournal.nl
www.oasejournal.nl

ISSN 01696238
ISBN 9789462088399

OASE 117 is also available as/ is ook verkrijgbaar als e-book (pdf)
ISSN 01696238
ISBN 9789462088603

OASE editorial board/ redactie
p/a D'Laine Camp
Prins Frederik Hendrikstraat 107
3051 ER Rotterdam
the Netherlands

Editors/ Redactie
Justin Agyin, Tom Avermaete, Aslı Çiçek, Bart Decroos, Stefan Devoldere, Kornelia Dimitrova, Jantje Engels, Christoph Grafe, Maarten Liefooghe, Sereh Mandias, Véronique Patteeuw, Elsbeth Ronner, Hans Teerds, Christophe Van Gerrewey

Editors of this issue/ Kernredactie
Stefan Devoldere, Maarten Liefooghe, Sereh Mandias

Managing editor/ Redactiesecretaris
D'Laine Camp

Academic editor/ Wetenschappelijk redacteur
Véronique Patteeuw

Members of the Board/ Bestuursleden
Bart Decroos, Dirk De Meyer, Jeroen Geurst, Fransje Hooimeijer, Claudia Linders, Bruno Notteboom, Véronique Patteeuw, Christian Rapp, Paul Vermeulen

Associated Universities and Institutions/ Geassocieerde universiteiten en instellingen
Technische Universiteit Delft
Technische Universiteit Eindhoven
Academie van Bouwkunst Amsterdam
Rotterdamse Academie van Bouwkunst
ArtEZ Academie van Bouwkunst Tilburg
Academie van Bouwkunst Groningen
Maastricht Academy of Architecture
Katholieke Universiteit Leuven campus Leuven
Katholieke Universiteit Leuven campus Brussel
Katholieke Universiteit Leuven campus Gent
Universiteit Gent
Universiteit Hasselt
Universiteit Antwerpen
Bergische Universität Wuppertal

Academic Board/ Wetenschappelijk comité
Christine Boyer, Adri van den Brink, Maristella Casciato, Bernard Colenbrander, Oswald Devisch, Adrian Forty, Marc Glaudemans, Klaske Havik, Rayesj Heynickx, Michael Müller, Kris Scheerlinck, Lara Schrijver, Arjan van Timmeren, Pieter Uyttenhove

Design/ Vormgeving
Karel Martens & Aagje Martens

Copy editing/ Tekstredactie
D'Laine Camp, Gerda ten Cate

Printing/ Druk
Wilco Art Books

Paper/ Papier
70 grams Holmen TRND 2.0
400 grams parelgrijskarton

Font/ Lettertype
Franklin Gothic

Publisher/ Uitgever
OASE foundation/ stichting

lustration credits/ Beeldverantwoording

nside front and back cover/ Binnenkant oor- en achterzijde omslag: **photos/** oto's **Michiel De Cleene, Team Vlaams Bouwmeester**

. 13 **top/** boven **photo/** foto **Frédéric Boissonnas, from/** uit: ***Le Village Suisse à l'Exposition Nationale Suisse, Genève 1896*** **(Geneva: Commission du Village Suisse, 1896), 2-3**

. 13 **bottom/** beneden **photo/** foto **Frédéric Boissonnas, from/** uit: ***Le Village Suisse à l'Exposition Nationale Suisse, Genève 1896*** **(Geneva: Commission du Village Suisse, 1896), 124-125**

. 14 **photo/** foto **Frédéric Boissonnas, from/** uit: ***Le Village Suisse à l'Exposition Nationale Suisse, Genève 1896*** **(Geneva: Commission du Village Suisse, 1896), 128-129**

. 16 ***Le Village Suisse à l'Exposition Nationale Suisse, Genève 1896*** **(Geneva: Commission du Village Suisse, 1896), 130-131**

. 19, 20-21 **gta Archives / ETH Zurich, Paul Bouvier (Folder 98-01)**

. 29 **Jean Bossu, schéma chronologique des centres de prospection de Poitou-Vendée, 1941. Archives Nationales, Paris/** Parijs

. 30 **Raymond Sennevat, croquis N.5, 54. Manche,1943, 17w/282. Le Centre de Conservation et de Ressources du MUCEM, Marseille**

. 31 **Jean Bossu, monographie N.6; Sallertaine, Vendée, c. 1944, 17w/464. Le Centre de Conservation et de Ressources du MUCEM, Marseille**

. 34-45 **Paul Vidal de la Blache, 'Matériaux et développement des formes de construction', in: *Principes de géographie humaine* (Paris/** Parijs: **Librairie Armand Colin, 1922)**

. 38-39 ***Techniques et Architecture*** **11/12 (1943), 309-310**

. 42-43 ***Techniques et Architecture*** **11/12 (1943), 293-294**

. 49, 50 **© courtesy UNRRA-Casas archive**

. 51, 53, 54-55, 56 **Qaroni Archive, © courtesy Archivio Storico Olivetti and/** en **Fondazione Adriano Olivetti**

p. 62-75 **© courtesy AQSHF**

p. 81, 82, 85, 87 **Riksarkivet, Norway/** Noorwegen

p. 95, 96, 99 **photo/** foto **Mason Brown**

p. 100 **Bates Family archive**

p. 109 **Pieter Vandenhoudt**

p. 110 **Samuel Klein, Pluk Vanbrempt, Ward Verbakel (promotor), Master Thesis Studio, KU Leuven, 2021**

p. 112 **Siemen Clerckx, Aurélie Van Calenbergh, Oskar Vanhulst, Ward Verbakel (promotor), KU Leuven, Master Thesis Studio 'Lelijk Dorp Rebooth', 2019-2020**

p. 113, 114, 115 **Siemen Clerckx, Aurélie Van Calenbergh, Oskar Vanhulst, Ward Verbakel (promotor), Master Thesis Studio, KU Leuven, 2020**

p. 117 **drawing/** tekening **Siemen Clerckx, Aurélie Van Calenbergh, Oskar Vanhulst, Ward Verbakel (promotor), Master Thesis Studio, KU Leuven, 2020**

p. 118-119 **drawing/** tekening **PLUSOFFICE, in: Ward Verbakel, Edith Wouters, *Toolbox dorpse architectuur* (Mechelen: Public Space, 2021)**

p. 120 **PLUSOFFICE, photo/** foto **Pieter Rabijns**

Distribution
nai010 publishers/ uitgevers
sales@nai010.com
www.nai010.com

Subscriptions and administration/ Abonnementenadministratie
Abonnementenland
De Trompet 1739
1967 DB Heemskerk
the Netherlands
Tel +31 (0)251 - 257924
www.aboland.nl

Subscriptions/ Abonnementen
OASE is published three times a year. Subscriptions can be taken out via the website of Abonnementenland, see www.aboland.nl. OASE can be found under the 'Art & Culture' category. Students at universities and academies of architecture as well as holders of a *CJP* are entitled to a reduction in the costs of the subscription. For the terms and conditions of the OASE subscription, please consult the website of Abonnementenland.

OASE verschijnt drie keer per jaar. Abonnementen kunnen afgesloten worden via de website van Abonnementenland, zie www.aboland.nl. OASE is te vinden onder de categorie 'Kunst & Cultuur'. Recht op reductie op de abonnements-kosten hebben studenten aan universiteiten en academies van bouwkunst, alsmede houders van CJP. Voor de voorwaarden van het OASE-abonnement verwijzen wij u naar de website van Abonnementenland.

Subscriptions for three issues in Europe/ Abonnementsprijs voor drie nummers in Europa

individuals/ particulieren	**€ 70,–**
organisations/ instellingen	**€ 100,–**
students/ studenten	**€ 50,–**

Abonnementsprijs voor drie nummers in Nederland en België

particulieren	€ 60,–
instellingen	€ 100,–
studenten	€ 40,–

Subscriptions for three issues outside Europe/ Abonnementsprijs voor drie nummers buiten Europa

Individuals/ particulieren, **students**/ studenten	**€ 100,–**
organisations/ instellingen	**€ 120,–**

Subscriptions for three digital issues/ Abonnementsprijs voor drie digitale nummers

individuals/ particulieren	**€ 40,–**
students/ studenten	**€ 25,–**

For professional and international (business) subscriptions, please send an email to oase@nai010.com/
Stuur voor professionele en internationale (zakelijke) abonnementen een e-mail naar oase@nai010.com.

Books distributed by nai010 are available internationally at selected bookstores and from the following distribution partners:

North, South and Central America – Artbook | D.A.P., New York, USA, dap@dapinc.com

Rest of the world – Idea Books, Amsterdam, the Netherlands, idea@ideabooks.nl

For general questions, please contact the OASE foundation directly at info@oasejournal.nl or visit our website www.oasejournal.nl for further information. For sales information and availability for bookshops, please contact nai010 at sales@nai010.com or visit www.nai010.com

Voor informatie over verkoop en distributie in Nederland en België, stuur een e-mail naar sales@nai010.com of kijk op www.nai010.com.

Printed and bound in the EU/ Gedrukt en gebonden in de EU

onsors

Atelier Quadrat, Rotterdam — Atelier Stadsbouwmeester Antwerpen — AWG Architecten, Antwerpen — B-ILD, Brussel — Bouwmeester Maître Architecte, Brussel — Bureau Bouwtechniek, Antwerpen — CENTRAL office for architecture and urbanism, Brussel — DaF architecten, Rotterdam — De Nijl Architecten, Rotterdam — De Smet Vermeulen architecten, Gent — Dhooge & Meganck Architectuur, Gent — Diederendirrix architecten, Eindhoven — Dierendonckblancke architecten, Gent — FVWW architecten, Antwerpen — GAFPA, Gent — Geurst & Schulze architecten, Den Haag — HBAAT, Lille — HILBERINKBOSCH architecten, Berlicum — Martens, Willems & Humblé, Maastricht — Korth Tielens Architecten, Amsterdam — MUST Stedebouw, Amsterdam - Köln — Office Winhov, Amsterdam, Rotterdam — Frits Palmboom Stedenbouwkundige, Amsterdam — Poot Architectuur, Antwerpen — Powerhouse Company, Rotterdam — Rapp+Rapp, Amsterdam — Rijnboutt, Amsterdam — Robbrecht en Daem architecten, Gent — Urbain Architectencollectief, Gent — Wim van den Bergh Architect, Maastricht — Ziegler | Branderhorst stedenbouw en architectuur, Rotterdam

To order back issues of OASE, please visit our website: www.oasejournal.nl, or that of our distrubutor: www.nai010.com/
U kunt eerder verschenen nummers van OASE bestellen via onze website: www.oasejournal.nl, of die van onze distributeur: www.nai010.com

OASE 116	**The Architect as a Public Intellectual**/ De architect als publieke intellectueel
OASE 115	**Interferences: Moving across European Architecture Cultures**/ Interferenties: Europese architectuurculturen in beweging
OASE 114	**Optimism or Bust?**/ Optimisme of de ondergang?
OASE 113	**Authorship**/ Auteurschap
OASE 112	**Ecology & Aesthetics**/ Ecologie & Esthetiek
OASE 111	**Staging the Museum**/ Musea in scene gezet
OASE 110	**The Project of the Soil**/ De grond van de kwestie
OASE 109	**Modernities**/ Moderniteiten
OASE 108	**Ups & Downs: Reception Histories in Architecture**/ Receptiegeschiedenissen in de architectuur
OASE 107	**The Drawing in Landscape Design and Urbanism**/ De tekening in landschapsontwerp en stedenbouw
OASE 106	**Table Settings: Reflections on Architecture with Hannah Arendt**/ Tafelschikkingen: Reflecties op architectuur met Hannah Arendt
OASE 105	**Practices of Drawing**/ Tekenpraktijken
OASE 104	**The Urban Household of Metabolism**/ Het stedelijke huishouden van het metabolisme
OASE 103	**Critical Regionalism Revisited**
OASE 102	**Schools & Teachers: The Education of an Architect in Europe**/ Scholen & docenten: De opleiding tot architect in Europa
OASE 101	**Microcosm: Searching for the City in Its Interiors**/ Microkosmos: Een zoektocht naar de stad in haar interieurs
OASE 100	**Karel Martens and the Architecture of the Journal**/ Karel Martens en de architectuur van het tijdschrift
OASE 99	**The Architecture Museum Effect**/ De effecten van architectuurmusea
OASE 98	**Narrating Urban Landscapes**/ Verhalend stedelijk landschap
OASE 97	**Action and Reaction in Architecture**/ Actie en reactie in architectuur
OASE 96	**Social Poetics: The Architecture of Use and Appropriation**/ Sociale Poëtica: Dearchitectuur vangebruik en toe-eigening
OASE 95	**Crossing Boundaries: Transcultural Practices in Architecture and Urbanism**/ Grenzenloos: Transculturele praktijken'in architectuur en stedenbouw
OASE 94	**OMA: The First Decade**/ OMA: De eerste tien jaar
OASE 93	**Making Landscape Public: Making Public Landscape**/ Landschap publiek maken: Publiek landschap maken
OASE 92	**Codes and Continuities**/ Codes en continuïteiten
OASE 91	**Building Atmosphere**/ Sfeer bouwen, met/ **with Juhani Pallasmaa & Peter Zumthor**
OASE 90	**What is Good Architecture**/ Wat is goede architectuur?
OASE 89	**Medium: The Mid-Size City as a European Urban Condition and Strategy**/ De middelgrote stad als Europese stedelijke conditie en strategie
OASE 88	**Exhibitions: Showing and Producing Architecture**/ Tentoonstellingen: Architectuur tonen en produceren
OASE 87	**Alan Colquhoun: Architect, Historian, Critic**/ Architect, Historicus, Criticus
OASE 86	**Baroque**/ **Barok**
OASE 85	**Productive Uncertainty**/ Productieve onzekerheid
OASE 84	**Models**/ Maquettes
OASE 83	**Commissioning Architecture**/ Opdrachtgevers in de architectuur
OASE 82	**L'Afrique, c'est chic: Architecture and planning in Africa 1950-1970**/ Architectuur en planning in Afrika 1950-1970
OASE 81	**Constructing Criticism**/ Kritiek in opbouw
OASE 80	**On Territories**/ Over territoria
OASE 79	**The Architecture of James Stirling, 1964-1992**/ De architectuur van James Sterling, 1964-1992
OASE 78	**Immersed: Sound and Architecture**/ Architectuur en geluid
OASE 77	**Into the Open: Accommodating the Public**/ Publieke plaatsen
OASE 76	**Context**/ Specificity
OASE 75	**25 Years of Critical Reflection on Architecture**
OASE 74	**Invention**/ Inventie
OASE 73	**Gentrification: Flows and Counter-Flows**/ Stromen en tegenstromen
OASE 72	**Back to School**/ Terug naar school
OASE 71	**Urban Formation & Collective Spaces**/ Stedelijke formatie & collectieve ruimten
OASE 70	**Architecture & Literature**/ Architectuur & Literatuur
OASE 69	**Positions**/ Posities
OASE 68	**Home-Land**/ Thuis-Land
OASE 67	**After the Party: Nederlandse architectuur 2005**/ Dutch Architecture 2005
OASE 66	**Virtually Here: Ruimte in cyberfictie**/ Space in Cyberfiction